KB040599

골프 멘탈의 정석

골프 멘탈의 정석

54타를 위한 마인드셋

피아 닐손
린 매리엇
수전 리드
지음

윤희영
옮김

샘터

골프를 통해 인간의 잠재력을 일깨워 주고 가다듬어 준 모든 분께 이 책을 바칩니다. 이 책에는 몇 분만 언급되었지만, 실제로는 훨씬 더 많은 분이 계십니다. 그분들의 업적에 힘입어 오늘에 이를 수 있었기에, 그분들의 지혜와 성원에 감사하는 마음을 영원히 간직할 것입니다.

이 책을 우리 모두의 '슈퍼골퍼'에게 헌정합니다. 앞으로도 계속 우리의 미래를 믿으며, 우리의 가능성이 살아날 수 있도록 활기를 불어넣읍시다.

추천사

"골프의 구성 요소는 50%의 멘탈, 40%의 세트업, 10%의 스윙이다." 살아 있는 골프 레전드 잭 니클라우스가 한 말이다.

"18홀에서 스윙하는 시간은 모두 합쳐서 고작 5분"이라는 말도 있다. 나머지는 모두 멘탈과의 게임 과정이라는 얘기다.

'아기곰'으로 불렸던 내가 '아이언맨(철인)'이라는 새 별명을 얻게 된 것은 아이언을 잘 칠 뿐만 아니라 '유리 멘탈'을 깨부수고 '아이언 멘탈'로 거듭난 덕분이다.

하루는 잘되다가 바로 다음 날 어그러지는 것이 골프다. 나도 라운드별로 기복이 심했다. 그러나 지금은 한번 집중하면 주변이 눈에 안 들어오고, 소음은 아예 안 들릴 정도로 몰입하게 됐다.

세계 최고의 골프 멘탈 전문가로 손꼽히는 두 명의 티칭 프로 피아 닐손과 린 매리엇이 함께 만든 것이 바로 이 책이다.

닐손과 매리엇은 안니카 소렌스탐을 세계적 슈퍼스타로 코칭하는 데 결정적 역할을 한 것으로 유명하며, 에리야 쭈타누깐, 수잔 페터슨, 아이 미야자토, 브리타니 랭, 러셀 녹스 등도 그들의 제자다.

닐손과 매리엇은 "일단 라운딩을 시작하면 신체적 조건이나 기술과 장비를 바꿀 수 있느냐"고 질문한다.

타이거 우즈와 함께 미 PGA 투어 최다 우승(82승) 기록을 공유하고 있는 샘 스니드는 "여러 해저드 중 최악의 해저드는 두려움"이라고 했고, 랠프 월도 에머슨은 "나 자신에 대한 자신감을 잃으면 온 세상이 나의 적이 된다"라고 했다.

골프를 사랑하시는 분들이 이 책을 통해 도움을 받았으면 하는 바람이다.

미 PGA 투어 프로 골퍼 임성재

2022 1.30 임성재

차례

들어가는 글
실력 향상을 위한 새로운 방법

미국 애리조나주 스코츠데일Scottsdale에 있는 토킹 스틱 골프 클럽 Talking Stick Golf Club의 VISION54 프로그램에는 거의 매주 새로운 골퍼 그룹이 속속 도착한다. 이들 중에는 투어 프로뿐 아니라 최고 수준의 아마추어, 프로 선수 지망생, 여가 활동 골퍼들도 있다. 변호사, 영화 제작자, 금융인, 오페라 가수, 대기업 중역, 교사 등 직업도 다양하다.

모두 골프를 사랑한다. 실력을 향상하여 재미있게 즐기고 싶어 한다. 그러나 골프와 자기 자신에 대한 실망감을 자주 토로하곤 한다. 안타깝게도 일부는 아예 그만둘까 하는 생각까지 한다. 몇몇 학생의 말을 들어보자.

우리는 우선 자기소개를 하라고 한 뒤에 VISION54에 왜 참

여하게 됐는지 말해보라는 것으로 프로그램을 시작한다. 캐나다 밴
쿠버에서 온 재니스는 "저는 샷이 잘될 때는 골프가 정말 좋습니다.
그런데 샷이 잘 안 되고 안 풀릴 때는 정말 힘들고 싫어요. 골프가
잘 안 되는 날에도 재미있게 칠 방법은 없을까요?"라고 반문했다.

미네소타주 미니애폴리스에서 온 조지프는 "골프 코스에 나가
면 대부분의 시간을 좌절감 속에 보냅니다. 내 스윙의 역학에 대한
생각은 덜 하면서 스트레스를 받지 않고 느긋하게 라운딩하는 방
법을 배우고 싶습니다"라고 했다.

그런가 하면 매사추세츠주 보스턴에서 온 금융회사 중역 출신
의 배스는 "저는 대단히 분석적이고 목표 지향적인 사람입니다. 하
지만 그렇게 머리를 쓰는 것에서 벗어나 좀 더 즐기면서 골프를 치
고 싶습니다"라고 하소연했다. 펜실베이니아주 피츠버그에서 온
대학 골프 선수 미아는 "제가 지금 발전하고자 하는 바는 한결같은
일관성을 향상하는 방법입니다. 골프가 잘 맞을 때는 '참 쉽다'라는
생각이 드는데, 라운딩이 엉망이 될 때는 '정말 내가 해본 것 중에
이렇게 어려운 게 없네'라는 생각을 하게 돼요"라고 탄식했다.

네바다주의 레이크 타호에 사는 래나는 "골프를 좋아하기는 하
는데, 도대체 실력이 나아진다는 기분을 한 번도 느껴보지 못했습
니다"라면서 "이렇게 아무런 진전이 없는 것이 나라는 인간의 무능
과 한계 때문이 아닌가 하는 생각에 우울하고 괴로워요"라고 토로
했다.

사업가인 애리조나주 스코츠데일 출신의 마이크는 "주말에 네

명이 함께하는 골프 라운딩에서 나 자신을 의연하게 잘 추스르는 모습을 보여주고 싶은데, 일행이 시끄럽게 떠들거나 옆에서 얼쩡대면 집중을 하지 못해 극단적 이중인격의 '지킬 박사와 하이드'처럼 플레이하게 됩니다"라고 고백했다.

핸디캡이 1이라는 뉴욕시 거주자 잭은 "스윙에만 계속 안달하지 않고 골프 게임을 즐길 방법을 배우고 싶습니다"라고 털어놓았다.

인디애나주에서 온 줄리는 내로라하는 아마추어 전국 최상위권 선수답지 않게 "플레이를 할 때 불안하거나 두려움을 느끼지 않으면 좋겠습니다"라고 했고, 뉴욕주에서 온 재인은 "워터 해저드를 넘겨야 하는 샷에 내가 왜 그렇게 주눅이 드는지 알고 싶어요. 아름다운 골프 코스를 따라가며 왜 이리 신음과 탄식을 해야만 하는지… 저는 그런 한심한 골퍼가 되고 싶지 않아요"라고 속내를 밝혔다.

뉴저지주 소재 벤처 캐피털 회사에서 일한다는 패트릭은 "저는 연습도 많이 하고 레슨도 엄청나게 받는데, 도대체 나아지는 게 아무것도 없는 듯합니다"라고 불평을 늘어놓는다. "골프장에 나갔다 올 때마다 기가 죽어 다시는 하고 싶지 않다는 마음이 듭니다. 실력이 한 단계만 더 올라가면 좋겠는데, 어떻게 해야 할지를 모르겠습니다"라고 투덜거렸다.

앞에 인용된 온갖 고민은 오늘날 세상의 모든 골퍼가 느끼는 공통된 문제다. 미국인이든, 유럽인이든, 아시아인이든 똑같이 겪는 불쾌하면서도 심란한 경험이다.

골프채 제조 기술, 피트니스 트레이닝, 그리고 스윙에 대한 과학적 접근이 지난 10여 년간 급속도로 발전했지만, 많은 골퍼는 여전히 실력 향상을 보지 못하고 있고, 심지어 골프를 포기하는 경우까지 생겨나고 있다.

골퍼가 좌절하고 낙담하는 주요 이유 중 하나는 이런 것이다. 많은 골퍼는 자신의 게임을 연습 레인지에서 골프 코스로 그대로 옮겨가려고 애를 쓴다. 그런데 연습 때는 잘 맞추다가도 정작 코스에 나가서는 스윙이 완전히 달라져 갑자기 공을 제대로 치지 못하는 경우가 허다하다. 실제 골프 코스에서 플레이하는 것이 연습장에서와는 영 딴판이기 때문에 신체적·정신적·감정적 상태가 바뀌면서 샷의 결과에도 이상 현상을 일으키는 탓이다.

이런 경우를 생각해 보자. 테니스 코트나 농구장에 도착했는데, 거기에 '코트에서 연습 금지'라고 쓰인 경고판이 세워져 있다면 어떨까? 또는 수영장에 갔는데, 인명구조 요원이 "미안합니다만, 물속에서 평영은 연습하면 안 됩니다"라고 한다면 어떨까? 많은 골프장과 클럽에서도 플레이 진행 속도와 코스 보호 등을 이유로 그런 규칙들을 내세운다.

골퍼는 흔히 "연습장에서 샷 연습을 하는 것과 실제 골프 코스 위에서 플레이하는 것에 무슨 큰 차이가 있겠습니까"라고 말한다. 대부분은 연습장에서 공을 띄워 올리는 피치 샷을 배우고 연습한 다음에, 실제 골프 코스에 나가서 실습하며 벙커나 수풀 위로 좀 더 높이 띄워 넘기는 법을 익히게 된다. 그런데 앞에 나무 한 그루가 있다고 가정해 보자. 나무를 피해 공이 옆으로 빠져나가게 쳐야 하는 상황이다. 첫 시도에선 옆으로 지나가게 치지 못하고 나무 몸통을 맞출 수도 있다. 하지만 연습과 사고를 통해 나무를 피해 공을 치는 방법을 터득하게 될 것이다. 나중에는 공이 휘어지게 치는 법도 익혀서 골프 플레이 요령을 체득하게 될 것이다. 수영을 배우려면 풀장 안에 들어가야 하고, 테니스를 익히려면 코트 위에 있어야 하고, 골프를 배우려면 연습장을 벗어나 골프 코스로 나가야 한다는 말이다. 실제로 코스 위에서 해봐야 뭐가 어떻게 작용하는지 발견할 수 있다. 사실상 코스 위에서 샷을 해봐야 최상의 발전을 도모할 수 있다.

어떤 수준의 골퍼든 골프 코스에서 플레이가 잘 안 되면 자기 기술적인 면을 탓하는 경향이 있다. 대부분의 플레이어는 각도, 평면, 속도, 타격 요소 등 스윙과 관련된 것에만 지나치게 집착한다. 투어 프로 선수들도 비디오카메라와 모니터 장치들을 이용해 자신의 스윙을 분석하는 데 많은 시간을 보낸다. (이 장치들은 클럽 헤드 속도부터 공의 스피드와 궤도의 정점, 스윙할 때 발에 가해지는 힘과 압력에 이르기까지 모든 것을 측정한다.)

아마추어 골퍼들은 자신이 단일면One-Plane 스윙을 하는지, 아니면 이중면Two-Plane 스윙을 하는지 알고 나면 스코어를 줄일 수 있다고 생각한다. 백스윙X-factor, 스택 앤 틸트Stack-and-Tilt, 에이스윙A-Swing과 같은 스윙 이론이 마치 이 세상의 유일한 정답이라도 되는 것처럼 논쟁을 벌이기도 한다. 모든 스윙의 올바른 교정 방법을 가르쳐준다고 호언장담하는 유튜브나 잡지 기사들을 탐독하기도 한다. 다른 한편으론 교습 앱이나 케이베스트K-VEST, 포커스밴드 FocusBand 등과 같은 다양한 분석 장치를 이용해 스윙의 신기루 같은 비밀을 찾아 헤맨다. 오죽하면 한 골프 프로그램 학생은 "너무 많은 정보를 받아들이다 보니 내 머리가 터져버릴 것 같아요"라고 하소연을 했을까?

여기에서 한 가지 분명히 하고 싶은 것이 있다. 현대 기술의 유용성이나 적절한 스윙의 중요성을 일축하려는 게 아니다. 자기 신체에 맞는 믿을 만한 스윙은 필수적이다. 충분히 연습해야 하고, 그래야 확신을 하고 능숙하게 스윙할 수 있다. 어떤 상황에서 어떤 샷이 필요한지도 알아야 한다. 다만, 반드시 짚고 넘어가야 할 문제가 있다. 단순히 스윙에 관한 것이 아니다. 골프 코스에서 그 스윙을 만들어내는 주체이자 주인공인 골퍼에 관한 문제다.

좋아하는 책 중에 《신사와 참선 지도자The Dude and Zen Master》라는 것이 있다. 영화배우 제프 브리지스Jeff Bridges와 참선 지도자 버니 글래스먼Bernie Glassman의 대화를 시리즈로 묶은 책이다. 글래스먼은 항공 엔지니어였다가 로스앤젤레스에서 불교 교사가 된 사람이다. 두 사람은 책에서 영화부터 가족, 배움, 사람다움에 이르기까지 다양한 주제로 토론을 벌인다.

글래스먼은 영화배우인 브리지스에게 인생의 비밀 중 하나를 담은 짤막한 노래를 안다고 말한다. "저어라, 저어라, 너의 보트를 저어라. 물길 아래로 부드럽게, 즐겁게, 즐겁게, 더 즐겁게. 인생은 꿈일 뿐이다." 글래스먼은 브리지스에게 난생처음으로 보트에 타서 어떻게 노를 저어야 하는지 알아내려고 하는 것을 상상해 보라고 말한다. 오른쪽 노를 먼저 물에 넣어야 할까, 아니면 왼쪽 것을 우선 담가야 할까? 노를 저을 때 어깨는 어떻게 움직여야 할까? 그리고 팔은 어찌해야 할까? 어떻게 하면 두 개의 노를 함께 저어나갈 수 있을까? 반대편 물가까지 보트를 저어 가려면? 목적지에만 집착하다 보면 노를 젓는 역학에 신경 쓰는 것은 자칫 잊을 수 있다. 거꾸로, 노 젓는 행위에만 정신을 팔다가는 어디로 가고 싶은 건지 집중하지 못하게 된다.

글래스먼은 참선에 따르면, 반대편 물가가 실제로는 자신의 발밑에 있는 것이라고 설명한다. 따라서 문제는 어떻게 여기에서 저기로 가느냐가 아니라고 말한다. 본질적 문제는, 어떻게 그 순간에, 그 환경에, 본인이 하는 그 행위에 온전히 존재감을 느끼느냐는 것이다. 글래스먼은 브리지스에게 이렇게 조언한다. "당신이 지금 당장 노 젓는 전문가가 아니라고 자신을 자책하지 마세요. 그냥 보트를 물 위에 띄워놓고, 물길을 따라 아주 부드럽게 노를 젓기 시작하세요."

앞서 출간했던 책 《모든 샷에는 목적이 있어야 한다Every Shot Must Have a Purpose》, 《경기 전의 경기The Game Before the Game》, 《지금 최고의 골프를 쳐라Play Your Best Golf Now》 등에선 목적과 전념으로 샷

만들기, 실제 게임을 반영한 연습, 더 나은 플레이를 위한 신체적·정신적·감정적 상태 얻기 기술 등 코칭에 관한 다양한 요소를 소개했다. 하지만 정말로 골프 게임 기술을 향상할 수 있는 장소는 골프 코스 위다. 그래서 이 책에선 실제로 골프 게임에서 믿고 의존할 수 있는 이른바 '휴먼 스킬Human Skills'을 여러분에게 가르쳐드리고자 한다. 이 기술을 배우게 되면 여러분 자신에 대해 더 많은 것을 깨닫게 되고, 자기 자신을 조절할 수 있게 될 것이다. 그러면 여러분은 자기 자신의 최고의 코치가 될 수 있다. 말하자면, 슈퍼 골퍼가 될 수 있다는 얘기다.

골퍼의 게임을 뒷받침하고 좌우하는 것에는 네 개의 기둥이 있다. 첫째는 신체적 수준, 둘째는 전문적 기술(스윙과 타법), 셋째는 장비, 그리고 넷째는 휴먼 스킬이다. 그런데 안타깝게도 훌륭한 골프 게임 플레이에 필수적인 휴먼 스킬은 누구도 어디에서도 제대로 가르쳐주지 않는다. 이렇게 생각해 보자. 일단 골프 코스 위에 올라가면 신체적 수준이나 전문적 기술 또는 장비를 바꿀 수 있나? 그럴 수 없다. 네 개의 기둥 중 코스 위에서 조절하고 제어할 수 있는 유일한 것은 휴먼 스킬이다. 이 휴먼 스킬, 특히 자기 인식과 자기 관리 기술을 발전시켜야 최고의 기량을 발휘할 수 있게 된다.

휴먼 스킬은 골프 코스에 올라서면 어김없이 생겨나는 불안, 낙담, 두려움, 좌절감, 분노 등의 감정을 관리할 수 있게 도와준다. 또 골프 게임을 즐길 수 있게 해주는 집중, 확신, 안정감, 용기, 즐거움 등의 긍정적 상태를 만들어준다.

우리 두 사람은 합산해서 64년간 골프를 가르치는 동안, 최고의 실력이 쉽게 나오게 해주는 조건들, 다시 말해서 사람들은 언제 자기 능력을 최고의 수준으로 발휘하는가에 대해 깊은 관심을 두게 됐다. 그 사람이 무용가든 음악가든, 외과의사든 골퍼든, 한 가지 공통분모는 자기 일을 하는 순간에 특히 시각, 청각, 촉각 등의 감각을 온전히 느끼면서 한다는 사실이다. 그럴 경우엔 상상하는 것보다 훨씬 더 많은 실적을 일궈낼 수 있게 된다.

우리 회사 이름을 VISION54로 지은 것도 그런 이유에서다. 골퍼라면 누구나 언젠가는 꿈의 점수인 54타의 성적을 낼 수 있게 되리라는 아이디어, 그런 새로운 프런티어를 만들어보고 싶었다. 54타는 18개 홀에서 모두 버디를 기록하거나, 파·버디·이글의 조합으로만 만들어낼 수 있는 결과다. 54는 숫자다. 다른 한편으로는 한계가 아니라 가능성을 지향하는 철학이기도 하다. 54는 오랜 습관을 바꾸고 새로운 것을 습득하는 과정이다. 언제나 변화하는 환경의 골프 코스에서 신체적·정신적·감정적 상태를 조절하고 관리하는 수련을 의미하기도 한다.

우리는 어느 골퍼든 언젠가 54타를 기록할 것이라고 확신한다. 지금까지는 공식 대회에서 59타 기록지를 제출한 선수가 20명 안팎에 불과하다. 59타 선수 중 한 명인 안니카 소렌스탐Annika Sörenstam은 이 책의 공동 저자 중 한 명인 피아 닐슨의 코치를 받았다. 또 다른 59타 선수인 러셀 녹스Russell Knox는 현재 우리가 코치하고 있는 미 PGA 프로 선수다. 우리는 우리에게서 코칭을 받는 모든 선수 이름에 숫자 54를 붙여준다. 러셀 녹스는 'Roo54'라고 부른다. 그는 캥거루 모양의 클럽 헤드 커버를 갖고 다녀 'Roo'라는 별명을 얻었다. 그런가 하면 미 PGA 우승자인 케빈 스트릴먼 Kevin Streelman은 'Streels54', 또 다른 학생 중 한 명인 콘돌리자 라이스 Condoleezza Rice 전 국무부 장관은 'Condi54'로 호칭한다.

그렇다면 골프에서 다음 단계로 돌파하려면 무엇이 필요할까? 54타를 치기 위해서는 '결점과 교정'이라는 기존의 접근법에서 휴먼 스킬에 의존하는 '가능성과 탁월함' 접근법으로 패러다임을 획기적으로 바꿔야만 한다. 우리는 이것을 '백 투 더 퓨처 back-to-the-future' 개념으로 생각한다. 세인트 앤드루 골퍼들의 모임 Society of St. Andrews Golfers이 1754년 처음 창립됐을 때는 프로 강사도 없었고, 연습 레인지와 스윙 시뮬레이터 같은 것도 없었다. 당시 골퍼들은 게임이라는 맥락에서 골프 코스 위에서 플레이하는 법을 배웠다. 공을 어떻게 하면 알맞게 치고, 긴장감을 관리해 가며, 스스로 제어할 수 있는 게임 부분에 집중할 수 있는지 터득했다.

역사를 거치면서 위대한 챔피언들은 이런 기술들을 구현해 나갔다. 올드 톰 모리스 Old Tom Morris, 조이스 웨더드 Joyce Wethered, 바비 존스 Bobby Jones, 벤 호건 Ben Hogan, 캐시 휘트워스 Kathy Whitworth, 아놀드 파머 Arnold Palmer, 낸시 로페즈 Nancy Lopez, 잭 니클라우스 Jack Nicklaus, 타이거 우즈 Tiger Woods와 안니카 소렌스탐은 자신의 휴먼 스킬을 활용해 골프 게임의 위대한 플레이어들이 됐다. 이러한 기술이 암묵적이고 신비한 것, 또는 챔피언의 고유 영역으로 남아야 한다고 생각하지 않는다. 오늘날엔 과학과 연구 조사의 발전, 오랜 기간의 관찰과 코칭 덕분에 그 암묵적이었던 기술들을 명시적인 것들로 만드는 데 도움을 줄 수 있게 됐다.

여러분은 이 책의 이어지는 장들에서 다음과 같은 우리의 프로-아마추어 학생들과 함께 골프 코스에서의 휴먼 스킬을 배우게 될 것이다. 미 LPGA 전·현직 투어 플레이어인 수잔 페터슨Suzann Pettersen, 브리타니 랭Brittany Lang, 에리야 쭈타누깐Ariya Jutanugarn, 안니카 소렌스탐, 미 PGA 전·현직 프로 선수들인 러셀 녹스, 케빈 스트릴먼과 애런 오버홀저Arron Oberholser, 아마추어인 콘돌리자 라이스 전 국무부 장관, A.K. 프래지어, 에이미 레인… 이들은 자기 잠재력을 최대한 발휘할 수 있게 해준 휴먼 스킬을 습득한 몇몇 단적인 사례들이다.

정신생리학, 신경과학 및 경기 훈련에 관한 최근의 연구 분석은 기존에 우리가 생각해 온 배우는 방법이나 진정한 능력에 대한 개념, 최상의 실력 발휘를 가능케 하는 요소들에 대한 인식을 뒤바꿔 놓았다. 이제 골프는 의학, 심리학, 생리학, 뇌과학, 영양학, 생체 자기 제어, 맥락적인 배움, 명상까지 포함하는 분야로 확장됐다.

그 결과, 우리가 오랫동안 각기 따로였던 것으로 여겨왔던 마음과 마음을 연결할 수 있게 되면서, 여태껏 대부분이 상상해 오던 것보다 더 높은 수준으로 골프를 배우고 칠 수 있는 능력이 있음을 깨닫게 됐다. 우리가 가능하다고 생각해 왔던 것보다 더 많은 실력 향상, 성장, 자기 조절을 할 수 있음을 직접적으로 보여줌으로써 골프를 새로운 시각과 방향에서 바라보게 해줬다. 하지만 각기 분리됐던 몸과 마음을 합일시키고, 더 많은 목표를 성취토록 하는 작업은 우리 각자에게 달려 있다.

이 같은 새롭고 전향적인 사고방식의 철학을 발견하고자 하는 사람들이 우리만 있는 것이 아니다. 골프계와 다른 스포츠 분야의 많은 이들이 이러한 새 아이디어에 몰두하고 있다. 그래서 이 책에선 오랜 기간 우리에게 영향을 끼쳐온 사람들과 개념들에 대해서도 함께 소개하고자 한다. 여기에는 혁신적 지도자인 척 호건 Chuck Hogan, 셀 엔해거Kjell Enhager, 인간 잠재력 권위자인 마이클 머피Michael Murphy, 켄 윌버Ken Wilber, 과학자·심리학자인 조안 휘태커 Joanne Whittaker, 캐롤 드웩Carol Dweck과 같은 사람, 하트매스HeartMath 와 같은 기술, 신경 언어 프로그래밍이라 불리는 개인 성장과 소통 접근법 등도 포함된다.

우리는 이런 전문적 지식 체계를 연구해 오면서 최상의 아이디어들을 추출해 그것들을 우리의 VISION54 방법론에 융합시켰다. 그렇게 함으로써 몸·마음·감정에 더 높은 자각 인식을 불어넣으면 진정한 잠재력을 자신의 실력으로 발휘할 수 있다는 사실을 발견할 수 있게 될 것이다.

이 여행은 내부적인 요소(인간이라는 당신)와 외부적인 요소(골프 코스 위의 당신)를 함께하게 될 것이다. 우리의 목표는 당신에게

여기에서 말하는 휴먼 스킬을 소개해 주고, 그것들을 어떻게 이용
하면 되는지 이해를 돕는 일이다. 우리는 당신이 연습장에서 죽으
라고 공을 때려대는 대신에 이런 휴먼 스킬을 골프의 심장으로 만
들어나가기를 기원한다. 결과적으로 골프 멘탈의 최강자가 되리라
확신한다. 자, 우리 완전히 새로운 방법으로 골프를 탐험해 보자.

1장

라운드 전

—

휴먼 스킬HUMAN SKILLS

모든 배움의 시작, 자각 의식 가꾸기

2006년 겨울, 노르웨이 골프 선수 수잔 페터슨은 미국 애리조나주에서 실시되던 우리의 VISION54 프로그램에 등록했다. 수잔은 의심할 여지 없이 가장 뛰어난 재능을 타고난 선수 중 한 명이다. 그녀는 스키를 타며 자라다가 주니어 골프 선수로서의 커리어를 쌓기 시작했다. 노르웨이 아마추어 챔피언십에서 다섯 차례 우승을 차지했고, 영국 소녀 챔피언십에서도 한 차례 우승컵을 들어 올렸다. 10대 때는 세계 아마추어팀 챔피언십에 노르웨이 대표로 출전했고, 주니어 유럽 라이더컵 대표로도 선발됐다.

수잔은 지난 2000년에 19세 나이로 프로로 전향했다. 이듬해 유럽 여자 투어LET에서 준우승을 차지하면서 유럽 여자 투어 올해의 신인상을 받았고, 2003년엔 미국 LPGA 출전권을 따냈다. 그녀를 아는 많은 사람은 그녀가 앞날이 보장된 스타덤을 향해 탄탄대로를 치달을 것이라고 믿어 의심치 않았다. 그러던 수잔은 그 이후 6년 동안 미 LPGA에서 고작 몇 차례 10위권 안에 들었고, 미국과 유럽의 여자 골프 대항전인 솔하임컵Solheim Cup에 서너 번 출전했을 뿐, 프로 대회에서 단 한 차례도 우승을 차지하지 못했다.

그녀가 우리의 프로그램에 3일간 왔을 때 나이는 25세, 풀이 죽은 침울한 모습이었다. 수잔은 자신의 경기 내용에 너무나 좌절하여 극단적인 절망에 빠져 있었고, 우울증에 시달릴 정도라고 털어놓았다. 피아 닐손이 그녀에게 말했다. "수잔, 나는 당신을 주니어 시절 때부터 쭉 봐왔습니다. 당신은 내가 여태까지 본 선수 중에 가장 뛰어난 재능을 타고난 선수 중 한 명이에요. 대회 경기 중에 대부분의 선수가 최악의 경우로 꼽는 그런 어려운 상황에서조차, 엄청난 압박감을 이겨내며 항상 잘 해내더라고요. 그래서 묻고 싶은 게 있습니다. 당신은 무엇을 어떻게 하길래 그런 압박감 아래서도 그렇게 훌륭하게 플레이를 잘할 수 있었던 건가요?" 수잔은 고개를 떨구고 바닥만 내려다봤다. 혼란스러운 듯했다. "저도 모르겠어요"라고 하더니 "그런 것에 대해 생각해 본 적이 정말 한 번도 없었네요"라고 대답했다. 그러더니 대화 주제를 바꿨다. "그나저나 제 스윙에 잘못된 것을 잡아보려고 여기에 온 건데요. 정말 신경 쓰이고 괴로워서 미치겠어요"라고 하소연했다.

다음 날 아침, 수잔은 간밤에 한숨도 자지 못했다고 말했다. 피아가 물어본 질문에 대답하지 못한 것이 마음에 걸려 잠이 오지 않왔다고 했다. 린 매리엇이 수잔에게 다시 말을 건넸다. "당신은 지금보다 훨씬 더 훌륭한 선수가 되고 싶다고 우리한테 얘기했습니다. 그런데 당신이 골프를 잘 쳤을 당시 무엇 덕분이었는지에 대해선 스윙 말고는 생각해 본 적이 없었다고요? 피아와 나는 당신이 그 무엇에 대해 계속 생각해 보기를 바랍니다."

마지막 날 아침, 수잔이 작별 인사를 하며 말했다. "그 무엇에 대해 생각해 봤어요. 이제 알겠어요. 그런 압박감을 받는 상황에서 아무 생각도 하지 않았어요. 그저 샷만 바라보고 느끼기만 했어요. 샷을 하고 난 후에 벌어질 일에 대해 아무런 생각이나 걱정 따윈 하지 않았어요."

수잔은 그날 자신이 무슨 심오한 말을 했다고는 생각하지 않았을 것이다. 하지만 우리는 그 반대라는 것을 알았다. 그 몇 마디 속에서 그녀는 자신의 최고 실력의 본질을 해부하기 시작한 것이었다. 자신이 가진 재능의 핵심에 다가가도록 도와주는 중요한 휴먼 스킬 중 하나를 사용하기 시작한 것이었다. 수잔은 처음으로 자신의 자각 의식을 활용할 줄 알게 됐다.

수잔을 변명해 주려는 것이 아니라, 그녀는 자각 의식이 결여된 첫 선수가 아니었다. 오늘날 현실을 보면, 많은 골프 코치와 트랙맨TrackMan과 같은 측정 장비들이 선수 자신보다 그들의 강점과 약점에 대해 더 잘 알고 있다고 생각한다. 수잔은 특유의 다양한 골프 기술을 구사할 수 있는 능력에선 뛰어났지만, 자신이 골프 코스에서 펼치는 최고 플레이의 구성 요소들이 무엇인가는 의식하지 못하고 있었다. 수잔에게 이렇게 말해줬다.

"골프는 홀로 하는 외로운 게임입니다. 자기 자신뿐이에요. 그렇기 때문에 내부적이고 외부적인 요소들에 대한 자각 의식을 높여야 합니다. 그래야 무엇이 벌어지고 있는지, 당신이 어떻게 하는지를 알 수 있습니다. 그런 자각 의식이 있어야 명쾌해지고 선명해집니다. 그런 후에 선택해야 당신이 원하는 결과를 달성할 수 있습니다."

자각 의식이야말로 우리가 이 책과 코칭에서 가장 중요하게 생각하는 핵심이다. 사람은 모두 제각각이다. 어떤 이는 외부적 요인에 더 집중하는 성향이 있어서 자기 주변에 존재하는 것들, 다른 경쟁자들, 선두 명단과 점수 표시 리더보드, 바람, 골프공, 그린의 빠르기와 경사도, 목표의 위치, 지켜보는 갤러리 등의 외부 요소를 더 의식한다. 이런 외부에 대한 의식도 물론 필요하다. 그러나 외부에 신경을 쓰고 집중하는 사람은 그러는 사이에 내부적 자각 의식은 거의 가질 수 없게 된다. 라운드 후반에 신체적 기운이 약화하고 있다는 자각을 하지 못하고, 일정한 상황의 코스에서 어떤 감정에 휘말려 샷에 어떤 영향을 받는지, 또는 최상의 샷을 날릴 수 있는 능력을 자신이 가졌는지의 여부조차 의식하지 못한다.

그런가 하면 다른 사람들은 전적으로 반대 모습을 보인다. 내부 요소에 더 치중해 자기 자신 안에서 일어나는 현상에 맞춰 조율한다. 골프에 있어서 이런 사람은 자신의 리듬, 균형과 긴장, 피치 샷과 퍼트의 거리 등을 감각적으로 느끼는 직관력이 강한 플레이어다. 라운딩 도중에 자기 생각과 감정을 의식할 줄 안다. 반대로, 이런 부류의 플레이어는 자신의 외부 환경에 대해선 전적으로 의식하지 않는다. 이런 이들은 티 박스에서 다른 플레이어와 부딪치고, 어느 곳을 조준해 샷을 해야 하는지를 헷갈리고, 자기 차례가 아님에도 샷을 해버리고, 다른 플레이어의 라인을 밟고 지나가고, 바람도 느끼지 못하고, 해당 홀 공략 및 전략을 까맣게 잊어버린다.

골퍼 대부분은 외부 자각 의식은 지나치게 발달해 있으면서 내부적 자각 의식은 제대로 계발돼 있지 않다. 그건 어찌 보면 이해가 되기도 한다. 바쁜 일상과 우리가 사는 세상의 급속히 돌아가는 속도를 고려하면 우리 대부분은 대체로 외부 요소에 집중하는 성향을 보이게 된다. 우리는 우리 자신의 내부에서 하는 말에 귀 기울이고, 거기에 맞춰 조율하는 방법을 배우지 못했다.

이 책에선 여러분에게 몸·마음·감정에 대한 내부적 자각 의식을 키우도록 가르쳐드리고자 한다. 여러분이 이런 자각 의식 수준을 높이게 되면, 연습 레인지에서 수백 시간을 보내는 것보다 골프 게임에서 훨씬 더 큰 향상을 이룰 수 있다고 장담한다. 우선은 무엇이 자각 의식인지 아닌지를 이해할 필요가 있다. 우리의 경험으로 볼 때, 대부분의 골퍼는 자각 의식을 스윙 점검 리스트와 혼동한다. '내 어깨가 돌아가 턱 밑으로 들어가나? 내 팔은 굽혀지지 않고 똑바로 펴졌나? 내가 손목을 딱 올바른 순간에 풀어줬나?' 하는 생각을 자각 의식이라고 착각한다.

우리는 골프 학교에서 처음 학생들을 데리고 골프 코스에 나가면, 그들의 자각 의식 기준치를 체크하기 위해 다음과 같은 일련의 질문을 먼저 해본다. "당신은 샷에 대한 결정을 내린 후 거기에 얼마나 전념했는지를 의식하나요?"(많은 골퍼는 샷에 대한 전념이라는 생각을 고려해 본 적이 없다.) "당신의 일반적인 스윙 속도의 몇 퍼센트 정도를 샷에 사용하나요? 100퍼센트? 75퍼센트?"(대부분의 골퍼는 자신의 일반적 스윙 속도에 대한 의식을 거의 또는 전혀 하지 않는다.) "오늘 당신의 몸·마음·감정의 상태는 어떠한가요?"(이 질문은 종종 긴장된 침묵을 유발한다.) "당신이 어떤 기분을 느끼고 있는가에 따라 오늘 평상시보다 더 좋은 플레이를 할 수 있게 해주는 어떤 결정이나 변화를 만들어낼 수 있나요?"(보통 이 질문엔 멍한 눈으로 쳐다본다.)

우리의 좋은 친구인 데비 크루스 박사는 미 LPGA의 마스터 인스트럭터이면서 애리조나 주립대학교 남녀 골프팀의 스포츠 심리 컨설턴트이자 같은 대학의 신체 운동학 연구 분석가다. 그는 모든 골퍼는 플레이가 잘될 때와 잘 안 될 때 보이는 반복적인 패턴 등 특유의 성향이 있다고 설명한다.

인간의 성향은 일관성을 보이는 경향이 있어서 그러한 성향을 유발하는 상황과 그 성향을 파악하는 데 자각 의식을 이용해 볼 수 있다. 일단 그렇게 하면 그런 성향을 관리하기 위해 특정한 휴먼 스킬을 활용할 수 있게 되고, 결과적으로 우리의 실력과 성적을 최적화할 수 있다.

　골프 지도자와 코치들은 스윙 기술에서 선수의 성향을 특정할 수 있다. 예를 들어, "발의 위치에 비해 공을 너무 앞쪽으로 멀리 놓는 경향이 있다"라거나 "스윙할 때 자세가 흐트러지는 경우가 많다", "스윙을 미처 마무리하기도 전에 샷을 끝내고 나오는 경향이 있다"는 것을 분석할 수 있다. 하지만 대부분의 지도자는 아직도 그런 성향을, 압박감을 받는 선수가 신체적·정신적·감정적 상태를 드러내는 것으로 보지 않고, 단순히 기술적인 문제로 치부한다. 그런 지도자는 선수의 골프채를 잡는 그립의 힘이 워터 해저드를 앞에 둔 파 3홀에선 더 강해지는 사실까지는 알아채지 못한다.

　선수가 동반자와 잡담을 나누다가 샷에 들어가면 집중력을 잃어 스윙하다 말고 나오는 경향이 있다는 사실도 간파하지 못한다. 또한 플레이가 잘되다 보면 스윙 속도가 빨라지고, 성급하게 낮은

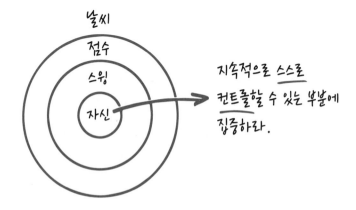

날씨
점수
스윙
자신

지속적으로 스스로 컨트롤할 수 있는 부분에 집중하라.

스코어를 기대하기 시작하는 경향을 보이는 현상도 알지 못한다. 이러한 성향의 전후 관계를 아는 것은 그 성향 자체만큼 중요하다. 하지만 연습장에선 전후 관계를 인지하는 것이 어렵기 때문에, 모든 골퍼는 골프 코스에서 자신이 어떤 성향을 갖고 있으며, 언제, 왜 그런 현상이 발생하는지에 대하여 자각 의식을 발전시켜 나가야 한다.

　골프를 잘하게 되는 결정적인 자각 의식으로는 신체적 자각 의식, 정신적 자각 의식, 감정적 자각 의식을 꼽을 수 있다. 이 세 가지는 서로 연관돼 있으므로 셋 모두를 함께 살펴보자.

신체적 자각 의식

　신체적 자각 의식은 몸의 유연성을 기반으로 특정 순간의 신체 컨디션과 관련이 깊다. 신체의 균형 및 무게 중심의 높낮이, 라운딩 시작 전 워밍업을 하면서 느껴지는 그날의 무기력감 정도, 공을 치기 시작하면서 신체에 전해지는 긴장감의 강도 등으로 측정할 수 있다. 이와 같은 신체 언어는 직접적으로 플레이 하나하나에 영향을 미치게 되는데, 우리는 신체의 변화에 대한 자각 의식을 확장·심화시키는 방법을 여러분에게 가르쳐줌으로써 여러 요소에 적절하게 대응 및 대처할 수 있도록 도와주려고 한다.

정신적 자각 의식

골프를 잘 치는 데 긴요하게 작용하는 두 번째 자각 의식은 정
신적 자각 의식이다.

우리 대다수는 정신적 자각 의식을 인지적 사고라고 여긴다.
현재 처한 상황과 조건을 분석해서 어떻게 스윙을 할 것인지 선별
하고 코스 공략 방식을 결정해야 하는 골프 플레이에선 정신적 기
능이 매우 필요하다. 이런 정신적 기능은 흔히 좌뇌 또는 뇌의 의
식을 담당하는 두뇌 언어 중추에서 작동 및 관리한다.

세대를 걸쳐 전통적으로 골프를 가르쳐온 방식은 인지 체험
을 위주로 해왔었다. 지능과 실증이라는 방식을 통해 골프채를 들
어 올릴 때부터 스윙이 마무리될 때까지 어떻게 움직이는지를 배
우고, 그 후에 효과적으로 스윙을 하기 위해 몸에 특정한 명령을
하달하는 식이었다. 신경과학이 지난 수십여 년간 밝혀온 것 중 하
나는 우리의 '정신 상태'는 단순히 두뇌에서 인지를 담당 부분보다
훨씬 더 많은 구성 요소로 이뤄져 있다는 사실이다. 뇌의 잠재의식
을 관장하는 우뇌는 창의성, 상상력, 지각 능력(시각, 청각, 감각, 촉
각, 미각), 리듬감, 음악, 직관, 운동 기능 등을 담당한다. 여기에서
간과하지 말아야 할 중요한 사실이 있다. 바로 뇌의 인지 중추를
담당하는 좌뇌는 기껏해야 지적 능력의 5~10퍼센트 정도만 차지
한다는 사실이다. 이에 반하여 창의성을 담당하는 우뇌는 지적 능
력의 90~95퍼센트나 차지하는데, 우리는 그런 우뇌의 대부분을 사

용하지 못한다. 즉, 우리가 실제로 활용하고 있는 능력보다 훨씬 많
은 잠재력을 가지고 있다는 이야기다.

신경과학은 우리가 특정 기술을 익히고 의식을 조절하는 부분
을 직관으로 대체할 수만 있다면, 실력과 성적을 크게 향상할 수
있음을 말해준다. 피아니스트가 됐든, 골퍼, 무용가가 되었든, 최고
의 실력 발휘는 우뇌의 지각 능력에 의해 조절되며, 잠재의식으로
의 전환으로 특징된다. 크루스 박사는 이런 상태를 두뇌 양쪽 사이
의 '동시성同時性'이라고 부른다. 예를 들어, 배우고 연습했던 골프
스윙을 가장 효율적으로 만들어낼 수 있는 상태를 의미한다. 세계
에서 가장 뛰어난 운동선수는 딱 필요한 순간에 좌뇌에서 우뇌로
의 재빠른 전환을 통하여 순간적으로 실력을 최대한으로 끌어올려
균형을 본능적으로 맞추는 선수이다.

당신이 점점 더 다른 '느낌' 또는 '지각 상태'를 인지할 수 있게
된다면, 우리는 그때 당신에게 어느 부분을 더 활용하고 어느 부분
을 덜 활용해야 지각 능력을 좌우하는 우뇌로의 빠른 전환이 가능
하여 실력과 성적이 동시에 획기적으로 향상되는지 이야기해 줄
수 있다.

감정적 자각 의식

우리가 생각하는 가장 효과적인 골프 연습 방식은, 학생에게

골프를 처음 배우기 시작했을 당시 어떤 감정을 느꼈었는지 상기해 보라고 권하는 방식이다. 이런 질문을 던지게 되면, 대부분의 학생은 본질적으로 매우 즐거웠던 상태였다고 회상한다. 부모님과 함께 골프 코스에서 특별하게 보냈던 시간이든, 연습장에서 용돈을 벌기 위해 공을 줍는 일을 하던 때든, 그 즐거웠던 기억과 감정이 지금 골프를 치는 대부분의 기억 속에 근간으로 남아 있는 경우가 많다.

뉴욕 출신의 핸디캡 5인 에이미 레인은 어린 시절 골프를 치던 때의 느낌을 생생하게 기억한다고 한다. "13살 때쯤 캠프를 마치고 귀가하자 부모님이 회원 등록하여 다니시는 골프 클럽의 어린이 클리닉에 저를 등록해 주셨어요. 그런데 그 클럽의 한 아마추어 선수가 저에게 관심을 보이면서 둘이 친해져 오후 느지막하게 둘이서만 라운딩을 나가곤 했습니다. 저는 골프 가방을 등에 메고 다니면서 골프를 즐겼는데, 당시에 배운 레슨의 자세한 방식이나 내용은 잘 기억나지 않지만 그 시절 제가 얼마나 자유로움을 느꼈었는지는 지금도 분명하게 기억납니다. 행복했고 골프도 잘 쳤어요. 또한 잘못 쳤던 샷에 대해 집착하지 않았어요. 늘 제가 잘 쳤던 샷에만 신이 났었고, 골프를 그 자체로 즐기며 흥겨웠었지요."

우리와 함께했던 또 다른 학생인 미 PGA 프로 골퍼 러셀 녹스는 고향인 스코틀랜드에서 골프를 배우던 때를 또렷이 기억한다고 한다. "저는 고원지대의 네른 던바Nairn Dunbar라는 마을에서 자랐습니다. 그 마을의 골프 코스에는 근처에 연습장도 없었어요. 저와 친

구들은 그냥 코스로 나가서 공을 치고 돌아다니며 홀에 공을 집어
넣곤 했습니다. 날씨는 엉망이어서 자주 춥고, 비 오고, 바람도 불
었습니다. 하지만 그런 악천후에 시달리면서도 코스에 나가 치고
다니는 게 늘 흥겹고 재미있었습니다. 그 당시엔 정말 말 그대로
놀이로서 골프를 즐겼습니다. 오늘날엔 프로 골퍼라는 위치에 따
른 기대감과 온갖 스트레스를 받게 되니까, 어릴 때 제 몸에서 자
연적으로 느껴졌던 그 즐거운 기분을 다시 느껴보려고 아무리 애
를 써도 그렇게 되지 않습니다.

앞서 소개한 에이미는 성장을 하면서 실력 향상을 위해 더 많
은 레슨을 받았다. 그럴수록 골프 게임의 즐거움은 줄어들고 기술
적인 방법에만 집착하는 레슨으로 이어졌다. "대부분의 선생님은
'너는 이 자세, 저 자세를 하더라. 이렇게 한번 해봐라' 같은 식으
로만 가르쳐주셔서 점차 스윙과 샷에만 과도하게 집착하는 경향이
많아졌습니다"라고 말했다. "저는 샷이 잘 안 되면 초조해지기 시
작하면서 스윙에 관한 생각이 쳇바퀴 돌아가듯 머릿속에서 돌아갑
니다. '이걸로 해보자. 잘 안 되잖아. 저걸로 하자. 이번엔 어때?'라
면서 어린 시절 골프를 칠 때와는 정반대의 느낌에 사로잡힙니다.
그렇게 게임을 완전히 망쳐버렸던 적이 한두 번이 아닙니다."

에이미는 2006년에 처음으로 VISION54 프로그램에 참여했
다. "그때부터 제 감정이 어떻게 제 플레이에 영향을 미치는지 알
게 됐습니다"라고 말했다. "경기 도중에 제 감정 상태가 나빠지기
시작하면 제 몸은 경직되고 힘이 들어갔어요. 그러면 스윙 방식을

억지로 바꿔보려는 시도도 해봤는데, 물론 전혀 효과가 없더군요. 그런데 일단 불안과 긴장이 어떻게 나에게 영향을 미치는지를 알고 나서는 그걸 조절할 수 있게 됐습니다. 스윙 기술에 광분하지 않게 됐습니다. 그 대신에 내가 훌륭한 샷을 쳤을 때 내 몸 안에 일어났던 감각을 되살려 보려는 노력을 기울이게 됐습니다. 개인적으로 배꼽 아래 단전을 자각하는 것이었습니다. 그렇게 하면 균형감이 생기더라고요. 모든 것이 단순해지면서 시간이 늦춰지는 느낌이 들었습니다. 샷을 하기 전에 마치 제삼자의 입장에서 제 샷을 보고 느낄 수 있게 됐습니다. 스윙에 대한 생각으로 혼란해지지 않아 다시금 자신감을 되찾았습니다. 자각 의식이 평정심을 되찾을 수 있게 도움을 주었습니다."

우리는 골프에서 감정의 역할이 과소평가되어 있다고 생각한다. 샷을 잘못 치고 나면 누구나 감정 표현을 하는 경우가 많다. 머리를 흔들거나, 신음을 내거나, 골프채를 떨어뜨리거나, 한숨을 쉬거나 욕을 하거나 한다. 감정은 "어 안 돼… 벙커에 빠져버렸네" 하는 걱정, "이렇게 엉망으로 치니 결국 지겠네"라는 패배감, "골프는 왜 친다고 나온 거지"라는 공허함으로 나타나기도 한다. 어떤 골퍼는 그런 모든 감정이 일시에 쏟아져 곧바로 플레이 그 자체를 뒤덮어 버리면서 극심한 정신적 괴로움까지 느끼게 된다.

반면에 우리가 샷을 잘 칠 때는 여러 긍정적 감정이 반응한다. 웃음을 짓거나, 하이파이브한다거나, 주먹끼리 부딪치며 좋아한다.

모든 감정은 뇌에 화학적 반응을 촉발하여 플레이 하나하나에 영향을 미친다. 우리가 '감정화emotionalize'한 것은 기억과 감정을 관장하는 두뇌 속 깊은 안쪽의 편도체에 일일이 저장된다. 그래서 그다음 라운딩 때 비슷한 샷을 할 경우, 우리는 자동으로 확신과 믿음의 신호를 느끼거나, 반대로 불안과 자신감 결여를 느끼게 된다. 일상생활에서 우리는 누군가의 진한 감정을 진정으로 받아들인다. 그러나 자기 자신의 감정을 추스를 수 있는 것 또한 대단히 소중하다. 감정 관리는 짜증과 분노를 줄이고 평화로운 마음을 만들어 전반적인 평온함을 주고 그에 따른 더 나은 플레이를 하게 해준다.

에이미는 "스트레스를 많이 받는 경기에서 경쟁하거나 중요한 샷을 해야 하는 경우에는 때때로 감정보다 테크닉을 컨트롤하는 게 더 쉬울 수도 있어요"라고 한다. "우리는 골프 스윙을 수많은 방면에서 다뤄보지만, 감정 컨트롤은 거의 해보지 않았으니까요." 골퍼가 플레이를 잘하려면 적절한 신체적·정신적·감정적 상태에 있어야 함은 필수다. 신체 컨디션은 처음 몇 개의 공을 치면서 라운딩의 기조를 세팅하게 되기 때문에, 자각 의식을 전개하기 위한 시작점이 된다. 우리가 VISION54 프로그램을 이른바 'BTT 자각 의식 훈련'으로 시작하는 이유는 바로 그 때문이다.

BTT는 균형Balance, 템포Tempo, 긴장감Tension의 축약어이다. 라운딩에 앞서 워밍업을 할 때나 플레이 도중에 이런 여러 감각에 관심을 기울여야 좋은 스윙을 하는 데 큰 도움을 주는 감각적 자각 의식에 도달하게 된다.

프로그램이 시작되면 우선 학생에게 연습장과 골프 코스에서 다양한 감각을 시도하라고 주문한다. 감각 상태의 일부는 운동 감각의 느낌(균형, 이완된 어깨, 골프채를 쥐는 압력)이고, 다른 일부는 청각 기능(스윙 템포 카운트, 임팩트 소리 듣기)과 관련된다. 또 다른 일부는 시각(공 바라보기, 날아가는 골프공 또는 목표물 응시)과 관련되어 있고, 여러 감정(즐거움 또는 차분함)과도 연관된다. 이러한 상태를 살펴보기 시작하는 것은 자각 의식을 계발하는 출발점이 된다. 수잔 페터슨은 VISION54 프로그램에 참여한 직후인 2007년 초, 우리에게 개인적인 지도를 요청했다. 요청을 받은 후, 우리가 그녀에게 준 첫 번째 숙제는 처음에 그녀가 대답하지 못했던 그 질문, 즉 최고의 샷을 했을 당시에 자신이 어떤 방식으로 플레이를 만들어냈었는지 기억해서 알아보라던 질문이었다.

수잔은 자신의 강점이 스윙 기술과 잘 다져진 신체라는 걸 잘 알고 있었다. 하지만 종종 스윙의 기술적인 문제에 과도하게 치중한다는 사실을 인지해야 했다. 뇌의 중추 언어를 알기 위해 집중하는 데 지나치게 많은 시간을 사용하고 있음을 깨달아야 했다. 수잔은 플레이를 할 때 우뇌의 감각을 더 많이 활용할 필요가 있었다. 우리가 그녀에게 권했던 방식 중 하나는 눈을 감고 퍼트하기였다. 그렇게 하면 기술적인 생각은 내려놓고 퍼트의 느낌, 즉 거리감·타격감·속도감·자신의 직관을 온전하게 활용할 수 있게 된다.

수잔과 함께 공을 들인 또 다른 분야는 감정적 자각 의식이었다. 그녀는 경기를 할 때 감정적 변화가 심했다. 좋은 플레이를 하고 난 뒤에는 확신에 차고 생기가 넘치다가도 한번 잘못 치고 나면 어깨가 푹 처지고 골프채로 땅을 내려치기도 했다. 우리가 농담으로 콧구멍에서 불을 뿜는 바이킹 전사와 같다고 말할 정도였다. 수잔이 그렇게 반응할 때면 그녀의 훌륭한 기술이나 신체의 우월성은 소용이 없었다. 그녀의 감정이 두뇌와 몸을 완전히 교란해 경기 전체를 무너뜨렸다.

그래서 그녀는 경기 도중에 감정적으로 변하는 성향에 대한 자각 의식을 계발하여 스스로 감정을 조절하는 법을 배울 필요가 있었다. 부정적인 반응이 나타나기 시작하면 바로 제압해야 했다. 우리는 그녀에게 샷이 잘됐든 못됐든, 일단 샷을 치고 나서는 매번 스스로 숫자를 차근차근 세어보라고 권유했다.

숫자 세기는 아주 오래된 분노 조절 방법이지만, 여전히 효과를 발휘하는 데는 이유가 있다. 사람은 화가 나면 뇌의 편도체가 열을 받으면서 몸이 '투쟁 또는 도피fight or flight' 반응을 준비시키는 아드레날린과 코르티솔cortisol 같은 스트레스 호르몬을 분비한다. 그러면 심장 박동수가 높아지고, 호흡이 빨라지면서 혈당치가 상승한다. 이런 현상이 일어났을 때, 곧바로 차단해 주지 않으면, 사고 능력을 방해하여 플레이에 악영향을 가져온다. 수잔은 이해가 빠른 선수였다. 샷을 잘못했을 때의 뇌 편도체 작용에 대해 말해주면서 저장된 긍정적 기억으로 부정적 반응을 상쇄시켜 줄 필요가 있다고 조언하자 그녀는 냉담하게 대답했다. "평생 저에게 저장된 긍정적인 기억은 없는데, 그런 걸 만들려면 얼마나 걸리나요?"
그러나 그렇게 오래 걸리지 않았다. 그녀는 경기 중에 분노와 낙
담을 하는 경향에 대한 자각 의식을 습득하고 그 의식을 관리하는
방법을 익혔다. 몇 달 만에 수잔은 극적으로 실력과 성적을 향상
시켰다. 2007년 6월 미국 버지니아주 킹스밀에서 열린 미켈롭 울
트라오픈Michelob Ultra Open에서 1위를 차지하며 자신의 생애 첫 미
LPGA 대회 우승 기록을 세웠다. 그리고 한 달 뒤에는 카리 웹Karrie
Webb 선수를 한 타 차이로 따돌리며 미 LPGA 챔피언십에서 우승
해 처음으로 메이저 대회 왕좌에 올랐다. 이로써 세계 랭킹 4위에
오른 그녀는 같은 해 여름 유럽여자프로골프SAS 오픈 대회에서 우
승컵을 들어 올리고, 미 LPGA에서도 3승, 4승, 5승째를 올리면서
12월에는 본인 최고 기록인 세계 랭킹 2위로 뛰어올랐다.

그해 연말에 누군가 우리에게 물었다. "수잔은 어떻게 그렇게
빨리 실력을 눈부시게 향상시킨 건가요?" 우리는 간단하게 대답해
주었다. "그녀가 경기력 향상을 위해 했던 한 가지 방법은 그저 새
로운 기술 하나를 발전해 낸 것뿐인데, 그 기술은 '자각 의식'이라
고 부른답니다."

휴먼 스킬: 자각 의식

코치로서 특권을 누리게 해준 또 한 명의 뛰어난 골퍼는, 현

재 골프 채널 해설가로 활동 중인 미 PGA 프로 선수 출신 애런 오버홀저였다. 오버홀저는 골프 코스에서 자각 의식의 중요성을 곧바로 입증해 보였다. 그래서 그에게 그 과정에 대하여 직접 언급해 달라고 했더니 그는 이렇게 말했다.

"자각 의식이란 자기 주변의 환경을 스스로 인식함을 말합니다. 저는 플레이가 잘 안 되는 것이 너무 성급하게 최종 스코어를 미리 생각하거나, 아니면 앞서 잘못했던 플레이에 연연하며 되새김질하기 때문이란 걸 알았습니다. 그런 상황이 발생하면 저는 지금도 애용하는 한 가지 요령을 시도했습니다. 저 자신에 이렇게 물어보는 것입니다. '애런, 너는 지금 어디에 있는 거지?' 이 질문을 다른 플레이어들에겐 들리지 않을 정도로 내뱉곤 했습니다. 투어 대회 1라운드가 시작되는 목요일 아침과 마지막 4라운드가 진행되는 일요일 오후에 그렇게 소리 내 자문자답하면, 내가 코스 어디에서 어떤 상황에 부닥쳐 있는지 분명히 자각하게 되었습니다. '나는 5번 홀에 있고, 약간 내리막 경사 퍼트를 해야 한다. 홀까지는 27야드가 남았고 바람은 왼쪽에서 불고 있으며 그린은 딱딱하고, 핀은 그린 오른쪽에 있다. 맑고 아름다운 날이고, 내 집중력은 괜찮은 상태다.' 이렇게 하노라면 언제나 제가 처한 현재 상황에서 저 자신을 되찾을 수 있었습니다."

오버홀저는 그러면서 덧붙였다. "현재에 대한 자각은 골프의 전부라고 할 수 있습니다. 다른 건 없습니다. 라운딩 중에 현재 자신을 얼마나 자각하느냐에 따라 그만큼 더 좋은 플레이를 할 수 있

습니다. 그러한 현재의 자각 의식을 살려내는 길은 선수 본인이 각
자 나름대로 찾아내야 합니다."

자각 의식 가꾸기

자신의 자각 의식을 이용하는 능력을 키우는 훈련은 규칙적인
연습을 통해 가능하다. 반복적인 연습은 내부와 외부의 자각 기술
을 강화해 준다. 자신의 신체적·정신적·감정적 상태를 스스로 감
지하고, 각각의 상태일 때 코스에서 어떤 성향을 보이는지를 인지
함으로써 시작할 수 있다. 처음엔 자신의 모든 상태가 하모니를 이
룰 때 느껴지는, 이른바 '통합'이라는 짧은 순간을 경험하게 된다.
그리고 이런 짧은 순간이 점차 길어지면서 각각의 특정 자각 의식
을 자신의 의지대로 이용하는 요령을 습득하게 되어 마침내 그 상
태를 조절할 수 있게 된다. 문제는 모든 샷을 하는 전체 과정에서
얼마나 현재 상태를 잘 자각할 수 있느냐에 달렸다. 이렇듯 처음에
는 자각 의식에 대한 질문과 코스에서의 탐사 등으로 시작하면 된
다. 당장 정확한 답을 구하지 못하더라도, 실습하면 할수록 작은 묘
목이 장차 큰 나무로 자라난다는 생각으로 하면 된다. 그리고 자신
이 체득하는 그 과정을 하나씩 하나씩 노트에 적어두는 습관을 길
러야 한다.

- 당신은 외부 자각 유형의 사람인가, 내부 자각 유형의 사람인가?
- 당신의 마음은 집중형인가, 분산형인가?
- 자신에 대해 긍정적인 성향인가, 부정적인 성향인가?
- 코스 위에서 당신은 보통 차분한 편인가, 흥분하는 편인가, 초조 또는 불안해하는 편인가, 아니면 자신감이 많은 편인가?
- 스윙을 할 때 당신은 내면에서 어떤 자각 의식을 하게 되는가? 스윙 방식이나 신체적 느낌, 목표 지점에 대하여 생각하는가?
- 그날그날 컨디션 변화에 자각 의식을 느끼는가? 그립의 견고함, 신체 에너지 수준, 긴장감, 균형감을 추적하고 관찰하는가?
- 코스에 나갈 때마다 그 코스를 어떻게 공략할지 계획을 세우는가?
- 혼잣말(샷하기 전후로 자신에게 스스로 하는 말)은 뭐라고 하는가?
- 샷을 하기 전, 중간, 후에 각각 감정적으로 어떤 감정 변화를 느끼는가?
- 각각의 샷을 할 때마다 어떤 준비 행동을 하는가?
- 샷을 하고 난 뒤, 으레 어떤 반응을 보이는가?

코스에서 적용하기

외부 자각 요소

- 당신은 골프 코스에 있는 나무, 둔덕, 벙커, 잔디의 모래, 바람 등에 얼

마나 자주 주의를 기울이는가?

- 샷을 결정하기 전에 어떤 외부 요소를 의식하게 되는가?
- 경쟁 상대가 어디에서 샷을 하는지 신경을 쓰는가?
- 각각의 샷을 할 때 목표는 얼마나 분명하게 느껴지는가?
- 스코어를 기억하는 게 쉬운가, 어려운가?

내부 자각 요소

- 스윙을 할 때 내면에서 어떤 감정 변화를 느끼는가?
- 샷을 하기 전에 자신이 내린 결정에 믿음을 가지는가?
- 샷을 하고 난 뒤, 자신의 결정을 믿었는지 말할 수 있는가?
- 샷을 하고 난 뒤, 자신의 감정이 어떤 상태가 되는지 인식하고 있는가?
- 라운딩 도중의 여러 시점에서 몸 상태를 묘사해 보라. 느긋했나, 긴장됐나, 피곤했나, 아니면 힘이 넘쳤나? 배가 고팠나, 배가 불렀나, 목이 말랐나?
- 라운딩 도중의 여러 시점에서 심리 상태를 묘사해 보라. 산만했나, 혼란스러웠나, 집중이 됐나, 명료했나?
- 라운딩 도중의 여러 시점에서 감정 상태를 묘사해 보라. 자신감이 있었나, 즐거웠나, 짜증스러웠나, 좌절감을 느꼈나, 화가 났나, 아니면 차분했나?

우연한 기회, 코치로의 시작

내가 19살 때 미국 애리조나 주립대학에 입학하여 대학 팀에서 골프를 치기 위해 스웨덴을 떠날 당시, 나는 수줍어하는 내향적 성격이었다. 책 읽기와 공부하기를 좋아했으며, 특히 수학과 물리학을 잘해서 내 아버지처럼 의사가 되려고 의과대학 예과에 진학했다. 그런데 수업과 골프 연습을 병행하기 힘들었다. 그래서 내가 관심을 갖고 있던 철학, 심리학 및 해부학 강의를 찾아 듣기 시작했다. 나는 사물과 현상에 대해 궁금했고, 스스로 터득할 수 있기를 원했다.

대학을 졸업한 후, 미 LPGA 출전권을 획득했다. 자각 의식이라는 점에서 말하자면, 나는 늘 지도자 선생님으로부터 특정한 '스윙 생각'을 가져야 하며, 플레이를 할 때는 그 생각을

'생각'하면서 쳐야 한다고 배웠다. 열심히 연습했고, 특히 경기 도중에는 그런 생각 안에 머물기 위해 모든 내 의지력을 집중 했다. 그래서 대회에서 컷을 통과하는 정도는 됐지만, 내가 원 하는 수준까지 플레이를 하지는 못했다. 수잔 페터슨과 마찬가 지로 나 자신에게 실망감을 느꼈고, 왜 더 나은 게임을 하지 못 하는지 혼란스러웠다. 열심히 연습했고, 내 스윙이나 몸 상태 도 나무랄 것이 없었다. 그런데 왜 우승은 못하는 걸까? 이 고 민이 나를 미치게 했다.

미 LPGA에서 4년쯤 지난 1987년 3월, 두 달간 내 스스로 를 탐구 분석해 보기 위하여 스웨덴으로 돌아갔다. 집에 도착 하자 난 전혀 예상하지 못했던 대접을 받게 됐다. 당시 나는 미 국 대학 골프팀에서 활약하고 프로 선수 생활을 시작한 스웨덴 골퍼 1세대였기 때문에 꽤나 유명 인사가 되어 있었다. 스웨덴 PGA와 골프연맹은 나를 여러 자리에 초빙했다. 자라나는 어 린 골퍼들을 위한 골프 클리닉을 해줄 수 있느냐, 시상식 만찬 연설을 해줄 수 있느냐, 토너먼트 운영위원회 위원이 되어주지 않겠냐 등 많은 제의가 쏟아졌다.

강연을 하고, 임원을 만나고, 국가대표팀을 도와주기 시작 했다. 재미있었고, 문득 지난 4년의 경험에 의미가 커지기 시 작했다. 실력이 무뎌지지 않게 하기 위해 몇몇 스웨덴 대회에도 출전했으며 그 경기들에서 우승하기 시작했다. 미국에 있을 때 하고 싶었던, 중압감을 느끼지 않는 플레이를 했더니 의외로 더 좋은 결과가 나왔다. 연습도 덜 하고, 체력 운동도 상대적으로 덜 하고, 게다가 더욱 놀라운 일은 경기에 대한 생각을 덜 하였는데도 좋은 결과로 이어졌다. 나 스스로 아침에 더욱 일찍 일어나고 싶게 만들어준 다른 관심거리, 새로운 도전의 연속이 아마도 더 나은 플레이를 할 수 있게 도와주었다고 생각한다.

어느 날, 스웨덴 여자 국가대표팀 수석 코치가 일을 그만두게 되었다. 임시 코치 제안이 나에게 와서 미 LPGA에 복귀하기 전까지 잠시 동안만 해보자고 생각하고 수락했다. 그렇게 스웨덴의 엘리트 여자 선수들과 함께하게 됐다. 그중에는 수줍음 많은 18세 안니카 소렌스탐도 있었다.

당장 두 가지 의문이 생겼다. 하나는 '스웨덴의 다음 세대가 국제 수준에서 프로로 성공할 수 있도록 코치 방법을 바꿀 수 있을까?'였고, 다른 하나는 '이 엘리트 골프 선수들이 더 훌륭하고 행복한 인간이 되도록 도와주려면 무엇을 해야 할까?'였다. 내가 했던 첫 번째 행동 중 하나는 골프 코스를 돌며 나에게 코칭을 받는 선수들을 따라다니는 루틴을 만들려고 했다. 수첩을 들고 나가 내가 관찰한 부분을 일일이 메모했다. 선수의 스윙 템포, 말수의 정도, 샷의 품질, 그리고 특히 자신의 플레이에 대한 반응 등을 조목조목 기록했다. (내가 관찰한 대부분의 선수는 감정적 자각 의식과 자기 관리 기술이 결여돼 있어 잘못된 플레이를 하고 나면 낙담을 하고 화를 냈다.)

나는 선수 개개인에 대하여 플레이에 앞선 루틴 동작 시간을 측정했다. 처음엔 속도를 높여 시작했다가 과도하게 고심해서 준비에 정성을 들이면 오히려 역효과를 초래한다는 사실을 알게 됐다. 이런 관찰 방식은 비즈니스 사업 분야에선 이미 일상이 돼 능률 전문가가 생산 효과 증대를 위해 '시간 동작time-and-motion' 연구를 해왔다. 하지만 그 누구도 골프에 시간 동작 연구를 적용한 사람은 없었다.

내가 지적인 인물은 아니지만 그간의 경험으로 비추어볼 때, 연습장에서 공을 치는 것과 코스에서의 플레이는 완전 다르다는 정도는 알고 있었다. 손에 든 수첩을 보며 각각의 선수가 라운딩을 끝냈을 때, 단순하게 기술적인 부분 외에 더 많은 평가 정보를 알려줄 수 있었다. "너는 버디를 할 때 잡담을 엄청 하더라"라거나 "너 아까 공을 호수에 빠뜨리기 전에 14초 동안 공을 노려보면서 가만히 서 있었어"라고 일깨워줬다.

그러면서 "이런 사실을 네가 어떻게 플레이에 활용할 수 있을지 생각해 보자"라고 덧붙였다. 그러고 난 후 이런 정보를 선수의 클럽 프로와도 공유했다. 위와 같은 행동이 나는 타당한 행동이라고 생각했고 의미가 있다고 여겼기에 그렇게 한 것이다. 선수들이 경기 중에 도움을 받을 수 있는 다른 지식과 기술을 필요로 하는 것을 과거의 경험을 통해 알고 있었다. 그래서 더더욱 스웨덴의 차세대 골프 선수가 완전히 다른 유형의 코치를 받고 어떤 성공을 성취할 수 있을지 끊임없이 생각할 수밖에 없었다.

그때 미국 애리조나 주립대학교 골프팀과 미 LPGA에서 함께 뛰었던 스웨덴 친구 샬럿 몽고메리가 보조 코치로 들어왔다. 나와 몽고메리, 두 코치는 골프 교습, 심리학, 관리, 자조 자립 분야의 자료와 책을 탐욕스러울 정도로 읽었다. 스티븐 코비의 책《성공하는 사람의 7가지 습관The 7 Habits of Highly Effective People》은 자아 발견, 극기 자제, 우선순위 결정, 신체적·정신적 재생 등에 대해 실속 있는 내용을 많이 담고 있었다. 척 호건의 저서《골프 연습Practice Golf》도 읽었는데, 호건은 고정관념에서 벗어난 지도자 중 한 사람이어서 그의 관점에 관심을 가지게 됐다. '당신 안에 잠든 거인을 깨우라'고 역설하는 미국의 작가이자 심리학자인 토니 로빈스의 책《무한 능력Unlimited Power》도 통독했다.

몇 년 후, 나는 운이 좋게도 스웨덴 골프연맹이 나를 프로 선수도 포함된 남자 국가대표팀과 여자 국가대표팀까지 지도하는 겸임 수석코치로 임명했다. 내게 전권을 주고 모든 것을 맡겼다. 내게 뭘 하라 말라 간섭하며 가타부타하는 윗사람도 없었다. 선수의 타수가 점차 줄기 시작하면서 우승을 하는 경우가 잦아졌다. 그러자 스웨덴 골프계의 내로라하는 대부분의 권위자와 지도자는 이해하기 어렵다는 듯 어깨를 으쓱하며 "무엇을 어떻게 하는 건지는 모르겠는데, 효과를 내고 있으니 앞으로도 잘해보라"라고 힘을 실어줬다.

내 궁금증은 가라앉을 줄 몰랐다. 새로운 아이디어와 개념을 적극적으로 받아들이려 했고, 우리 코치가 제대로 지도하며 격려해 준다면 모든 선수가 점점 자각 의식을 늘려가며 자신의 결정 과정에 책임을 질 수 있게 된다는 믿음이 생겼다. 그렇게 우리 코치진은 단순하면서도 명확한 비전을 제시해 확신할 수 있게 됐다. "선수는 골프 플레이 경험을 통해 자신이 가진 잠재력을 성취할 수 있다"라는 사실 말이다.

게임을 지배하는 방법, 가변성 마스터하기

첫 드라이버를 치기 위해 티를 꼽으며 느끼는 설렘은 선수를 가장 두근거리게 한다. 프로 선수든, 핸디캡 낮은 아마추어든, 주말 골퍼든, 동일하게 공을 홀에 넣을 18차례의 기회를 얻게 된다.

그 과정에서 우리는 좋거나 나쁜 경사면, 쉽거나 어려운 핀의 위치, 빠르거나 느린 그린의 상태, 쾌적하거나 불쾌한 날씨, 그리고 다양한 경쟁자를 만나게 된다. 이런 여러 요소 중 어느 하나도 우리가 마음대로 조절할 수 있는 건 없다고 말했었던가? 마음대로 조절할 수 없음이, 바로 골프가 우리에게 매력적으로 다가오는 미스터리 같은 점이다.

그리스 철학자 헤라클레이토스Heraclitus가 했던 유명한 말처럼 "사람은 같은 강물에 두 번 발을 들일 수 없다"라는 사실을 절감한다. 시시각각 변화하는 여러 상태, 기분, 심지어 체내 세포를 가진 인간으로서 우리는 강에 들어갔다 나올 때 각각 다른 사람인 걸까? 언제나 끊임없이 일어나는 변화는 삼라만상에 항시 발생하는 현상이다. 골퍼도 그중 하나로 추가할 수 있다. VISION54에서는 이렇게 영원히 지속적으로 변화 가능한 상태를 '가변성'으로 명명했다. 이 가변성이라는 개념은 왜 골퍼가 이해하기 힘든 걸까? 너무 많은 골퍼가 '일관성'만 달성하려고 집착하기 때문이다. 골퍼는 똑같은 샷과 스윙을 반복해서 연습하고 또 연습한다. 연습장에서 많은 시간을 보낼수록 필드에 나가서도 똑같은 스윙을 완벽하게 재현할 수 있다고 믿는 탓이다. 그러나 과학적 연구 결과에 따르면 연습장에서 무한정 시간을 보내는 행위는 효과가 별로 없다고 한다.

2006년 스탠퍼드 대학교 전기공학과 신경생물학 전공의 크리샤니 셰노이 교수는 인간은 몸동작을 완전히 똑같이 다시 할 수 없다고 밝힌 바 있다. 사람의 동작 신경 기저를 연구해 온 셰노이 교수는 "사람이 매번 똑같이 움직일 수 없는 주된 이유는, 골프 스윙을 예로 빗대어 설명하자면, 두뇌가 언제나 매번 똑같이 스윙을 계획해 내지 못하기 때문"이라고 말한다.

셰노이 교수와 연구팀의 두 동료인 마크 처치랜드와 애프쉰 애프샤는 과학 전문 저널 《뉴런Neuron》에 연구 논문을 발표했다. 연구팀은 붉은 털 원숭이로 하여금 스크린 위의 색 있는 점에 다가가 수천 번에 걸쳐 손으로 그 점을 만지는 단순한 동작을 반복하도록 훈련시켰다. 그리고 원숭이가 다양한 속도로 그 동작을 완성할 때마다 보상을 해줬다. 그런데 실험에 참여한 모든 원숭이는 같은 동작을 절대 똑같은 속도로 일관되게 반복하지 못했다. 문제는 연습을 더 시킨다고 해서 교정할 수도 없을 거라는 것이다. 이에 연구팀은 대부분의 상황이 그에 맞는 독특한 동작을 만들어내도록 하기 때문에 두뇌가 즉흥적이고 똑같지 않은 동작 패턴을 개발하게 된다는 결론을 내렸다.

그 이유는 생존이 결부되어 있어서다. 포식 동물은 정확히 똑같은 상황에서 똑같은 방법으로 먹잇감을 낚아채 잡아먹지 않는다. 마찬가지로 사냥감이 되는 동물 역시 똑같은 방법으로 포식 동물의 추적을 따돌려 살아남는 게 아니다. "신경 계통이 융통성 있게 디자인되어 있어서 같은 행위를 다시 되풀이하지 않게 설계되어 있다"라고 처치랜드 연구원은 설명한다. 연구팀은 이를 바탕으로 운동선수가 일관성만을 추구한다면 그것은 두뇌가 진화되어 온 방향과 배치된다고 추정한다.

한 연구원은 "우리가 스윙을 똑같이 반복할 수 있다는 만연한 믿음은 잘못됐다. 과학적으로 볼 때 두뇌는 그렇게 허용하지 않는다. 스윙이 그날그날 언제나 바뀔 수 있다는 사실을 받아들이면 우리가 연습하는 방법도 더 생산적으로 바뀔 수 있다. 골프는 지속해서 변화하는 가변적 환경에서 행해지는 임의적이고 일정하지 않은 게임이다. 그런데도 대부분의 골퍼는 일정하게 고정되고 갇힌 환경의 연습장에서 공을 때리고 또 때리느라 많은 시간을 허비한다. 이렇게 시간을 허비하기보다 실제 골프 게임을 모의실험하고 상상해 보는 데 더 많은 시간을 투자해야 한다"라고 했다.

　경쟁자가 샷을 치고 난 뒤 곧바로 바람이 어떻게 바뀌었는지 알아보기 위해 풀 이파리를 공중에 던져본 적이 있는가? 샷을 아주 잘 쳤는데, 공이 골프장 스프링클러 꼭지에 맞고 튀어서 워터 해저드에 빠진 적이 있는가? 하루는 엄청 공이 잘 맞았는데, 그다음 날엔 죽을 쒀서 혼란스러웠던 경우는 없었나? 스코어카드에 이틀 연속 84타를 기록했는데, 그 과정은 영 딴판이었던 경우는 없었나?

　가변성은 골프에 있어 언제나 존재하는 상수常數다. 무엇보다 우선 이런 사실을 인정해야 한다. 그런 다음엔 사실대로 기꺼이 받아들여야 한다. 그리고 최종적으로는 우리가 부르는 호칭인 이른바 '가변성의 마스터'가 되어야 한다.

　VISION54 프로그램의 첫날, 우리는 참여한 학생을 위해 칠판에 하나의 도표를 그려 보여준다. 한쪽에는 PRACTICE로 이름 붙인 큰 원이 있다. 그 원 안에는 골프를 잘 치는 데 필요한 네 가지를 적어놓는다. 기술(안정적인 스윙), 신체(몸의 물리적 능력), 장비(본인에게 맞는 골프채), 그리고 휴먼 스킬(신체적·정신적·감정적 자기 관리 능력)이다. 먼저 묻는 몇 가지 말이 있다. 골프를 하기 위해 그라운드에 처음 올라섰을 때 네 가지 중 어느 요소가 플레이에 가장 영향을 미치는지를 질문한다. 당신의 스윙 기술? 당신이 클럽 페이스를 완전히 열어 공중으로 높이 띄워 그린에 안착시키는 플랍 샷 Flop Shot 또는 공에 스핀을 걸어 오른쪽에서 왼쪽으로 휘어지게 하는 드로 샷Draw Shot을 구사하지 못한다면 스윙 기술은 잊어버리자.

골프에 안성맞춤인 신체가 가장 영향을 미친다고 생각한다면, 훈
련을 제대로 하지 않은 상태에서 스태미나와 유연성은 갑자기 발
휘하기 어려우니 이 요소도 지우는 게 맞다.

그렇다면 장비는 어떠한가? 라운딩 도중에 자신에게 딱 맞는
새 골프채를 바꿔 사용할 수는 없는 노릇이다. 그러기에 장비 또한
지우는 게 맞다. 애초의 네 가지 중 단 한 가지만 남는다. 휴먼 스킬
이야말로 당신이 코스 위에서 실제로 조절할 수 있는 유일한 요소
이다. 그러므로 가변성과 싸우려 하지 말고, 받아들여야 한다. 당신
이 조절할 수 없는 것은 내려놓고, 당신이 할 수 있는 것에 집중해
야만 비로소 많은 골퍼가 흔히 이야기하는 그 '일관성'을 달성하는
데 가까워질 수 있다.

안니카 소렌스탐은 우리가 목도했던 가장 위대한 '가변성의 마
스터'였다. 소렌스탐은 "라운딩 도중에 뭔가 변화가 발생하면 저는
늘 제가 당장 거기에 맞춰 적응해야 한다는 걸 알고 있습니다"라
고 한다. "그 변화는 날씨, 코스의 조건, 아니면 제 기분이 될 수도
있어요. 또는 한 라운드에선 느리게 플레이하는 선수와 그다음 라
운드에선 빨리빨리 움직이는 선수와 동반으로 게임을 진행할 수도
있습니다. 게임 중간에 태풍으로 플레이가 중단된 적도 있지요. 그
럴 때면 다른 선수는 '아 참내, 공이 잘 맞고 있었는데, 이제 못 치
게 생겼네'라며 화를 내곤 했습니다. 그 선수는 외부 조건들의 변
화가 자신을 붕괴시킨 겁니다. 어떤 상황이 벌어져도 저는 항상 제
루틴을 유지하려고 했습니다. 자신이 의지하고 신뢰할 수 있는 무

엇이 필요합니다. 그 믿음이 당신의 근본이 되는 바탕입니다. 제 경
우엔 어떤 변화에도 질겁하거나 흥분하지 않았습니다. 저는 항상
현재 상태와 제가 조절할 수 있는 것, 즉 저 자신에 집중을 유지하
는 데만 최선을 다했습니다."

다시 말해서, 소렌스탐은 가변성을 다스리는 데 자신의 휴먼
스킬을 이용했다. 그리고 그녀는 역사상 어느 여자 프로 선수보다
도 많은 커리어 통산 90개 대회 우승을 차지했다.

가변성을 다스린 가장 인상적인 경우 중 하나는 2003년 소렌
스탐이 텍사스주 포트워스에서 열린 미 PGA 뱅크오브아메리카 콜
로니얼 대회에 초청받아 참가했을 때였다. 조직위원회는 해당 대
회 출전 자격을 갖추지는 않았지만 예외적인 선수를 초청하는 전
통을 갖고 있었다. 소렌스탐은 당시 32세로, 세계 여자 랭킹 1위에
올라 있었다. 그녀는 43개 대회 우승, 4대 메이저 대회 우승, 다섯
차례의 미 LPGA 올해의 선수상 수상 경력을 가진 베테랑이었다.
소렌스탐은 늘 새로운 목표를 만들고 자신의 외연을 넓히는 데 관
심이 많았다.

그녀는 최고의 남자 프로 선수들을 상대로 경기를 펼치게 되었
다. 여자 선수로는 1945년 베이브 자하리아Babe Zaharias가 남자 프로
대회에 출전한 이래 처음이었다. 초청을 받아들이기로 결정한 날,
소렌스탐은 피아 닐손에게 전화를 걸어 "어떤 상황이 벌어질 것으
로 생각하세요?"라고 물었다. "글세, 누가 알겠어. 해봐야 아는 거

지"라고 피아 닐손은 대답하며 한 가지 덧붙였다. "어쨌든 너는 네 성향 그대로이지 달라질 것은 없어. 압박감으로 인해 성향이 증폭 될 수 있겠지만, 네가 갑자기 다른 사람이 될 것으로 걱정할 필요 는 없어. 너는 너잖아. 단지 그것만 명심하고 연습하면 돼."

소렌스탐은 실제로 그렇게 했다. 분석적인 면모를 가진 선수답 게 모든 방면으로 연구해 보면서 어떤 다른 상황과 마주치게 될 것 인지 예측하고 가늠해 봤다. "내가 미 LPGA가 아닌 미 PGA 대회 에 출전한다고 발표되자 미 PGA 쪽에선 엄청난 소란이 일어났어 요"라고 그녀는 회상한다. "비제이 싱Vijay Singh은 대회 출전을 취소 했고, 닉 프라이스Nick Price는 제가 대중적 관심과 명성을 노리는 거 라고 비난했지요. 라스베이거스의 승부 예측가들은 제가 컷을 통 과할지, 첫 홀에서 페어웨이를 놓칠지 등을 놓고 도박이 벌어졌다 고 해요. 다들 너무나 광분해서 저는 인터넷과 신문 기사를 읽지도 않았어요. 그런 사소한 말들이 저 자신을 흐트러뜨리게 하면 안 되 겠다고 생각했습니다."

소렌스탐은 남자 선수들의 미 PGA 대회 분위기와 관중의 태 도가 어떤지, 주위 여러 사람과 관계자를 통하여 탐문했다. 30여 년 전 남자선수 바비 릭스Bobby Riggs와 세기의 성 대결을 벌였던 여 자 프로 테니스의 여왕 빌리 진 킹Billie Jean King에게도 전화를 해 자 문했다. "저는 US오픈보다 더 큰, 제가 경험해 본 그 무엇보다 더 큰 매스 미디어 서커스 속의 저 자신을 형상화해 보려고 했습니다" 라고 그녀는 회상한다.

소렌스탐은 여자 대회와 어떻게 다른지 알아보려고 미 PGA 남자 프로 선수들이 첫 홀 티잉 그라운드에 올라섰을 때의 루틴에 대해서도 조사했다. "어리석게 들릴지 모르겠지만, 미 PGA 대회의 핀 위치를 기록한 핀 시트pin sheet를 구해서 어떻게 생겼는지 살피기도 했어요. 저를 당황하게 할 만한 가변성을 최대한 줄이려고 했지요." 평소에 플레이하던 곳보다 500~800야드 더 긴 코스에서 실전 연습을 했다. "체력 단련장에서 보내는 시간도 가졌고, 코스에선 맨 뒤쪽에 있는 백 티에서 드라이버 연습을 했어요. 정말 많은 준비를 했지요. 현지에 도착했을 때 만반의 준비가 다 됐다고 생각했습니다."

마침내 대회 첫 날, 피아 닐손은 경기가 열리는 콜로니얼 컨트리클럽의 퍼팅 연습 그린 근처에 서 있었다. "소렌스탐이 첫 홀 티잉 그라운드에 올라가기 전에 내게 다가왔다. 굉장히 긴장해 있었기에 말을 제대로 하지 못할 정도였다. 그래서 내가 그녀에게 '오늘 무슨 일이 벌어지든, 넬슨은 너를 여전히 사랑할거야'라고 말했다. 넬슨은 소렌스탐이 키우는 고양이 이름이다. 그러자 안도의 한숨을 크게 내쉬면서 '맞아요, 선생님'이라고 말하고는 이내 첫 번째 티 샷을 하러 갔다."

"제 인생에서 얼마나 많은 첫 티 샷을 쳐봤을까요? 아마 수천 번은 쳤을 겁니다"라고 그녀는 말한다. "어떻게 보면 그날의 첫 티 샷을 치는 일은 언제나 똑같다고 생각할 수 있지만, 항상 다릅니다. 콜로니얼 컨트리클럽 대회장에서의 첫 티 샷은 제가 겪었던 일 중에 가장 극적이었어요. 환경도 달랐고, 미 PGA 관중도 달랐고, 코스 길이도 달랐습니다. 하지만 저는 그런 다름을 대적할 수 있다는 느낌이 들었습니다."

소렌스탐이 10번 홀에서 티 샷을 준비하고 있었다. 페어웨이를 내려다보는데 많은 사진사와 나무에 매달린 관중 모습이 눈에 들어왔다. "많은 관중이 제 이름을 연호하는 와중에도 저는 제 루틴을 지켜나갔습니다. 사실 드라이버 샷을 하기보다 그에 앞서 티 위에 공을 올려놓는 순간에 더 긴장됐어요. 언제 손이 떨리는지 아세요? 캐디에게 티 위에 공을 올려달라고 할 수도 없는 노릇 아닙니까? 일단 티 위에 공을 얹어놓으면 최악의 상황은 면하는 것이었어요. 그때가 가장 스트레스받는 순간이었습니다."

샷을 준비하는 과정에서 소렌스탐은 자기 자신에게 그냥 평상시에 하던 샷과 동일할 뿐이라고 되뇌었다. "엉뚱하게 들릴지 모르겠지만, 되뇌는 방법이 제가 집중하는 데 도움을 줬어요. 평상시에 평범하게 가져가던 루틴을 스스로 주문했어요. '4번 우드는 수천 번 쳐봤잖아. 공은 여기가 콜로니얼인지 어딘지 모르잖아. 주위 환경이 아닌 샷에만 집중하자'라고 혼잣말을 했습니다."

소렌스탐은 샷에 앞서 24초 정도 루틴을 거친다. 샷을 결정하는 데 20초를 소비하고, 스윙을 하기 전 공에 4초를 쓴다. 그녀는 4번 우드로 티 샷을 해서 255야드를 내보냈다. 평상시보다 30야드가 더 나갔다. "제가 조절 가능한 모든 요소를 잘 유지했어요. 일단 공이 페어웨이에 안착하면 경기를 즐길 수 있게 되지요"라고 했다.

소렌스탐의 목표는 7,080야드 코스에서 파를 기록하고자 했다. 결국 1오버파인 71타로 1라운드를 끝냈다. 엄청난 압박감 속에서 이뤄낸 아주 인상적인 결과였다. 페어웨이는 한 번 놓쳤고, 매 홀에서 버디를 시도해 버디 1개, 보기 2개를 기록했다. 비록 다음 날 라운드에선 74타를 쳐서 컷 통과에 실패했지만, 자신이 목표로 했던 부분을 성취해 냈다. 새로운 도전에서 자기 스스로를 잘 관리했으며, 세계 최고의 남자 골프 선수에 정면으로 맞서 자신의 위상을 지켜냈다.

소렌스탐이 다른 경쟁자에 비해 더 빨리 가변성을 다스릴 수 있게 된 이유 중 하나는 그녀의 정직성 때문이었다. 소렌스탐은 신경 계통이 과부하에 걸리기 이전에 곧바로 자신의 그런 느낌을 인정하며 "너무나 긴장된다"라고 말하곤 했다. 사람들은 소렌스탐이 기계와 같다고 말하기도 했지만, 그녀가 감정이 없어서 그랬던 게 아니다. 그녀는 솔직담백해서 자신에게 이렇게 말하곤 했다. "그래, 소렌스탐, 무슨 일이 벌어지고 있는 거지? 그래서 어떤 느낌인데? 네가 조절할 수 있는 건 뭐지? 그럼 뭘 어떻게 할 수 있는 거야?" 그러면서 신경이 곤두서고 긴장될 때는 티 오프를 앞두거나 홀과 홀 사이에 기다리고 있는 동안 공의 옴폭 들어간 딤플 숫자를 센다. 아니면, 요리하거나 집을 장식하는 자신을 생각하면서 긴장을 푼다. 또는 "페어웨이와 그린, 페어웨이와 그린" 이런 식의 주문을 반복해서 암송하기도 한다.

모든 사람이 소렌스탐은 일관성이 뛰어나다고 말했다. 하지만 그 말은 사실이 아님을 우리는 잘 알고 있었다. 그녀는 단지 라운드 도중에 외부적·내부적 가변성 요소를 좀 더 잘 스스로 제어했다. 가변성 요소를 스스로 통제함으로써 그녀가 실수를 범하거나 홀을 망치는 경우를 피하게 해줘 보다 꾸준하고 일관적인 성적을 내는 데 도움이 됐다.

당신이 소렌스탐이든, 초보자이든, 중급 실력의 골퍼이든, 그건 전혀 중요하지 않다. 당신의 성향과 무엇을 조절할 수 있고 할 수 없는지를 스스로 아는 방법이 골프 게임의 가변성을 마스터하는 지름길이다.

휴먼 스킬: 가변성 마스터하기

많은 골퍼는 연습장에서 같은 스윙과 동작을 계속 반복해서 연습하는 경향이 있다. 그러나 게임이 실제로 벌어지는 골프 코스에서 가변성을 탐험해 봐야 한다. VISION54 프로그램에 참석하면 첫날부터 곧바로 코스에 나가 여러 홀을 돌며 플레이를 하게 한다. 게임의 맥락에서 그들의 기술을 우선 관찰하기 위함이다.

가변성의 실제 상황을 연습하는 게 중요하다. 많은 일반 골퍼는 완벽하게 만들어진 연습장의 고정된 지면에서 공을 치고 또 치고 반복한다. 그러고 나서 필드에 나가 "아 이런, 공이 디봇에 들어갔네"라고 하거나 "나무가 홀 방향 길목을 막았네"라고 투덜거린

다. 이런 골퍼는 가변성을 감당할 자기 관리 능력이 없다 보니 불
평을 하고 자신의 기술을 탓하게 된다.

오르막과 내리막 경사에서 연습해 봐야 한다. 여러 다른 티 박
스에서의 플레이, 티 샷을 할 때 골프채 배합(예를 들어 드라이버와
페어웨이, 우드)도 해봐야 한다. 매번 어프로치를 할 때 그린 뒤쪽으
로 공을 보낸다는 의도로 세 홀, 여섯 홀, 아홉 홀을 플레이하기도
해야 한다(대부분의 골퍼는 그린에 미치지 못하는 경향이 있어서 이런
연습은 핀 깃발 뒤로 얼마나 많은 공간이 있는지, 그린 뒤쪽으로 공을 보
내려면 어떤 길이의 골프채를 잡아야 하는지 깨닫게 해준다).

가변성은 외부 요소가 될 수도, 내부 요소가 될 수도 있다. 외
부적인 측면에서는 바람, 추운 날씨, 이슬이 묻어 있거나 얼마 전에
깎은 잔디, 그린의 모래 알갱이 등이 변수가 될 수 있다. 또한 같은
팀 플레이어의 플레이 속도, 라운드 도중 배우자의 불필요한 충고,
가슴 위로 굳건히 팔짱을 끼고 관중 속에서 계신 부모도 포함될 수
있다.

내부적인 측면에서는 끊임없이 바뀌는 몸·마음·감정 상태 등
을 말한다. 이러한 변화를 자각하고 있으면, 어떻게 왜 본인의 스윙
이 매일 그렇게 다르게 느껴지는지 이해할 수 있다.

이를 탐구하는 데는 약간의 행위가 필요하다. 만약 느린 플레
이를 싫어한다면 매번 샷을 하기 전에 추가로 시간을 더 가져보면
서 본인의 조바심이 어디에서 만들어지기 시작하는지 의식해 보
자. 좌절과 낙담에서 본인의 마음을 다른 데로 돌릴 수 있는 무언

가에 집중하는 실험도 해보자.

　빠른 속도의 플레이를 싫어하면, 코스에 나가서 6개 홀을 속도
감 있는 방식으로 플레이해 보자. 샷과 샷 사이에 뛰어다니면서 본
인의 반응을 제어 및 관리하는 요령을 익혀보자. 무한한 가변성을
의도적으로 만들어 거기에 대처하는 능력을 키우는 것이야말로 연
습장 프로에서 빨리 탈피하는 효율적인 방법이다.

가변성

- 느린 플레이에 당신은 어떤 반응을 보이는가?
- 빠른 플레이에 어떻게 반응하는가?
- 공이 불운하게 튀었거나 나쁜 경사면에 놓였을 때 반응은 어떠한가?
- 라운드 스타트가 좋았을 때와 나빴을 때 어떤 느낌이 드는가?
- 다양한 유형과 성격을 가진 경쟁자와 어떻게 플레이하는가?
- 각기 다른 다양한 코스에서 어떻게 플레이하는가?
- 그날그날의 스윙이 다르게 느껴질 때 어떻게 반응하는가?
- 라운드 도중에 신체적·정신적·감정적 변화를 얼마나 잘 관리하는가?

가변성

9개 홀에서 플레이하면서 각 홀에서 다음의 탐사를 하나씩 적용해 보자.

1. 한 홀에서 특정 골프채로 정상적일 때는 나올 수 없는 샷을 한다.
2. 다른 한 홀에선 당신의 집중력을 흐트러뜨리는 요소(당신 뒤에서 말을 하거나 움직이는 다른 선수들, 시선이 향하는 방향의 나뭇가지 등)를 지적

해 본다. 얼마나 이 상황에서 효과적으로 집중력을 유지하는가?

3. 한 홀에선 속도감 있게 골프를 친다. 샷과 샷 사이에 뛰거나 재빨리 걸으면서 샷을 하기 전에 가능한 한 가장 짧은 사전 동작 루틴만 한다. 속도를 높여야 할 때 어떻게 플레이하는가?

4. 한 홀은 느린 플레이를 하는 홀로 삼아서 각각의 샷에 앞서 2~3분의 시간을 추가하고, 어디에서 불안감이나 짜증이 생겨나는지 느껴본다. 본인의 샷 차례가 됐을 때 얼마나 집중력을 잘 유지하는가?

5. 한 홀에서는 다른 티 박스에서 쳐본다. 홀들이 어떻게 다르게 구성돼 있는지와 본인이 어떻게 어프로치에 변화를 주는지 알아본다.

6. 정상적인 경우 드라이버로 티 샷을 할 홀에서 4번 우드로 티오프를 한다. 그리고 정상적으로 채택할 전략과는 다른 전략으로 홀 공략을 해본다. 플레이 방식에 어떤 변화를 가져오는가?

7. 한 홀에선 모든 샷을 나쁜 경사면 라이에 공을 놓고 해보면서 어떻게 마음을 가다듬고 제대로 된 샷을 하는지 관찰한다.

8. 몸에 답답함을 느끼면서 플레이해 본다. 이 상태에서 어떤 양호한 샷을 만들어낼 수 있는가?

9. 아드레날린 분비를 촉진하기 위해 샷에 앞선 루틴을 하기 전에 다리를 들어 올리거나 팔 벌려 높이뛰기를 하고 난 뒤 플레이한다.

위와 같은 동작들을 하면서 스스로 깨우친 점은 무엇이며 골프 게임에 관하여 어떤 점을 배웠는가?

미친 천재, 척 호건

1995년 봄, 척 호건이 애리조나주 템피의 한 호텔에서 세미나를 열었다. 우리 세대 골프 지도자의 최고 원조라 할 수 있는 호건은 어린 시절 신경 쇠약 증세에 시달렸었다. 그는 "본인의 실력이 기준치에 미치지 못하는 모든 선수의 몸과 마음을 지배하는, 그가 농담 반 진담 반 악귀라고 부르는 것"에 대한 탐구를 자신의 일생일대 과업으로 삼았다.

호건은 기술을 마스터하는 것은 헛된 희망을 준다고 말하곤 했다. 왜냐하면 고된 노력과 반복으로 결코 골퍼를 사로잡고 있는 유동적 불안감을 대적할 수는 없기 때문이다. 그는 "55세인 억만장자 회사 CEO가 왜 코스 위에선 벌벌 떠는 소인배가 되는 걸까? 실패에 대한 두려움? 성공에 대한 두려움? 그런

게 아니다"라고 말한다. "내가 이걸 제대로 치지 못하면? 다른 사람들이 나에 대해 뭐라고 생각할까? 이런 불안감이 뇌리를 계속 맴돌기 때문"이라고 설명한다. 호건의 시각으로 봤을 때 실력은 언제나 자의식의 인질이 된다. "골프 공 앞에서 스윙을 하면서 안정감을 갖지 못하면 언제 어디서 가질 수 있겠는가" 라고 되묻는다.

내가 처음 호건을 만난 곳은 1987년 플로리다주 팜비치가 든에서 열린 미 PGA 세미나에서였다. 당시 그는 37세였는데, 이미 우리 업계에서 독보적 존재였다. 호건은 효율적인 골프 지도자가 되기를 원한다면 사람 행동을 관찰해야 한다는 주제로 강연을 하려고 와 있었다. 우리는 선수가 실력을 향상하고 게임을 좀 더 즐길 수 있게 도와주려면 단순히 스윙의 기술적 세부 사항들을 평가하는 데 그치는 것이 아니라 개인적 강점, 약점, 취약성을 가진 인간으로 바라볼 필요가 있다고 강조했다.

나는 '물론이지'라고 생각했다. 그러나 당시 대다수의 골프 전문가는 심리학은 안중에도 없었다. 미 PGA 공식 트레이닝에서 우리에게 가르쳐준 것은 골프 레슨을 해줄 때 골프채 잡는 그립, 스윙 궤도면, 백스윙에서의 손목 꺾임 등을 봐주면 된다 정도였다. 그런 점에서 호건은 내가 스윙 선생에서 골프 전체 퍼포먼스 코치로 진화하는 데 업그레이드해 준 인물이다.

나는 당시 겨울에는 플로리다주의 프렌치먼스 크릭French-man's Creek이라는 클럽에서, 여름엔 매사추세츠주 케이프 코드 근처 키탄셋 골프 클럽Kittansett Golf Club에서 골프 레슨을 하고 있었다. 프렌치먼스 크릭에선 잭 니클라우스의 코치였던 티칭 프로 잭 그라우트와 함께 일했다. 키탄셋 골프 클럽에서 만난 티칭 프로는 재기가 있으면서도 별난 톰 쉐어라는 사람이었다. (회원들이 뭔가를 물어보려고 그를 찾으면 그의 조수가 늘 "톰은 지금 위층에서 명상 중인데요"라고 답하곤 했다.)

잭과 톰에게서 동기 부여를 받은 나는 새로운 도전에 나서기로 했다. 1988년 내 인생을 뒤집어보기로 결심하고 척 호건 밑에서 일하기 위해 애리조나주의 세도나로 찾아갔다. 보장된 소득이 있는 것도 아니었지만, 무조건 옮겨가 그가 운영하는 골프 학교Sports Enhancement Associates (SEA)의 선임 교습 강사가 됐다.

내 친구들과 가족은 나에게 미쳤다고 했다. 그럴 만도 했다. 하지만 호건은 나에게 미친 천재처럼 보였다. 톰 쉐어와 마찬가지로 캘리포니아 에살린 연구소Esalen Institute의 공동 설립자이자 인간의 운동 잠재력 분야의 유력 인사였던 마이클 머피의 영향을 많이 받은 호건은 '최상의 퍼포먼스 상태'에 대해 말하곤 했다. 그가 제시하는 대부분은 전통적 골프 교습은 완전히 잘못됐다고 이야기하는 내용들이었다. 나는 그를 존경했고 동경했다. 그는 관습에 얽매이지 않았고, 재미있었다. 다만 불행하게도 사람들과 어울리는 사교 능력이 없었다. 미 PGA 고위층과 걸핏하면 언쟁을 벌여 결국엔 조직에서 쫓겨났다.

호건은 당시에 몇 안 되는 미 PGA 프로 선수와만 함께 일했다. 그는 루틴을 구분하는 개념을 처음으로 도입한 지도자 중 한 명이었다. 그는 다양한 뇌파의 상태가 어떻게 골프 경기 퍼포먼스 운용에 영향을 주는지 알고 있었다. 그는 좌뇌 상태에서 우뇌 상태로의 전환에 대해 말하곤 했다.

최상의 퍼포먼스는 선수가 거의 무의식적으로 힘들이지 않은 상태에서 기능을 보이는 아주 드문 경우에 나온다. 호건은 선수가 이런 상태에 이르게 하도록 최면술을 이용하기도 했다. 그러나 선수 본인이 그런 상태를 어떻게 활용했는지를 이해하지 못했기 때문에(그래서 스스로 그 상태를 되풀이해 재생할 수 없었기에) 선수에겐 그저 미스터리로 남았다. 이는 매우 실용적이지 못했다. 프로 선수는 이해할 수 없는 언어와 비유로 말하는 호건에게 매번 다시 묻곤 해야 했다. 선수는 자신의 진정한 잠재력을 언뜻 보기는 했지만, 그런 잠재력을 독립적으로 깨닫는 기술은 배우지 못했다.

점차 내 역할이 진화하게 됐다. 내가 호건과 학생 사이를 연결해 주는 교량으로서의 역할을 하게 됐다. 호건의 프로그램과 기술을 좀 더 사실적이고 현실적이면서 그들이 가진 골프에 대한 경험에 부합하는 언어로 설명을 해줬다. 그런데도 불구하고 그 프로 선수들은 호건에게 보수를 주며 배우려 하지 않았다. 그들은 그저 4라운드 72개 홀을 자기 얼굴에 스스로 먹칠하지 않을 정도로만 플레이하기를 바랐다.

호건은 언제나 나에게 퍼포먼스와 미스터리에 관해 좀 더 깊이 있게 탐구해 보라고 격려해 주곤 했다. 한번은 호건, 톰 쉐어와 함께 캘리포니아주에 있는 에살린 연구소를 방문했던 적이 있다. 그곳에선 마이클 머피와 같은 많은 선각자가 모여 인간의 잠재력에 대한 사고와 탐구를 하고 있었다. 나는 인간이 가진 능력의 끝까지 가보고자 하는 그런 분들과 만나는 일에 전율을 느꼈다.

나는 뭔가를 찾아 헤매는 구도자였을까? 아마 그랬던 것 같다. 사람들에게 골프 스윙을 가르치는 것에 진력이 났었다. 스윙을 바로잡아준다고 해서 누구를 더 나은 사람으로 만들어주거나 더 나은 인생으로 바꿔줄 수 있는 것이 아니라는 생각을 깊이 하게 됐다. 나는 골프는 자아 발견의 운송 수단이라고 굳게 믿는다. 호건은 놀라울 정도로 용기 있는 사람이었다. 그와 함께했던 경험은 지금껏 해오던 골프 레슨의 패러다임을 완전히 뒤바꿔 놓았다.

퍼포먼스 101 — 균형·템포·긴장감

프로 대회의 연습 레인지는 세계 최고 선수를 가까이서 볼 수 있는 좋은 장소다. 토너먼트 대회를 앞둔 월요일엔 선수 대부분이 느긋한 경향이 있어 자신의 루틴을 하는 사이 서로 농담을 주고받는다. 화요일에도 대체로 평온한 분위기가 이어진다. 수요일이 되면 약간 초조해지는 기색을 보이기 시작한다. 그리고 대회 1라운드가 시작되는 목요일에는 확연하게 안절부절못하는 모습을 보인다.

우리의 동료인 데이비드 레드베터David Leadbetter는 자신이 코치하는 선수의 대회 전후 일주일을 '긴장 완화의 저울'로 묘사한다. 레드베터는 연습하는 초반 며칠 동안에는 선수가 편안함을 느끼는 이른바 '느낌' 상태에 이르도록 돕는다. 그는 "선수마다 정보를 받아들이는 양태가 다르다"라고 말한다. 그래서 어떤 선수에겐 많은 말을 해주지 않는다. "그 스윙 좋다. 좀 더 높이, 그리고 길게 겨냥하라. 좋았다"라는 정도만 얘기한다.

그런가 하면 다른 선수에겐 "이봐, 지금 몇 개 샷 치는 걸 보니까 평상시보다 5초가량씩 시간을 더 끄는 느낌이다"라고 구체적으로 말을 해준다. 선수는 대단히 미묘할 수 있는 루틴 과정에서 변화가 생길 수 있는 사실을 자각하지 못하는 경우가 많다. 바람이 좋아하지 않는 방향에서 불어오기도 하고, 어느 홀 그린의 핀이 자신을 불편하게 하는 위치에 꽂혀 있기도 하다. 그래서 프로 선수가 연습하는 모습을 지켜보면, 스윙 기술 쪽을 더 가다듬으려고 하는지, 리듬이나 균형 감각을 살리려고 하는지 차이가 보인다.

위스콘신주 쾰러에서 열린 2015년 미 PGA 챔피언십은 그런 점에서 다양한 선수의 연습 루틴을 살펴볼 수 있는 특히 재미있는 기회였다. 화요일 아침 연습 레인지에선 당시 세계 랭킹 1위인 로리 매킬로이Rory McIlroy가 드라이버로 샷 연습을 하고 있었다. 로리는 축구를 하다가 발목 인대가 파열돼 5주 동안 휴식을 취하고 돌아온 참이었다. 그렇다 보니 연습은 발목의 안정성을 테스트하는 것에 쏠려 있었다. 연습장의 로리 곁에는 우리가 코치하는 당시 30세의 스코틀랜드 선수 러셀 녹스가 있었다.

녹스는 워밍업을 하면서 색다른 시도를 해보여 관중들이 그 모습을 보려고 뒤로 모이기 시작했다. 그는 처음엔 두 발을 모은 자세로 공치는 연습을 했다. 그리고는 왼쪽 발을 바닥에서 들어 뒤로 살짝 빼고 오른쪽 다리로만 선 채로 왼쪽 팔 하나로만 공을 쳤다.

그런 뒤에는 양쪽을 바꿔서 왼쪽 다리로만 서서 오른쪽 팔로만 샷을 하는 연습을 이어갔다.

그가 몸의 조화를 이루고 컨트롤하는 모습은 인상적이었다. 녹스는 "처음엔 내 워밍업이 다른 선수와 완전히 다르다 보니 주위 시선에 신경이 쓰였다"며 웃었다. 다른 선수들이 곁을 지나가면서 "이봐, 도대체 무슨 짓을 하는 거야?"라고 놀렸다고 한다. 하지만 시간이 좀 흐른 뒤에는 아무렇지도 않게 "자기 일에나 신경 쓰세요"라고 정중히 대답하게 됐다고 한다.

녹스는 VISION54의 BTT 기술을 워밍업하고 있었던 것이다. BTT 워밍업이란 균형Balance, 템포Tempo, 긴장감Tension 자각 의식의 활성화를 이야기한다. 균형·템포·긴장감을 느낄 수 있는 건 골퍼의 내부 자각 의식에 대단히 중요하며, 골프 기본에 절대적인 요소다. 다른 무엇보다도 균형·템포·긴장감은 훌륭한 스윙의 주요 요소다. 녹스가 연습장에서 하고 있던 방식은 자신의 운동 감각을 활성화하고 자신감을 다지는 과정이었다. 자신의 몸이 그날그날 변화한다는 것을 이해하고 있어서 그러한 연습을 통해 그날의 느낌을 조정하고 있었다.

균형·템포·긴장감 연습은 스윙의 적절한 순서 및 연속성을 조절하는 데 도움이 된다. 손 그립의 압력, 균형, 백스윙 및 포워드스윙 템포는 골프채를 공으로 가져갈 때 함께 작용해야 한다. 균형·템포·긴장감은 감각에 기반을 둔 자극이다. 다시 말해서 공을 치려고 준비를 하면 비인지적인noncognitive 요소가 두뇌의 오른쪽 무의식 관장 부분(가장 효율적인 운동 동작을 만들어내는 부분)으로 전환하게 도와준다.

골프 코스에서 압박감이나 스트레스에 맞닥뜨렸을 때는 본인의 균형·템포·긴장감 수준의 자각 의식을 이용하는 것이 본인의 최고 신체적·정신적·감정적 상태를 다시 맞춰 세팅하는 데 도움이 된다. 한쪽으로 비켜나서 두 발을 모으고 연습 스윙을 한번 해보는 것도 방법이다.

녹스는 2009년에 처음 우리에게 도와달라고 연락해 왔다. 당시에 그는 소규모 대회에 출전하면서 미 PGA의 전 단계인 웹닷컴 Web.com 대회로 등급을 높여 상향 진출하려고 애쓰고 있을 때였다. 녹스는 우리가 보기에 천부적인 재능을 타고났는데, 당시까지만 해도 그 수준을 벗어나지 못한 채 갇혀 있었다.

녹스는 이렇게 회상했다. "누구나 항상 스윙에 관해서만 얘기를 했지요. 스윙만 좋으면 자동으로 잘될 것으로 생각했습니다. 저도 스윙은 좋았습니다. 그런데 다른 부분 모두가 엉망이었어요. 코스에 나가 제 마음대로 되지 않고 잘못된 샷이 나오기라도 하면 끓어오르는 화와 짜증을 주체하지 못해 안달복달했어요. 샷을 한번 잘못하고 나면 그 짜증을 다음 홀, 그다음 홀까지 이어가다가 저 자신도 모르는 사이에 3~4개 홀을 망쳐버렸어요. 그런데 피아 닐손과 린 매리엇을 만났더니 스윙 외에 게임의 다른 요소에 대해 생각을 하게 해줬어요. 그제야 저의 태도, 몸짓 언어, 저의 균형·템

스윙
스킬　　+　　휴먼
　　　　　　스킬

=　퍼포먼스

포·긴장감, 샷을 하기 전과 후의 반응에 대한 중요성을 깨닫게 됐
습니다. 그런 것들이 샷 자체보다 훨씬 더 중요하다는 사실을 금방
이해할 수 있었습니다."

　녹스는 이후 몇 주 동안 자신의 균형, 스윙 속도, 긴장감 조절
훈련을 했다. 그는 "즉각 효과가 나타났다"고 말한다. "간단했어요.
제가 조절 훈련에 집중하다 보니 샷에 대해 과도하게 집착하거나
화와 짜증에 휩싸이지 않게 됐어요."

　그의 경기 감각은 몰라보게 좋아졌다. 그래서 더 이상 소규모
대회에 머물지 않고 수준이 한 단계 위인 웹닷컴 대회에 출전해 보
기로 했다. 첫 번째 시도는 샌프란시스코에서 열린 프레시 익스프
레스 클래식Fresh Express Classic의 월요일 예선전이었다. 그는 버디
와 이글을 기록하며 주목을 끌었고, 마침내 대회 준우승을 차지해
2011년 웹닷컴 투어 전체 출전권을 따냈다.

　불과 두 달 뒤, 녹스는 웹닷컴 대회에서 생애 첫 우승을 차지하
며 상금 랭킹 12위로 뛰어올라 미 PGA 조건부 출전권까지 획득했
다. 그는 2013년엔 미 PGA와 웹닷컴 대회를 오가며 활약을 펼쳤

고, 같은 해 웹닷컴의 보이시 오픈Boise Open에선 2라운드에 59타를
기록해 안니카 소렌스탐과 함께 공식 대회에서 59타를 기록한 역
대 20명이 채 안 되는 선수 명단에 이름을 올리는 영예를 안았다.

녹스는 이듬해인 2014년엔 미 PGA 투어 전체 출전권을 얻었
다. 그리고 미 PGA 출전 자격증과 함께 플로리다주 잭슨빌에 있는
자신의 집 근처 골프장 티피씨 소그래스TPC Sawgrass의 회원권도 받
았다. 그는 너무나 기뻤다. 이웃에 사는 비제이 싱과 나란히 티피씨
소그래스에서 연습을 할 수 있게 된 것이다. 비제이 싱은 연습 레
인지에서 수 천개씩의 연습 공을 치는 연습 벌레로 유명했다.

유감스럽게도 녹스 역시 너무 많은 공을 치기 시작했고, 스윙
기술에 과도하게 집착하게 됐다. 아니나 다를까 그의 경기는 다시
망가져 버렸고, 그는 다시 우리에게 추가 교습을 부탁해 왔다. 그리
고 골프채로 치는 공의 숫자보다 다시 균형·템포·긴장감에 주의를
집중하는 교습을 받고는 곧 자신의 궤도를 다시 찾았다.

녹스는 이렇게 말했다. "많은 사람이 골프는 스윙 역학에 모든
것이 달렸다고 생각합니다. 하지만 잘못된 샷의 가장 큰 요인 중
하나는 긴장감입니다. 저는 친구랑 골프를 치면 몸에 아무런 긴장
감이 느껴지지 않으니까 잘못된 샷을 날리는 경우가 거의 없어요.
그런데 대회 경기에 나가면 신경이 날카로워지고 굳어지니까 끔찍
한 샷이 나오곤 하는 겁니다. 그래서 저는 연습할 때 긴장감을 완
전히 뺀 스윙을 하는 연습을 많이 합니다."

균형도 녹스의 경기 운용에 주축이 됐다. 녹스는 "스윙을 하고

나서 균형을 유지하고 있는 경우엔 좋은 샷이 나올 가능성이 엄청나게 커집니다. 그래서 다른 무엇보다도 균형 잡는 연습에 주력합니다. 집에 있을 때는 한쪽 다리로 서서 샷을 하거나 눈을 감고 치는 연습을 집중적으로 합니다. 그렇게 해서 제 몸의 균형 느낌을 정착시키려고 노력합니다"라고 말한다.

2015년 5월 녹스의 오랜 스윙 지도자였던 마이크 플레밍이 플레이어스 챔피언십 직전에 타계했다. 플레밍은 녹스가 잭슨빌 대학교에 다닐 때부터 그를 가르쳐왔기에 녹스의 상실감은 너무나 컸다. 녹스는 새 스윙 코치를 고용하지 않고, 샷에 앞선 자세와 정렬 등 몇 가지 사전 체크를 하고 아울러 균형·템포·긴장감을 조절하는 기술에 전력투구하며 집중하기로 했다.

모든 선수가 개인 스윙 코치와 지원팀을 가진 미 PGA에서 그런 결정을 내리는 것은 쉬운 일이 아니었다. 하지만 녹스는 자신의 결정에 대한 확신이 있었다. 자신의 방법이 주효해 성공할 거라는 자신감이 있었다. "저는 최고 장타 선수는 결코 되지 못하겠지요. 하지만 미 PGA 사상 가장 똑바로 드라이버샷을 날리는 선수는 될 수 있을 겁니다. 저는 BTT, 즉 균형·템포·긴장감 조절 기술을 이용해서 저 자신의 게임, 러셀 녹스의 게임에서 최고의 결과를 얻어 낼 겁니다."

골프에서 첫 번째 기본 목적은 최상의 게임을 할 수 있는 퍼포먼스 상태를 만들어 유지해야 한다. BTT는 신체적·기술적 기교의 필수적인 통합을 이뤄주는 교량이다. 플레이할 때마다 그날 스윙의 기술적인 느낌과 감촉을 몸 상태에 맞춰야 한다.

어떤 날은 몸이 굳어 있고, 다른 어떤 날에는 풀어져 있다. 어떤 날엔 둔한 느낌이 들고, 어떤 날에는 흥분돼 있다. 이런 여러 상태는 고정된 법이 없다. 균형은 샷과 샷, 시간과 시간, 날과 날 사이에 계속 바뀐다. 스윙 템포도 압박감이나 피로감, 또는 잔디가 전혀 없는 지점이나 너무 깊은 러프 때문에 달라져 버린다. 마찬가지로 긴장감은 어깨에 나타날 때가 있는가 하면, 그립의 압력, 심지어 턱까지 뻗치는 등 종잡을 수 없기 일쑤다.

우리는 이런 여러 반응을 '신선한 농산물'로 비유하고 싶다. 상추와 여린 채소는 금세 상한다. 어떤 때는 먹어볼 기회를 가져보기 전에 상한다. 균형·템포·긴장감도 똑같다. 균형이 오전엔 좋았는데, 오후엔 갑자기 흐트러질 수 있다. 긴장감은 편안하게 풀려 있다가도 3개 홀도 지나지 않아 어깨를 굳어지게 하기도 한다. 균형·템포·긴장감을 자각하는 휴먼 스킬은 이러한 상태를 감지하고 미세 조정할 수 있는 능력을 말한다.

균형BALANCE

균형은 우리가 선수에게 집중하라고 요구하는 세 가지 요소 중 첫 번째이다. 인간은 세 가지를 통해 몸 안의 균형을 잡는다. 그 세 가지는 우리의 눈, 귓속의 유체流體, 그리고 팔다리가 어느 공간에 있는지 알려주는 몸속의 감지 장치인 자기수용기自己受容器를 말한다.

우리의 친구이자 동료인 그레그 로즈Greg Rose는 캘리포니아에 있는 타이틀리스트 퍼포먼스 인스티튜트Titleist Performance Institute의 공동 설립자다. 그는 그곳에서 과학에 근거한 훈련으로 선수들의 퍼포먼스를 향상해 왔다. 그는 자기 수용 감각은 우리가 어떤 지형에서든 똑바로 서서 다닐 수 있도록 해주는 몸 안의 GPS 시스템과 같은 감각이라고 설명한다.

자기수용기는 근육과 관절에 있는 감각수용기의 고도로 정교한 네트워크로, 스윙할 때 팔다리와 몸 안에 일어나는 기본적 움직임과 위치 변화를 인지할 수 있게 해준다. 그런 움직임과 힘에 반응하고 적응할 수 있는 능력은 일관된 스윙을 하는 데 대단히 중요하다. 자기수용기는 각각의 샷에 수반되는 요소들이 계속 바뀌어도 안정적 기초를 유지할 수 있도록 한다.

간단히 말해서 자기수용기는 균형의 열쇠다. 자기수용기는 몸 전체에 있지만, 특히 발에 많이 몰려 있다. 균형을 잘 유지하려면, 자기수용기들이 제대로 작동해야 한다. 자기수용기에 의한 균형 유지는 동작이나 압력 변화를 통해 가장 효과적으로 일어난다. 이 자기수용기들을 훈련하는 가장 쉬운 방법의 하나는 맨발로 걷고 공을 치는 연습이다.

맨발로 걷는 이유는 발과 발목의 움직임을 증대시켜 자기수용기를 자극하는 데 도움이 된다. 신발을 벗고 맨발로 스윙을 하면

체중 이동을 더욱 분명하게 느낄 수 있다. 우리가 코치하는 선수 중 다수는 단순히 맨발로 공을 치는 연습으로 균형, 촉감, 박자 감각이 좋아지는 결과를 얻었다. (양말을 신거나 수건을 깔고 그 위에서 하는 것도 효과가 있다.) 우리는 선수에게 두 발을 모으거나, 한 발로, 아니면 두 눈을 감고 공치는 연습으로 자기수용기 자각 의식을 높이라는 권유도 한다. 일부 선수는 대회 라운드 시작 전에 이런 식으로 워밍업하기도 한다.

템포TEMPO

템포는 좋은 플레이의 또 다른 열쇠이며, 선수에게 골프채를 스윙할 때 인체가 거치는 자연스러운 움직임을 만드는 능력을 부여한다. 공을 치는 순서에선 하체가 먼저 움직이고, 상체가 따라가면서 팔과 손이 뒤이어 움직인다. 중요한 점은 어떤 순서로 했을 때 공이 잘 맞는지를 아는 것이다. 골프에서 공을 가장 잘 치는 선수들의 스윙은 똑같지 않다. 경우에 따라서는 완전히 다를 수 있다 (골프 분석가인 데이비드 페허티David Feherty는 짐 퓨릭Jim Furyk 선수의 스윙을 나무에서 떨어지는 문어 같다고 묘사한 바 있다). 그러나 최고의 선수들은 골프채가 공을 때릴 때 최상의 임팩트를 가하는 거의 동일한 동작의 순서를 공통으로 갖고 있다.

그래서 몸의 자각 의식을 향상하는 게 중요하다. 어떤 날은 평상시보다 기운이 더 나고 기민해져서 최상의 동작 순서를 만들어 내려고 더 빠른 속도로 스윙을 하게 된다. 그런가 하면 어떤 날에는 피곤하고 부진해서 최고의 동작 순서를 만들기 위해 한 단계 템포를 낮춰야 하는 경우도 있다.

정상적인 스윙 속도의 20퍼센트부터 100퍼센트까지 다양한 템포로 스윙을 하고 공을 치는 연습을 하면 스윙과 골프채가 합작해 조화를 이루는 실력이 부쩍 향상된다. 스윙과 퍼팅을 다양한 템포로 하는 것을 익히면 다양한 샷을 하는 요령을 터득하게 된다. 가령 그린 주변에선 조금 더 느린 템포로 하면 공을 띄우는 플롭샷을 더 부드럽게 할 수 있게 된다.

마찬가지로 굉장히 빠른 그린에서 퍼트를 할 경우엔 퍼트 템포를 60퍼센트로 늦추는 선택을 할 수 있다. 그런가 하면 깊은 러프에서는 아이언 샷의 스윙 템포를 높이면 된다. 이렇게 변화를 주는 연습을 하게 되면 실전 라운드에서도 여러 샷을 마스터할 수 있게 된다.

몇 해 전 여름, 우리는 뉴욕주 브리지스 햄튼 애틀랜틱 골프 클럽Atlantic Golf Club에서 한 그룹의 골퍼를 코치하며 하루를 보낸 적이 있다. 당시 그들에게 어떤 종류의 샷을 가장 많이 실수하는지 물어봤다. 핸디캡 1인 제프 골드버거는 자신의 실수 대부분은 아이언 헤드 끝이나 드라이버 헤드 끝에 공이 맞아 훅이 나곤 한다고 말했다. 린 매리엇이 그래서 "기술적으로 어떤 부분이 그런 결과를 가져오는지 아세요"라고 물었다. 골드버거는 "알고 있습니다. 드라이버의 경우 제 손이 몸보다 앞서 나갑니다. 그래서 스윙하는 측면에서 이탈하더라고요"라고 대답했다. 매리엇은 다시 "그럼 스윙이 어느 동작에서 벗어나는 걸 안다는 얘기입니까"라고 반문했다.

우리는 골드버거에게 평상시 정상적 템포의 75퍼센트와 50퍼센트 상태로 공을 쳐보라고 했다. 그러자 평상시의 75퍼센트 템포로 칠 때 매우 순조롭게 잘 쳐냈다. 그제야 그는 긴장하면 스윙 속도가 빨라진다는 걸 깨달았다. 그래서 의식적으로 스윙 속도를 낮췄더니 너무 빨라지는 경향이 없어지면서 최상의 템포로 복귀했다. 골드버거는 신기해하며 말했다. "골프채 헤드 끝에 맞는 샷이 나오기 시작하면 스윙 템포를 늦춰서 적절한 동작의 순서를 재정립할 수 있다는 걸 알겠어요. 아주 간단하네요."

앞서 언급했듯이, 최상의 퍼포먼스는 자동적인 감각 운동을 관장하는 우뇌를 더 많이 사용할 때 나오게 돼 있다. 골드버거 같은 지적인 골퍼는 균형·템포·긴장감에 집중함으로써 좌뇌는 내려놓고 우뇌를 활성화시켜야 인지적 간섭을 받지 않고 자신이 원하는 샷을 할 수 있게 된다.

우리가 코칭했던 미 PGA 프로 선수 케빈 스트릴먼은 매우 분석적인 플레이어다. 그는 투어 대회 중에 트랙맨을 이용해 자신의 스윙을 체크해 가며 플레이하는 선수 중 한 명이다. 골프 경기의 모든 것을 합리적이고 기술적인 면에만 맞춰 설정하는 경향이 있었다. 어느 날 매일 비디오 분석과 정해져 있는 똑같은 연습만 하는 것이

지겨워져서 다른 관점을 찾아보기 시작했다.

스트릴먼은 2005년에 우리를 찾아왔다. 균형·템포·긴장감을 포함한 휴먼 스킬을 익히는 것부터 시작했다. 하루는 티피씨 스코츠데일스 스타디움TPC Scottsdale's Stadium 골프 코스에 그와 함께 나가게 됐다. 그리고 드라이버 샷을 그린에 올릴 수 있는 파 4짜리 17번 홀에 이르렀다. 우리는 그에게 평상시 템포로 드라이버 샷을 날려보라고 했다. 그러자 공이 그린에 조금 못 미쳐 떨어졌다. 이번엔 템포를 80퍼센트 정도로 해서 쳐보라고 했다.

그렇게 쳤더니 드라이버 샷이 그린 위로 올라갔다. 그는 제프 골드버거의 예시처럼 더 느린 템포가 잘못된 동작 순서를 바로잡아준다는 사실에 놀라워했다. 샷의 거리가 더 늘어났다. 자각 의식을 익히고 코스에서 경기처럼 시험해 보는 게 중요한 건 바로 이런 이유 때문이다.

긴장감 TENSION

스윙의 세 번째 요소는 긴장감이다. 스윙의 어딘가에 원치 않는 긴장감이 배어들면 당장 기술적 과정과 결과에 반영된다. 예를 들어 스윙 도중에 그립을 잡는 손아귀 힘이 달라지면 클럽 페이스에 직접적 영향이 간다. 그립 압력의 변동 때문에 샷이 제멋대로 나가버린다. 마찬가지로 어깨에 힘이 들어가면 백스윙이 짧아지면서 온갖 나쁜 결과가 생겨날 수 있다. 이런 결과가 코스에서 일어나는 다양한 상황에 따라 몸이 어떻게 반응하는지 자각하는 것이 중요한 이유다. 자각 의식은 그립 압력이나 상체 또는 어깨의 긴장 정도를 체크할 수 있게 해준다. 그러면 그에 상응하는 필요한 조정을 할 수 있게 만든다.

J.C. 앤더슨은 세인트루이스에서 최상위급 아마추어, 고교 골프 대표팀 대회 선수를 가르치고 있는 미 PGA 프로다. 그가 우리에게 이런 말을 한 적이 있다.

"연습 레인지에서 제가 코치하는 선수 중 한 명이 공을 치는 걸 보고 있는데, 너무 멋진 샷을 잘 쳐내는 거예요. 놀라울 정도였어요. 그런데 곧바로 나간 대회에선 85타를 치는 겁니다. 과거에도 이런 비슷한 경우가 몇 번 있었어요. 머리를 긁적이며 생각해 보곤 했지요. 공을 그렇게 잘 치면서 어떻게 스코어는 85타가 나오는 걸까. VISION54에서 코칭을 받아보고 나서야 그 답을 알게 됐습니다. 연습 레인지에선 긴장을 하지 않고 느긋했는데, 막상 경기에 나가니까 긴장감이 높아진 거예요. 긴장이 기술을 망쳐버린 거지요. 이제는 코치를 할 때나 제가 직접 플레이를 할 때, 어깨, 팔, 그립 등의 긴장감이 가장 중요한 요소가 됐습니다."

앤더슨은 2012년 12월 VISION54 프로그램에 참여한 이후 코치와 플레이에 균형·템포·긴장감 자각 의식을 활용하기 시작했다. 한 달 후엔 플로리다주에서 열리는 미 PGA 겨울 대회에 직접 출전해보기로 했다.

"코치를 하면서도 내 자신이 연습할 기회는 많지 않았기 때문에 첫 대회 때는 녹슬어 있었지요. 처음 참가한 토너먼트 대회는 시니어 스트로크 플레이 챔피언십Senior Stroke Play Championship이었습니다. 제가 모든 집중력을 쏟은 부분은 균형·템포·긴장감, 특히 어깨와 팔의 긴장감이었습니다. 샷을 할 때마다 스윙하기 전에 저 자신에게 '국수 팔' '국수 팔' 하고 혼잣말로 되뇌었습니다. 그랬더니 그게 효과가 나타났어요. 그 대회에서 우승했습니다. 그다음엔 미 PGA 컵 대회에 나가 또 우승을 차지해 그해의 미 PGA 챔피언십 출전 자격까지 따냈어요. 정말 놀라운 일이었지요."

긴장감에 관한 또 다른 이야기는 어린 시절 호주에서 성장할 때부터 골프를 쳐온 뉴욕시 거주 건축가 캔 케네디에게서도 찾아볼 수 있다. 우리 프로그램의 학생이 된 그는 한때 핸디캡이 한 자릿수였다. 하지만 이제는 62세로 바쁜 직업 활동을 하면서 어쩌다 한 번 필드에 나가다 보니 보기 플레이어가 됐다.

어느 날 우리는 그와 함께 균형·템포·긴장감 훈련을 하게 됐다. 그는 특히 슬라이스나 훅이 나는 드라이버 샷 등 특정한 샷을 할 때면 그립에 힘이 들어가는 경향이 있다는 걸 처음으로 알게 됐다. 그래서 그립의 힘을 빼고 긴장을 풀어주는 데 집중했더니 샷이 똑바로 멀리, 그것도 완전히 자기 뜻대로 나갔다. 그는 그 직후에 필드에 나가서는 근래 수년 만에 가장 좋은 스코어인 82타를 기록했다. 이런 경험을 겪으면서 우리는 균형·템포·긴장감 자각 의식의 효과와 위력에 거의 종교적 신앙 같은 믿음을 굳히게 됐다.

우리가 좋아하는 BTT(Balance·Tempo·Tension=균형·템포·긴장감) 스토리 중 하나는 러셀 녹스 때로 거슬러 올라간다. 2015년 말, 말레이시아에서 유러피언 투어 대회에 참가했을 때였다. 당시 그는 미 PGA 대회에서 우승하지 못해 중국 상하이에서 열리는 'WGC-HSBC' 챔피언십 대회에는 출전 자격을 얻지 못했었다. 그런데 WGC 출전 예정 선수 한 명이 갑자기 참가하지 못하게 되어 예비후보로 등록돼 있던 그가 대타 선수로 출전하게 됐다.

녹스는 아내인 안드레아와 함께 부리나케 중국영사관으로 쫓아가 비자를 받았다. 그런데 그때는 그의 캐디가 골프채들을 모두 챙겨 먼저 미국으로 돌아간 뒤였다. 결국 녹스는 배낭에 들어 있던 옷가지 몇 벌만 챙겨서 상하이 대회장으로 향했다. 골프와 관련된 것은 아무것도 없었다. 급히 서둘러 연습 라운딩에서 쓸 골프채들을 빌렸고, 미국으로 간 캐디가 상하이로 올 때까지 캐디 역할은 아내 안드레아가 맡았다.

이처럼 스트레스가 심한 상황에서도 가변성의 마스터가 돼 있던 녹스는 침착함을 잃지 않았다. 대회 4라운드 내내 오로지 균형·템포·긴장감에만 집중했다. 그는 마지막 라운드 후반 9개 홀을 앞두고, 뒤늦게 대회장에 도착한 캐디에게 이렇게 말했다고 회상한다. "우승하려면 엄청난 플레이를 펼쳐야 하겠지. 근데 완벽해야 한다고 생각할 필요는 없어. 나만의 BTT를 유지하는 게 내가 필요로 하는 샷을 치는 관건이자 열쇠야."

결국 녹스는 마지막 라운드에서 케빈 키스너Kevin Kisner를 2타 차이로 제치고 자신의 생애 첫 PGA 대회 우승을 차지했다. 그는 WGC 대회에서 우승컵을 들어 올린 최초의 스코틀랜드 선수가 됐고, 세계 랭킹이 31위로 껑충 뛰어오르면서 난생처음 톱 50위권 안으로 진입했다. 게다가 더욱더 대단한 것은 최고 메이저 대회인 2016년 마스터스 대회에 출전할 수 있는 자격까지 얻어냈다는 것이었다. 비록 마스터스 대회에선 컷 통과에 실패했지만, 녹스는 또 다른 메이저 대회인 플레이어스 챔피언십Players Championship에서 20위권 안에 들었고, 몇 달 후에 열린 트래블러스 챔피언십Travelers Championship에선 다시 한번 우승을 차지하면서 화려한 한 해를 보냈다.

휴먼 스킬: 균형·템포·긴장감

많은 골퍼가 자신의 '멘탈 기술'을 도와달라며 우리를 찾아온다. 그런데 나중에 그들은 몸의 자각 의식을 높여 플레이 중에 자신을 스스로 다스리는 새 방법을 배워간다는 걸 깨닫는다. 한 선수는 "저는 VISION54 프로그램에 멘탈을 강하게 하겠다고 왔는데, 신체적 자각 의식을 키워서 운동 능력을 제대로 발휘하는 법을 배우고 돌아갑니다"라고 했다.

균형·템포·긴장감은 골프 코스에서의 스윙과 타격을 기능적으로 하는 필수 요소이다. 이것은 지적인 방법으로 얻지 못한다. 몸으로 생생하게 구사할 수 있어야 한다. 코스 위에서 끊임없이 변화하는 상황과 조건에 적절하게 스윙을 관리하고 유동성 있게 조절할 수 있는 주체는 BTT 자각 의식에 튜닝이 맞춰진 플레이어 자신이다.

균형에 초점을 맞추어 몇 개 홀을 플레이해 보라. 템포에 집중하면서 홀을 돌아보라. 그리고 긴장감을 신경 쓰면서 홀을 돌아보라. 샷을 할 때마다 두 발을 모으고 스윙을 하고, 공을 치고 난 뒤에 끝까지 균형을 유지하며 한 홀 전체를 플레이할 수 있을까? 18개 홀 모든 그린에서 한 다리로만 서서 퍼트하면서 균형을 유지할 수 있을까? 주의해야 할 점 한 가지만 말하겠다. 코스 위에서 BTT 자각 의식을 실행하면서 연습을 계속하는 게 때로는 어려울 수 있다. 그 이유 중 하나는 과정에 집중하다 보면 샷의 결과에 대한 의식은 잃어버릴 수 있기 때문이다. 그건 당연하다. 결과에 집중하면 스윙 전체를 하는 동안 주의력을 빼앗길 수 있다.

다음의 질문과 분석은 코스에서의 몸과 스윙에 대한 더 나은 자각 의식으로 발전하기 위한 것들이다. 한 홀 전체를 50퍼센트의 템포만으로 스윙을 하면서 플레이할 수 있다면, 골프 게임에서 당신이 얼마나 더 많은 옵션을 갖고 있는지 비로소 체감할 수 있게 된다.

균형 · 템포 · 긴장감

- 5차례의 샷을 두 발을 모으고 하고 균형을 유지한 채 마무리할 수 있는가?

- 오른발로만 서서 3개의 샷을 하고 균형을 유지할 수 있는가? 왼발로만 서서 똑같이 할 수 있는가?

- 풀 스윙을 느린 템포, 중간 템포, 빠른 템포로 각각 할 수 있는가? 어떤 차이가 느껴지는가? 어느 템포가 제일 편안한가?

- 여러 다양한 압력의 그립을 시도해 보고 스윙, 샷, 공의 비행에 어떤 차이가 있는지 관찰해 보라. 마음에 드는 압력을 선택할 수 있고, 그걸 스윙이 끝날 때까지 계속 유지할 수 있는가?

- 라운딩에 앞선 워밍업에서 균형·템포·긴장감 자각 의식을 어떻게 최대한 활용할 수 있는가?

셸 엔해거와 초유동성SUPERFLUID

내가 미 LPGA 투어에서 휴가를 내고 2년쯤 지났을 때, 스웨덴 골프 프로이자 내가 아는 가장 창의적 사고의 소유자 중 한 명인 셸 엔해거를 만나 얘기를 나누게 됐다. 내가 엔해거에게 말했다.

"난 정말 실망했어요. 내가 코치로 있는 스웨덴 국가대표 선수들의 생각은 너무 편협하고 자조적이에요. 늘 이런 말만 해요. '미국 선수들은 워낙 실력이 앞서 있어서 따라잡을 수가 없다. 남부 유럽 선수들은 워낙 좋은 그린에서 연습을 해서 우리가 이길 수가 없다. 우리의 숏 게임은 호주 선수들의 능력을 따라갈 수가 없다. 우리나라 겨울은 너무 길다.' 이렇게 전부 핑계만 늘어놓아요."

나는 당시에 내가 코칭하는 선수의 실력을 향상할 수 있도록 주입시킬 뭔가를 찾고 있었다. 전통적인 스포츠 심리학보다 더 다이내믹한 것을 원했다. 엔해거는 내 나이 또래였다. 그는 명상으로 유명한 미국 아이오와주 명문 사립 마하리쉬 대학교에서 수학한 명망 있는 명상가였다. 스웨덴 스톡홀름에서 처음 만났을 때 우리는 3시간이나 얘기를 나눴다.

엔해거는 내 생각과 목표를 참을성 있게 끝까지 들어주더니 내가 고려해 볼 만한 여러 가지를 짚어줬다. 우선 우리의 엘리트 선수들이 홈 코스에서 열리는 대회에서 플레이해 본 적이 거의 없다는 사실을 지적했다. 선수 각자가 자기가 훤히 잘 아는 코스에선 아마도 모든 홀에서 버디를 해봤을 것이라고 했다. 그렇다면 이론적으로는 한 라운드에서 매 홀 버디를 기록할 수도 있다는 얘기였다.

모든 골퍼가 열망하는 스코어 54타는 내가 아니라 엔해거가 먼저 얘기를 꺼냈다. 기발한 생각을 꺼내놓는 쪽은 늘 엔해거였다. 그리고 그걸 실행에 옮기는 건 나였다. 그는 더 나은 결과를 성취하려면 우리가 의식적·무의식적 행동 둘 다 할 수 있어야 한다고 믿었다. 엔해거는 선수가 문제보다는 해법에 집중하고, 부정적 생각의 굴레에 사로잡히기보다는 자신이 잘한 부분을 자축할 줄 알아야 한다고 생각했다.

그는 이후 스웨덴에서 개인 선수, 스포츠 팀, 기업과 협업을 하면서 인기 높은 강연 활동을 해오고 있다. 그는 "차이를 만들어내는 건 당신에게 달려 있다"라는 말을 즐겨한다. 자신의 강점과 자신을 더 강화시켜 주고 발전할 수 있게 해주는 것에 집중하라는 신념이 그가 추구하는 핵심이다.

엔해거의 가장 강력한 아이디어 중 하나는 '초유동성'이다. 이 용어는 고에너지 물리학에서 빌려온 것으로, 물질이 점착성 전혀 없는 액체처럼 움직이는 상태를 묘사하는 데 사용된다. 그는 《퀀텀 골프Quantum Golf》라는 소설도 썼다. 그는 이 소설에서 베타 뇌파(언어 지향적·분석적)에서 더 높은 운동 기능으로 이어지는 알파 뇌파로 전이되는 초유동성을 서술했다.

알파, 세타 및 다른 뇌파는 거의 자기 최면에 가까운 명상 상태로, 이 상태의 골퍼는 결과에 집착하는 좌뇌의 시동을 끄고, 감각적 기반의 자동적 우뇌의 시동을 켜게 된다. '초유동성'은 과학 용어지만, 엔해거의 소설 맥락에선 마이클 머피가 자신의 소설 《내 생애 최고의 골프Golf in the Kingdom》에 쓴 골프 신비주의 'Shivas Irons'를 새로이 달리 표현한 것이다.

그로부터 20여 년이 지나 새로운 퍼포먼스 관련 신경과학의 여러 연구 결과도 나와 있는 요즘에 린 매리엇과 나는 퍼포먼스에 미스터리한 점은 없다고 믿는다. 우리 모두 플레이에 영향을 주는 베타, 알파, 세타, 델타, 그리고 감마 뇌파 능력을 갖고 있다.

어느 골퍼든 그 뇌파 능력에 대해 배울 수 있고, 적절한 훈련을 통해 퍼포먼스를 강화시켜 주는 것들을 어떻게 이용하면 되는지 발견할 수 있다. VISION54에서 쓰는 용어로 말하자면, 최상의 퍼포먼스는 '플레이 상자Play Box', 즉 훌륭한 스윙이 이뤄지는 집중된 감각적 상태에 있을 때 생겨난다.

문제는 스윙에 신경을 쓰다 보면 이런 초유동성 플레이 상자에 들어갈 수가 없다는 것이다. 신경과학에 따르면 우리는 무슨 일을 할 때 뇌의 언어 영역을 사용하지 않고 감각적 운동 영역을 사용한다고 한다. 그러나 전형적인 일반 골퍼의 경우에 공을 마주하면 관례적으로 뇌의 언어 영역만 사용하게 된다. "그래 맞아. 백스윙을 4분의 3만 하고, 어깨 돌리는 걸 기억하고, 공을 칠 때까지 고개 들지 말고…" 감각적으로 치지 않고 이런 식으로 자기 자신에게 인지적 지도와 교습을 한다.

우리가 처음 이에 대한 실험을 했을 때, 선수에게 관련 설명을 해주고 골프 코스에 나가서 그렇게 시도해 보라고 했다. 그랬더니 선수는 공을 앞에 두고 서서 '나는 내 스윙에 대해 생각하지 말아야지. 다른 것은 생각하지 말아야지' 하는 그 생각에 휩싸여 또 집착에 빠지곤 했다.

그래서 우리는 골프에서 가장 많이 사용하는 감각을 일께우는 플레이 상자 연습법을 만들어냈다. 세 번의 샷은 그립의 압력을 느끼면서 한다. 다른 세 번의 샷은 파란 공이 목표를 향해 날아가는 장면을 마음속에 그려본다. 또 다른 세 번의 샷은 골프채의 쉭 하는 소리 또는 자동차가 고속도로를 쌩 하며 지나치는 소리를 들으면서 한다.

이 아이디어는 간단하면서도 효력이 있다. 느낄 수 있고, 들을 수 있고, 마음에 그려볼 수 있고, 냄새 맡을 수 있고, 맛볼 수 있는 것에 정신이 팔리면 뇌의 중추 언어에서 벗어나 운동 동작을 조절하는 다른 뇌파 상태에 들어가게 된다. 엔해거와 함께했던 8년간의 코치 파트너십은 믿을 수 없을 정도로 생산적이고 보람 있었다. 그는 어느 날 이런 말을 했다. "죽은 물고기만이 물살을 따라 수영할 수 있다." 그 이후 우리 지도자 그룹을 자칭 'The Living Fish Company'라고 불렀다.

엔해거는 이제 운동선수, 배우, 심포니 오케스트라, 기업 임원과 함께하는 작업으로 유명하다. 나에게 멘토 역할로서의 유명함은 덜해졌지만, 그의 영향력을 인정하지 않고는 내 인생과 VISION54 자체를 묘사할 도리가 없다. 그는 나를 밀어붙이기도 하고, 달래기도 하고, 다그치기도 하면서 내 지평선을 넓혀줬고, 감히 해볼 엄두도 내지 못했던 것들을 할 수 있게 해줬다.

2장

라운드 중간

—

일정한 퍼포먼스 루틴 잡기

평균적인 골프 라운딩은 즐거운 3시간 30분이 될 수도 있고, 고통스러운 5시간 이상이 될 수도 있다. 선수가 지속해서 움직이는 다른 스포츠와 달리 골프는 중간마다 동작이 멈췄다가 다시 하는 형태로 진행된다. 게다가 각각의 샷을 할 때마다 특정한 시간 동안 사려 깊은 준비가 필요하다. 바람은 어떻게 불고 있나? 핀 깃대는 어디에 꽂혀 있나? 거리는 얼마나 되나? 벙커는 중간에 없나? 도박해 볼까 아니면 일단 안전한 곳으로 칠까? 이런 생각을 줄곧 해야 한다.

　4~5시간을 계속해서 집중하는 것은 불가능하다. 그런데 다행히도 골프는 샷과 샷, 홀과 홀 사이에 휴식 시간 있다. 라운딩을 하면서 걷기도 하고, 풍경 감상도 하고, 얼굴에 내려앉는 햇볕도 느끼

고, 의도한 대로 마음에 드는 샷도 하고, 친구들과 대화도 하고…. 골프는 정말 좋은 게임이다. 그런데 어느 날은 비와 바람에 쫓겨 카트 안에 쪼그리고 앉아 이동해야 하고, 미스 샷에 열을 내고, 점수가 좋지 못할까 봐 전전긍긍하고, 경쟁자에게 갈수록 짜증이 나고, 그렇게 라운딩을 해야 한다.

골프는 변덕스러운 게임이다. 날씨가 좋은 날이든 나쁜 날이든, 어찌 됐든 다음 샷을 쳐야만 한다. 한 라운드 중에도 몸과 마음, 감정의 변화를 겪게 되는 건 변함없는 사실이다. 이 모두가 골프 퍼포먼스에 영향을 미친다. 스윙이 홀로 가상 공간에 존재하는 것이 아니다. 어떻게 생각하고 느끼느냐가 좋은 샷을 하는 능력을 향상하기도 하고 망가뜨리기도 한다. 모든 작은 요소까지 엮여 있다.

골프 게임의 어느 한 부분도 독립적으로 따로 존재하지 않는다. 대부분의 플레이어는 모든 요소가 원만하게 진행될 경우 샷을 한 번 하는 데 걸리는 시간이 15~30초가량 된다. 그사이에 어떤 샷이 필요한지 결정하고, 공을 향해 다가가 최종 체크를 한 뒤 공을 치고, 결과를 평가한다. 이런 과정에서 자연적인 동작의 순서를 주목해 보라. 조건을 고려하고, 샷에 관해 결정을 내리고, 스윙하고, 샷의 결과를 주시한다.

많은 골퍼는 이러한 샷 실행 과정을 자신의 '루틴'이라고 한다. 대부분의 플레이어에게는 이 일련의 동작이 샷 이전에 이뤄진다. 샷에 앞선 이 루틴은 플레이어에게 비슷한 방식으로 각각의 샷을 하는 편안함과 함께 정보를 제공하는 과정이다. 이런 루틴은 안도감을 얻기 위해 껴안는 담요 또는 목발 같은 것이라고 할 수 있다. 루틴 과정을 거치면서 내부적·외부적으로 무엇을 하는 건지 제대로 알고 하는 걸까? 샷 그 자체와 샷 이후는 어떠한가?

우리는 그래서 보다 포괄적인 루틴, 퍼포먼스 루틴이라고 부르고 이를 발전시켰다. 이 루틴은 모든 샷은 과거·현재·미래가 있다는 개념에 기반을 두고 있다. 우리는 이 퍼포먼스 루틴의 구성 요소를 '생각 상자Think Box', '플레이 상자Play Box', '기억 상자Memory Box'라고 명명했다.

'생각 상자'는 여러 조건을 파악하고, 샷에 대한 결정을 내리고, 감각적 상태로 들어가는 샷 이전의 시간을 말한다. 이때를 특정 짓는 것은 분석적 생각이다.

'플레이 상자'는 실제로 샷을 하는 공과 관련된 시간과 공간을 지칭한다. 예를 들어 중력의 중심을 낮게 느끼고, 공의 비행 궤적을 마음에 그려보는 감각적 상태를 말한다.

'기억 상자'는 샷 이후의 과정이다. 긍정적인 샷과 그 과정은 간직하고, 부정적인 샷에 대해선 객관적 중립성을 유지하는 시간 과정이다.

이 세 상자는 서로 연계돼 있으며, 그들 간의 흐름은 매우 중요하다. 요약해서 말하자면, 생각 상자는 결정을 분명히 내리는 부분에 관한 것이고, 플레이 상자는 실제로 자리에 임해서 집중하고 동작으로 옮기는 부분에 대한 것이다. 기억 상자는 두뇌가 기억으로 저장하는 부분을 관리해 확신을 만들어가는 과정이다. 이 세 과정

퍼포먼스 루틴 지향점

은 함께 어우러져 시작부터 끝까지 공을 치는 완전하고 다차원적인 경험을 만들어간다. 그리고 코스에서의 탐사를 거쳐 본인 특유의 동작 순서와 세 과정 간의 흐름을 정립하게 된다.

　마지막 요점 한 가지. 우리는 생각 상자, 플레이 상자, 기억 상자를 그 순서대로 설명(또는 코치)하지 않는다. 퍼포먼스의 '느낌' 또는 상태를 이해하는 데 필요한 플레이 상자부터 시작한다.

샷 — 플레이 상자 PLAY BOX

2014년에 스탠퍼드 대학교 남녀 골프팀에게 코칭을 하기 위해 캘리포니아주 팰로앨토에 간 적이 있다. 여자팀 코치 안느 워커가 팀의 열렬한 후원자 중 한 명인 스탠퍼드 대학교 교수에게도 잠시 시간을 내줄 수 있느냐고 물어봤다. 알고 보니 그 교수라는 사람은 콘돌리자 라이스 전 미국 국무부 장관이었다.

라이스 전 장관은 스탠퍼드대 정치학과와 후버연구소, 경영대학원에서 강의하고 있었다. 그녀의 골프 실력은 핸디캡 13 정도로 미국골프협회 위원회에서 활동한 경험도 있고, 마스터스 대회가 열리는 오거스타 내셔널 골프 클럽의 몇 안 되는 여성 회원 중 한 명이기도 했다.

우리는 오랫동안 변호사, 과학자, 의사, 음악가, 기업 CEO 등 많은 저명인사를 코칭해 본 경험이 있어서 라이스 전 장관과도 어떻게 하면 좋을지 잘 알고 있었다. 첫 만남의 서먹함을 없애기 위한 작은 깜짝 쇼도 계획했다. 스탠퍼드 대학교 골프 연습장에서 처음 그녀와 만날 때 흰색 칠판을 가져다가 '귀하의 BRAINIAC54 훈련에 환영합니다'라고 써놓기도 했다.

그렇게 안면을 트고 난 뒤 우선 우리의 VISION54 프로그램을 간략히 소개하고, 골프 플레이와 관련한 신체적·기술적·정신적·감정적 요소에 관해 설명했다. 그리고 이런 요소 하나하나가 기술 외적인 측면에서 어떻게 스윙과 골프 게임에 영향을 미치는지에 대해 대화를 나눴다. 그러면서 라이스 전 장관이 그런 소개와 설명을 들으며 "아하"를 연발하는 모습을 보고 재미있어했던 생각이 난다. 그녀는 골프를 치러 가는 곳마다 누군가가 스윙에 대한 팁을 해주곤 했다고 말했다. "어떤 때는 머릿속에 너무 많은 스윙에 대한 팁이 떠오르다 보니 막상 골프채를 휘두르려고 하면 집중이 되지 않더라"라며 웃었다.

그녀도 일반인 골퍼와 비슷했다. 직업이 있고 바쁜 일상생활을 하다 보니 깨어 있는 시간 대부분을 머릿속에서 보내야 한다. 이런 경향은 골프장으로 고스란히 옮겨져서 대부분은 골프를 치면서도 머릿속으로 과도한 생각을 한다. 골프를 잘 치려면 생각과 감각적 자각 의식의 균형을 맞춰야 하는데 말이다. 우리는 흰색 칠판에 플레이 상자라는 단어가 가운데 쓰인 큰 원을 하나 그려 보였다. 그 옆에 생각 상자라고 쓰인 작은 원을 그렸다. 그리고 우리는 그녀에게 "라이스, 당신의 플레이 상자는 훨씬 더 커져야 하고, 생각 상자는 훨씬 작아져야 한다"라고 말해줬다.

아주 간단하다. 플레이 상자는 어느 수준에선 실제로 골프채로 스윙을 하는 3차원적 공간이다. 그러나 다른 수준이 되면 훌륭한 스윙의 조건을 만들어내는 자신의 내부 상태를 의미하게 된다. 샷을 하기 위해 공에 다가설 때부터 스윙을 끝낼 때까지 플레이 박스는 4~9초 안에 이뤄진다. 그리 길지 않은 시간이기 때문에 이 간격은 대단히 중요하다.

캐나다 골퍼이자 우리 저서의 애독자인 피터 세이카는 이렇게 표현한다. 정말 공감되는 말이다.

"저는 스윙이 양쪽 끝에 솜이 달린 귀 청소용 면봉 같다는 생각합니다. 골프채가 시작되는 부분과 공이 떨어져 멈추는 부분, 양쪽 끝에만 많은 관심을 기울이고, 누구나 그 중간은 얼버무리고 넘어갑니다. 문제는 끝부분에만 너무 많은 집중을 하게 되면 어떻게 그 끝에 이르게 됐는지 알 수 없다는 것입니다."

그런 이유에서 우리는 라이스 전 장관이 자신의 플레이 상자에 초점 맞추기를 원했다. 면봉의 중간에 해당하는 플레이 상자는 순수한 감각적 자각 의식의 공간이다. 감각적 자각 의식이란 무얼 말하는 걸까? 오감五感, 즉 시각·촉각·청각·미각·후각과 관련된 자각 의식을 뜻한다. 그런데 이 감각은 두뇌의 오른쪽, 우뇌에 있다는 사실을 반드시 기억해야 한다.

어떤 퍼포먼스를 해야만 하는 경우에도 최상의 운동 동작은 우뇌, 즉 감각을 관장하는 뇌 부분을 통해야 한다. 그래서 라이스 전장관과 같은 '좌뇌형' 사람에게는 플레이 상자에서 감각적 느낌을 이용하는 법을 배우는 것이 생경하겠지만 대단히 중요한 기술이다.

우리가 균형·템포·긴장감 자각 의식의 발전을 그토록 많이 강조하는 데는 그런 이유가 있어서다. 이 세 가지 상태를 이용하면 인지적 생각에서 벗어날 수 있다. 우리의 친구인 애리조나 주립대학교의 데비 크루스 박사는 전극을 머리의 두피에 부착하고 플레이 중에 발생하는 두뇌의 전기적 활성을 기록하는 방법으로 골퍼의 뇌파를 연구해 왔다. 크루스 박사는 이렇게 말한다.

"생각 상자는 샷에 대한 결정을 내리는 곳입니다. 일단 의향이 정해지면 집중력이 그 의도를 달성하는 것으로 옮겨갑니다. 그리고 실제 스윙을 하려는 순간이 다가오면서 더 많은 '느낌'을 활성화하고 '생각'은 줄이게 되지요. 골프채를 움직이기 직전이 샷의 결과를 예측하기 가장 좋은 순간이지요. 뛰어난 골퍼들은 스윙을 시작하려는 순간 좌뇌가 급격히 잠잠해지고 우뇌는 더욱 활성화됩니다. 나는 이것을 두뇌의 의식과 무의식 부분이 균형을 이뤄가는 시너지라고 부릅니다."

VISION54의 학생 중 한 명은 세인트루이스에 있는 워싱턴 대학교에서 근무하는 저명한 신경외과 의사다. 그는 이 시너지를 나름의 방식으로 이렇게 묘사했다.

"제가 신경외과 수술을 할 때 무슨 현상이 일어나는지 말씀드려 보겠습니다. 수술 동작과 움직임은 아주 섬세한 순서로 진행됩니다. 저는 동작의 역학이 아닌 수술 동작의 목적에 집중합니다. 저의 지식 기반과 수술 개념은 수술 절차가 실행되기 오래전에 만들어져 있었습니다. 수술 계획과 목표를 정하고 나면 제 직관력으로 수술 목적을 마음속에 그려보고 달성하는 것을 형상화해 봅니다. 이 과정은 제 두뇌의 언어 담당 부위나 엄격한 인지적 뇌 네트워크가 아닌 감각을 관장하는 뇌 부위에서 이뤄집니다."

크루스 박사는 언어와 결정 중추인 좌뇌는 두뇌 전체의 5~10퍼센트밖에 담당하지 못한다는 사실을 되짚는다. "이에 비해 우뇌는 약 90~95퍼센트를 처리한다"라고 그녀는 말한다.

"우리의 우뇌는 동작 움직임을 더 성공적으로 하게 해줍니다. 왜냐면 무의식은 슈퍼컴퓨터와 같기 때문입니다. 좌뇌 언어 중추는 조직화하는 능력은 있지만, 동작 움직임을 효율적으로 운용할 수는 없습니다. 스윙을 톱에서 임팩트까지 완료하는 데는 450밀리세컨드(1000분의 1초), 즉 0.45초가 걸립니다. 골프채는 80km/h에서 160km/h 이상의 속도로 움직입니다. 따라서 좌뇌는 할 수 있는 게 별로 없습니다. 몸 근육에 충분히 신속하게 정보를 전달할 수 없습니다."

그래서 공을 치는 과정 중에 뇌 속에 스윙에 관한 생각을 채워 넣는 플레이어는 좋은 샷을 치지 못한다. '빠져나가기 힘들게 됐네. 페어웨이 오른쪽에 있는 나무의 큰 가지들이 튀어나와 있으니 공을 왼쪽으로 쳐야겠어.' 무의식적으로 머릿속에서 이런 생각을 한다는 사실 자체를 본인은 모른다.

이런 내적인 독백을 퍼포먼스에 영향력을 가진 뇌 부위와 별도의 반응으로 인지하지 못한다. 좌뇌에 얽매인 채 붙들려 있게 되니까 결과적으로 몸이 단락短絡 현상을 일으킨다. '느낌' 상태를 이용해야 우뇌로 전이가 될 수 있다. 크루스 박사는 "데이터를 통해 볼 때 이런 과정을 도와주는 두 변수가 느낌과 목표"라고 말한다.

'느낌'은 우뇌에서 나오는 산물이다. 몸의 무게 중심을 느끼고, 피니시를 할 때 왼쪽으로 쏠리는 움직임 상태를 느끼는 것도 우뇌에서 한다. '목표' 역시 우뇌에서 주관한다. 시각적 이미지, 즉 핀이나 페어웨이의 겨냥 지점에 초점이 맞춰지는 것도 우뇌에서 작동한다. 목표 집중을 활성화하는 것은 자신의 두뇌에 동작 순서로 명령할 수 있는 것이 아니다.

역대 최고의 위대한 골퍼들은 샷을 할 때의 이런 상태를 '플레이 상자'라고 호칭한 적은 없지만, 골프 스윙의 대단히 자연스럽고 감각적인 이 측면을 암묵적으로 이해하고 있었다. 잭 니클라우스는 저서 《골프 마이 웨이Golf My Way》에서 자신은 모든 샷을 할 때 스윙을 시작하기 전에 샷의 전체 그림을 그려본다고 썼다.

미 PGA 최다 우승인 82승을 기록했던 샘 스니드Sam Snead는 맨발로 연습하는 걸 좋아했다. 그는 발 밑바닥을 느껴보기 원했다. 그는 자신 내부의 왈츠 리듬(말하자면 템포)에 맞춰 스윙한다고 했다. 또 다른 전설적 골프 선수인 아놀드 파머는 자신의 몸 전체를 샷에 던져 넣어 실었다고 했다. 이들은 각각 최정상의 퍼포먼스를 성취하는 데 필요한 특유의 감각적 '느낌'을 이해했다.

잭 니클라우스는 공을 앞에 두고 비교적 느리게 움직이는 플레이어였다. 퍼트할 때는 더 그랬다. 린 매리엇은 니클라우스의 캐디를 20년 이상 맡았던 안젤로 아지아와 대화를 나눠본 경험이 있다. 그에 따르면 니클라우스는 퍼트하기 전에 홀컵 안으로 굴러갈 공의 모든 움직임, 전개 과정을 마음에 그려보곤 했다. 공이 홀컵에 떨어지는 것을 보고 난 뒤 그 공의 움직임을 다시 뒤로 돌려 퍼터 헤드 페이스까지의 전체 궤적을 시각적으로 되살려 봤다고 한다. 니클라우스는 퍼트 라인을 두고 자기 자신과 다투지 않은 것이다. 그는 퍼트 샷이 완결되는 순간까지 나오는 그림을 기다렸다. 그 그림이 완전히 분명해 보일 때까지 그는 퍼트하러 공에 다가가지 않았다.

타이거 우즈의 '플레이 상자'는 더욱 촉각적이었다. 그는 플레이가 잘될 때면 "손에서 샷이 느껴졌다"라고 말하곤 했다. 어느 해에는 마스터스 대회에서 기자에게 "나는 내 손 안에서 목표물이 느껴진다"라고 말하기도 했다. 잭 니클라우스와 마찬가지로, 안니카 소렌스탐도 언제나 공 뒤에 서서 목표물을 바라보며 자신의 샷을 시각적으로 그렸다. 그리고 그 샷의 느낌이 오는 순간 공으로 다가가 스윙을 했다. 소렌스탐은 플레이가 빠른 선수로 정평이 나 있었다. 그녀가 빨랐던 이유는 자신의 플레이 상자에서 이용하는 감각적 느낌을 잃어버리기 전에 플레이하려고 움직였기 때문이다.

우리가 코칭한 일본 출신 미 LPGA 프로 선수 미야자토 아이Ai Miyazato는 복부의 무게 중심인 단전과 부드러운 템포의 느낌을 통해 자신만의 플레이 상자를 경험한다고 했다. 비정통파로 유명했던 캐나다의 골프 영웅 모 노먼Moe Norman은 "좋은 샷은 맛이 느껴진다"라고 했다. 미 LPGA 투어 선수 브리트니 린시컴Brittany Lincicome은 그린의 핀이든, 나무든, 아니면 페어웨이의 벙커든, 모든 것을 자신의 목표물과 시각적 연결을 해본다고 한다. "내가 핀을 향해 공략할 때는 공을 치기 전에 내 머릿속에 핀의 모습이 반복적으로 보인다"라고 말했다.

우리는 콘돌리자 라이스 전 국무부 장관에게 연습장에서 공을 칠 때 여러 다양한 플레이 상자의 감각적 '느낌'을 시도해 보라고 권유했다. 이에 따라 그녀는 파란색 궤도 라인으로 공의 날아가는 모습을 마음속으로 시각화해 보고, 그립 압력을 달리해 시험해 보기도 하고, 평상시 템포의 70퍼센트 속도로 스윙하는 감각도 느껴봤다. 또한 뇌 속에 목표물을 각인시키고, 어깨의 힘을 쭉 빼고, 임팩트 순간 골프채와 공의 소리에 주의를 기울여보는 연습도 했다. 호흡 숫자를 세보기도 하고, 손을 가슴에 얹고 심장 박동을 느껴보기도 했다. 이 모든 감각적 느낌들이 그녀의 초점과 집중력을 좌뇌에서 벗어나게 하는 데 도움을 줬다.

어느 감각의 자각 의식이 자신의 플레이 상자에서 주효한가를 익히는 데는 연습이 필요하다. 각각의 샷에서 본인의 '느낌'을 느끼기 시작해야 한다. 결코 자동으로 이뤄지지 않는다. 다행히 라이스 전 장관은 어린 시절에 유능한 피겨 스케이팅 선수였기 때문에 퍼포먼스를 할 때의 '상태'에 대한 개념을 곧바로 이해했다. 그녀는 "피겨 스케이팅을 할 때 마음속에 움직임을 그려보는 시각화를 해봤었다"며 이렇게 말했다.

"경기 시작 전에 저는 항상 피겨 스케이팅 프로그램을 연기하는 내 모습을 시각적으로 그려보곤 했어요. 그런데 골프에선 그런 생각을 한 번도 해보지 못했습니다. 샷을 그려보고, 들어보고, 발로 샷을 느껴 보는, 그런 감각을 골프에서 활용한다는 것은 완전히 새로운 경험이었지요."

라이스 전 장관은 개인 연주회를 가질 수준의 피아니스트이기도 했다. 그녀는 손의 힘이 셌다. 어린 시절, 피아노 선생님이 "그렇게 건반을 세게 두드릴 필요는 없어. 연주에 그렇게 많은 근육의 힘을 넣을 이유가 없단다"라고 지적해 줄 정도였다. 그녀는 과거의 어린 시절 자신처럼 골프채를 잡을 때도 똑같이 하는 경향을 깨달았다고 했다. 그래서 지속해서 그립 압력을 가볍게 하는 데 집중했더니, 더욱 침착하고 안정적인 상태가 되더라고 했다. 샷의 전체 과정 중에 감각적인 느낌을 계속 유지하는 것도 새롭게 다가왔다며 이렇게 말했다.

"피겨 스케이팅은 단 3분 30초 동안 에너지를 쏟아붓는 퍼포먼스에요. 그 시간 내내 느낌을 줄곧 유지해야 해요. 그렇지 않으면 결국엔 엉덩방아를 찧고 말지요. 현재에 충실한 그 느낌으로 마음이 방황하지 않게 하는 것이 매우 중요하다는 사실을 골프를 배우면서 새삼 느끼게 됐습니다."

라이스 전 장관은 "제가 지구상에서 골프를 가장 빠르게 치는
사람 중 한 명일걸요?"라고 웃으며 말했다. "저는 국무장관을 할 때
골프를 배웠어요. 그래서 시간이 별로 없었지요. 골프를 칠 기회가
생기면 코스로 뛰어가서 어두워지기 전에 서너 홀이라도 돌아보려
고 애를 썼지요. 그러니 빨리 치게 될 수밖에 없었어요. 지금 제가
노력하고 있는 것 중 하나는 나 자신을 늦추기 위해 감각적 상태를
이용하는 것입니다. 저 자신에게 스스로 말합니다. 현재에 충실하
자고. 이제는 어떤 골프채로 어떤 샷을 할 것인가 정하고 나면 공
앞에 서서 내 마음을 정리하고, 목표물에 내 에너지를 연결합니다.
이런 특정한 순간을 발견하게 됐어요. 현재에 충실하며 느낌을 받
아들인다는 것이 참 좋습니다."

　우리는 오페라 가수와 전문 음악가를 코칭해 본 적도 있는데,
라이스 전 장관은 골프와 음악 간의 유사성을 보다 분명하게 보여
줬다. 그녀는 "골프채를 스윙하는 것처럼 피아노를 연주하는 것도
대단히 복잡한 동작의 조합"이라고 설명했다. "사람들은 피아노 연
주를 예술적인 부분으로만 생각하지만, 극도로 육체적이기도 합니
다. 아주 정확한 순간에 손가락들을 넓은 건반 위에서 크게 건너뛰
게 해야 합니다. 제시간에 정확히 맞춰 건반을 누르는 동작은 엄청
난 조화와 집중력을 요구합니다."
　그녀는 몇 년 전에 오마하 심포니와 함께 슈만의 피아노 협주
곡 A 단조를 연주해 달라는 초청을 받았다. "19세 이후로 오케스트

라와 협연을 해본 적이 없었어요. 게다가 협연 중에 악보를 넘겨줄 사람이 없었기 때문에 악보 없이 연주해야 한다고 했습니다. 경험 많은 피아니스트 친구가 말해줬습니다. '우선 모든 동작이 완전히 구분될 정도로 그 곡을 느리게 연주하는 것을 익혀라. 그렇게 하면 그 곡을 속속들이 이해하게 된다'고 했습니다."

벤 호건 등 여러 유명 골퍼들도 유사한 개념들을 이용해, 풀 스윙을 극도로 느리게 반복하는 태극권 스윙을 연습하기도 했다(벤 호건의 느린 동작 연습 루틴의 비디오는 유튜브에서 찾아볼 수 있다). 이런 스윙 방법 연습은 우리 VISION54 프로그램에서도 시행하고 있다. (극도로 느린 동작의 완전한 스윙 한 번에 걸린) VISION54 최고 기록은 5분 15초였다.

라이스 전 국무장관도 그녀의 스윙에 태극권 방법을 적용해 봤다. 그녀는 "실력 향상을 위해 연습할 때 이 방법을 써본다"라면서 "골프 코스에 나가면 그 감각을 실제로 적용한다"라고 했다. 이런 탐사를 거친 후 그녀는 균형·호흡·그립 압력을 자신의 플레이 상자 속 감각적 '느낌'으로 선택했다. 그러고는 "균형을 유지하며 확실히 스윙을 하는 것이 매우 간단해졌다"라는 소감을 밝혔다.

그녀는 또 "샷을 하기 전에 두 발을 모으고 연습 스윙을 해본다"라면서 "그러면 공을 앞에 두고 확실하게 중심이 잡힌 느낌이 들게 된다"라고 말한다. 라이스 전 장관은 이어 그 느낌을 임팩트하는 순간에 멈추지 않고 스윙을 완전히 마무리하고 난 후까지 유지하는 데 집중한다고 했다.

그녀는 곤경에서 벗어나는 경우에도 자신의 감각적 자각 의식에 의지하게 됐다고 말한다. "얼마 전에 한국에서 골프를 치게 됐어요. 강연하러 갔었는데, 초청자가 골프를 엄청나게 좋아하는 사람이어서 나랑 꼭 골프를 치고 싶다고 했습니다. 그래서 나갔는데, 환경 탓인지, 피곤해서 그런 건지 모르겠지만 첫 4홀 동안 공을 하나도 똑바로 치지 못했어요. 치는 공마다 여기저기로 날아갔습니다. 그래서 잠시 멈춰 서서 깊은숨을 천천히 내쉬며 속으로 저 자신을 진정시켰습니다. 그리고는 두 발을 모으고 천천히 가볍게 연습 스윙을 하며 균형을 느낌으로 찾아냈습니다. 그러자 타격이 훨씬 좋아지기 시작했습니다. 그렇게 해서 나는 플레이 상자의 '느낌'이 어떻게 라운딩 도중에도 샷 교정하는 데 도움이 되는지 절감하게 됐습니다."

라이스는 또 최근 한 코치 세미나 세션이 끝난 뒤 우리에게 반가운 말을 했다. "많은 사람이 그 모든 기술적인 것들에서 벗어난다면 골프는 훨씬 더 즐거울 것입니다. 아직 나는 스윙에서 기술적으로 정비해야 할 부분을 갖고 있지만, 이런 여러 휴먼 스킬을 활용할 줄 알게 되면 골프는 더 재미있는 스포츠라는 느낌을 받게 될 겁니다."

우리는 플레이 상자의 '느낌'이 어떻게 코스에서의 염려와 불안감을 경감시켜 주는지를 살펴봤다. 좁은 페어웨이, 워터 해저드의 물을 넘겨 날려야 하는 샷 등 각자가 골프 코스에서 다양하게 경험하는 압박감 아래에선 좌뇌가 그 상황을 맞이하려고 시도하면 문제가 발생한다. 플레이 상자의 어떤 느낌이 본인에게 가장 잘 작용하는지 파악하고 난 뒤에 그다음으로 마스터해야 하는 점은 그 감각을 발전시켜 경기가 위태롭거나 우승이 걸린 퍼트를 할 때도 믿고 느낄 수 있게 만드는 것이다.

2016년엔 태국 출신의 놀라울 정도로 재능 있는 젊은 선수 에리야 쭈타누깐과 함께 일을 시작했다. 쭈타누깐(별명은 메이)은 경이로운 천재였다. 겨우 11세 나이로 혼다 LPGA 타일랜드Honda LPGA Thailand 대회 출전 자격을 따내 미 LPGA 사상 가장 어린 선수의 기록을 세웠다.

이후 수년간, 그녀는 파워풀한 게임을 선보였다. 하지만 장렬한 붕괴의 쓴맛도 보게 됐다. 17세 때인 2013년, 그녀는 혼다 LPGA 타일랜드 대회 4라운드에서 2타 차로 선두를 달리며 마지막 18번 홀을 남겨두고 있었다. 남녀노소 태국의 전 국민이 지켜보는 가운데 미 LPGA 대회에서 우승하는 사상 첫 태국 골프 선수가 되기 직전이었다. 그런데 마지막 18번 홀에서 트리플 보기를 기록하며 한국의 박인비 선수에게 1타 차로 우승을 빼앗기고 말았다.

모든 국민이 지켜보는 앞에서 벌어진 이 어이없는 몰락은 17세 소녀에겐 너무나 큰 상처였다. 같은 해 세계여자골프 랭킹 15위까지 올랐지만, 어깨 관절이 찢어지는 사고도 겪었다. 다음 해인 2014년 미 LPGA 투어 출전권은 확보했지만, 고통에 힘겨워했다. 한때 자신이 가장 자신 있어 했던 드라이버 샷을 포함해 자신의 모든 샷에 의구심을 갖기 시작했다.

"제 스윙이 문제가 아니라는 건 알았어요. 골프 게임과는 상관 없는 것이었어요. 뇌의 문제였습니다. 공을 치는 게 두려울 정도까 지 갔었습니다. 대회에서 컷을 통과하지 못할까 봐 겁이 났어요. 일 어날 수 있는 모든 나쁜 일에 대한 생각을 계속하게 됐어요. 모든 것이 계속 악화되기만 했습니다. 그런 상태로 계속 있다가는 우승 은 해보지도 못하겠다는 두려움이 들었어요. 그래서 도움을 청해 보기로 했습니다."

그녀의 에이전트로부터 우리에게 연락이 온 것은 그즈음이었 다. 2016년 초, 우리는 쭈타누깐과 나흘간 함께 지냈다. 역시 미 LPGA 선수로 활약 중인 그녀의 언니 모리야도 같이 왔다. 우리는 쭈타누깐 자매에게 우리가 개발한 퍼포먼스 루틴을 가르쳐줬다. 그랬더니 쭈타누깐은 "저한테는 정말 절실하게 와닿습니다"라며 기뻐했다. "이전에는 제 루틴에서 '이건 생각 상자다, 이건 플레이 상자다'라고 구분해 보지 못했어요. 그냥 모든 것이 뒤섞여 있었습 니다"라고 했다.

쭈타누깐은 그냥 타고난 타자打者였다. 자신의 샷에 집중하거 나 느낌이 들 줄 알아서가 아니라 그저 천부적인 재능으로 그만큼 잘 칠 수 있었다. 하지만 그녀의 타고난 재능은 결국 그 정도밖에 그녀를 올려놓을 수 없다는 걸 우리는 알았다. 샌프란시스코에서 열리는 미 LPGA 대회를 앞둔 연습 라운드 중에 우리는 쭈타누깐 자매와 코스에 나가 실전 대비를 했다. 자매에게 플레이 상자 단계

에 들어가기에 앞서 자신들의 감각을 찾는 데 각기 다른 탐사 방식
을 해보도록 했다.

한 홀에선 자매가 각각 밝은색으로 된 공의 날아가는 궤적을
보는 연습을 했다. 다른 홀에선 속으로 샷을 느끼는 연습을 하고,
또 다른 홀에선 어깨의 힘을 최대한 빼고 샷을 하게 했다. 한 홀에
선 어떤 샷을 칠지 큰 소리로 외쳐보게 했다. 그리고 한 홀에선 샷
을 하기 전에 행복한 느낌을 가지고 해보라고 했다. 쭈타누깐은 즉
각 반응했다. 플레이 상자 단계에서 고정적으로 '행복한 느낌'을 사
용하기 시작했다. 공을 향해 다가가면서 미소를 짓는 방법으로 그
느낌을 불러왔다. (지금은 많은 사람들이 쭈타누깐의 '미소'에 대해 얘
기를 하는데, 알고 보면 그것이 그녀의 플레이 상자 비밀 병기라는 사실은
알지 못할 것이다.)

"곧바로 그렇게 되지는 않았어요. 훈련이 필요했어요. 처음엔
플레이 상자 단계로 가면서도 여전히 다른 생각을 하곤 했습니다.
그런데 점차 공을 칠 때 어떤 '느낌'이 나를 편안하게 해주는지 알
기 시작했어요. 그러고 나니까 갑자기 두려움이 없어지는 거예요.
매일 더욱더 도움이 되고 있어요."

2016년 4월, 캘리포니아주 란초 미라지에서 열린 그해 미
LPGA 첫 메이저 대회인 아나 챔피언십ANA Inspiration에 출전했다.
일요일에 벌어진 대회 4라운드에서 15번 홀까지 세계 랭킹 1위 리
디아 고에게 2타 차로 앞서 있었다. 모든 것이 순조로운 듯했다. 그
런데 난데없이 18번 홀에서 티 샷을 물에 빠뜨리는 등 세 홀 연속

보기를 범해 두 타 차이로 우승컵을 잃고 말았다.

나중에 쭈타누깐은 눈물을 흘리며 울었다. 하지만 이번엔 그렇게 망연자실하지 않았다. 그녀가 마음을 가라앉힌 후에 우리는 그녀와 연속 보기를 기록한 마지막 세 홀에 대한 얘기를 나눴다.

모든 선수는 압박감에 각양각색의 반응을 보인다. 어떤 선수는 퍼트 거리를 과도하게 오판하고, 어떤 선수는 스윙이 너무 느려지거나 너무 빨라진다. 쭈타누깐의 템포는 마지막 세 홀에서 너무 빨라졌다. 그녀의 어깨는 경직돼 있었다. 입 주변도 굳어 있었다. 미소는 억지스러운 것이 빤히 보였고, 깊은 심호흡을 하지도 않았다.

쭈타누깐은 "플레이 상자를 잘하고 있다고 생각했었다"라며 훗날 이렇게 회상했다. "완전히 초조해지고 예민해지기 전까지는 플레이 상자가 제대로 작동했어요. 그런데 더 이상 효과가 없는 거예요. 피아 닐손과 린 매리엇이 나중에 말해주더군요. 너무 불안하고 흥분될 때 거기서 빠져나오려면 더 깊은 플레이 상자 '느낌'과 감각적 상태가 필요하다는 거지요. 중압감을 느낄 때 스윙이 너무 빨라지는 경향이 있으면 풀 템포의 60퍼센트만 느끼면서 스윙 전에 길게 숨을 내뱉는 것이 필요하다고 했어요. 아니면 플레이 상자 '느낌'을 전체적으로 바꿀 필요가 있을 수도 있다고 해요. 그래서 저는 더 많은 연습을 했어요. 이제는 중요한 순간에는 생각 상자에서 플레이 상자로 넘어갈 때 깊은 호흡을 합니다. 플레이 상자로 옮겨가면서 더 큰 행복감을 느끼고, '나는 이번 샷을 좋아할 것 같다'라는

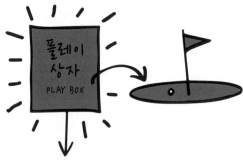

플레이 상자로의 감각적인 전환은,
당신을 목표 지점으로
성공적으로 인도한다.

혼잣말을 저 자신에게 합니다. 그러면 그런 느낌이 나도 모르게 미소를 짓게 해줍니다. 그리고 효과가 나타나요."

　　우리는 쭈타누깐을 자랑스럽게 생각한다. 그녀는 더 뚜렷해진 감각적 기술을 이용해 2016년 남은 기간에 인상적인 경기를 펼쳐나갔다. 요코하마 클래식Yokohama Tire Classic 대회에서 우승을 거머쥐더니, 바로 그다음 주에 열린 미 LPGA 킹스밀 챔피언십Kingsmill Championship에서도 우승컵을 들어 올렸다. 그리고 그다음 주 볼빅 챔피언십Volvik Championship에선 후반 9개 홀에서만 5타를 줄이면서 또다시 정상에 올랐다.

　　쭈타누깐의 이 3개 대회 연속 우승은 미 LPGA 투어 역사책의 몇 안 되는 기록 보유자 반열에 그녀를 올려놓았다. 미 LPGA 사상 미키 라이트Mickey Wright, 캐시 휘트워스, 안니카 소렌스탐, 로레나 오초아Lorena Ochoa 등 4명의 선수만이 투어 대회 4연속 우승을 기록했다. 쭈타누깐은 이 4명 선수보다 한 대회 적은 3개 대회 연속 우승이라는 기록을 미 LPGA 역사에 남기게 됐다.

쭈타누깐은 "저는 이제 달라졌어요"라며 말한다. "좋은 샷이든, 나쁜 샷이든, 모든 샷에 흥미를 느끼고 행복감을 느낍니다. 생각 상자와 플레이 상자가 골프 플레이 방식과 이용할 도구를 제공해 줘서 이제는 제 잠재력에 도달할 수 있다는 확신이 생겼어요. 골프를 두려움의 대상이 아니라 대단히 큰 탐험의 대상이라고 생각하게 해줬습니다."

퍼포먼스 루틴: PLAY BOX

우리는 오랜 기간의 교습 경험을 통해 프로 선수든 아마추어든 골퍼에게서 일반적으로 관측되는 현상을 발견했다. 그것은 모두 연습·기술·결과 등과 같은 게임 요소에만 과도하게 집착한다는 사실이다.

대부분은 스윙에 대한 기억에 매달려 연습장에서 과도한 시간을 보낸다. 자신의 골프 장비, 점수, 핸디캡, 우승 및 탈락 횟수 등에 집착한다. 하지만 실제로 샷을 하는 데 있어 이들의 존재는 무의미하다. 플레이 상자를 코스에서 구현하는 것이 자신의 게임에 보탬을 줄 수 있는 가장 중요한 기술 중 하나라는 사실을 알지 못한다.

연습 레인지에서 플레이어에게 스윙의 전 과정 동안 그립 압력 등 '느낌'에 계속 집중하라고 주문하면 아주 잘해낸다. 그런데 막상 골프 코스로 데리고 나가서 스윙의 끝까지 그 '느낌'을 유지하라고 하면, 제대로 하지 못한다. 필드로 나가면 그들의 관심은 자연스레 샷의 결과, 그러니까 말하자면 공이 어디에 떨어지는가에 쏠려버린다. 플레이 상자 '느낌'은 순식간에 망각한다. 코스 위에 올라서 봐야 비로소 압박감 아래 나타나는 본인의 진정한 패턴과 어떻게 플레이 상자의 감각적 상태가 도움을 줄 수 있는지 알게 된다.

우리는 플레이 상자를 지나치게 복잡하게 만들고 싶지 않다. 그것은 대부분의 스포츠에서 자동으로 접하게 되는 간단하고 자연스러운 상태다. 공을 던지거나 찰 때 어떻게 할 것인가 결정을 내리고 나면 본능적으로 그렇게 한다. 그런데 대다수의 골퍼는 그 플레이 상자를 발견하는 데 어려움을 겪는다. 그래서 다양한 감각적 옵션을 우리가 추천하고 권고하는 것이다. 최종적인 목표는 골프 코스에서 스윙의 처음부터 끝까지 머무는 여러 가지 그 '느낌'을 찾는 것이다.

쭈타누깐처럼 당신도 다양한 샷, 다양한 장비, 다양한 상황에 따라 다양한 '느낌'이 필요하다는 사실을 알게 될 것이다. 그러므로 여러 감각적 상태를 탐색하고, 라운드 내내 신뢰하고 의지할 수 있는 바람직하고 깊은 '느낌' 레퍼토리를 포함한 루틴을 만들어야 한다.

PLAY BOX

- 플레이 상자 '느낌'을 스윙의 최종 마무리까지 얼마나 잘 유지할 수 있는가?
- 얼마나 깊이 플레이 상자에 집중할 수 있는가? ('매우 깊이'는 주위 것들에 의해 산만해지거나 신경 쓰이지 않는 수준)
- 효과가 있는 상태로 얼마나 짧은 시간에 플레이 상자를 마무리할 수 있는가?

PLAY BOX

9개 홀에서 플레이를 하면서 각각의 홀에서 스윙 도중 플레이 상자 '느낌' 중 하나를 탐색해 본다.

1. 한 홀에서 공의 날아가는 궤적이나 마음의 눈에 비친 목표물 중 하나를 그려보라.
2. 한 홀에서는 지속적인 그립 압력이나 어깨의 부드러움을 느껴보라.
3. 한 홀에선 임팩트 소리를 듣거나 노래를 흥얼거려 보라.
4. 한 홀은 플레이 상자 자각 의식을 선택하고, 그것을 공이 낙하해 구르

기를 멈출 때까지 유지해 보라.

5. 한 홀에서는 눈을 감고, 샷에 들어가기에 앞서 강한 플레이 상자 '느낌'을 경험해 보라.

6. 한 홀은 스윙할 때마다 자유로운 느낌 등 플레이 상자의 일반적인 감각을 활용하여 플레이해 보라.

7. 한 홀에선 목표물에 100퍼센트 연계감을 느껴 보라.

8. 한 홀에서는 백스윙할 때 플레이 상자 '느낌' 중 하나, 앞쪽으로 포워드스윙을 할 때는 다른 '느낌'을 사용해 보라. (예를 들어, 백스윙 때는 공의 궤적을 노란색으로, 포워드스윙 때는 파란색으로 바꿔 궤적을 본다. 또는 백스윙할 때는 뒤쪽 다리를 느껴보고, 포워드스윙을 할 때는 앞쪽 다리를 느껴보라.)

9. 한 홀에선 매번 스윙할 때마다 플레이 상자의 감각적 집중도를 두 배로 늘려보라.

캐롤 드웩과 '아직YET'의 힘

수년 전에 피아 닐손과 나는 우리의 VISION54 철학을 공유하는 것으로 보이는 심리학자에 대해 듣게 됐다. 스탠퍼드 대학교의 캐롤 드웩 교수로,《마인드셋: 새로운 성공의 심리학 Mindset: The New Psychology of Success》의 저자이다. 그녀는 사람의 지능에 대한 믿음과 그 믿음이 배우는 방법에 어떤 영향을 미치는지를 연구했다.

드웩 교수는 정신 능력에 대한 이론을 두 가지로 구분한다. 첫 번째는 고정 마인드셋으로, 지능과 적성은 태어날 때부터 할당되어 정해진다고 믿는다. 고정된 마인드셋을 가진 개인은 실패를 자신의 선천적 능력에 대한 부족으로 믿어버린다.

두 번째 이론은 성장 마인드셋이다. 이 성장형 마인드셋을 가진 사람은 성공은 배움과 훈련, 연습에서 얻어지는 것이며, 지능과 적성은 각고의 노력을 통해 강화할 수 있다고 믿는다. 이런 성장형 마인드셋을 가진 사람들은 어려운 도전을 개방적이고 낙관적으로 마주하고, 실패는 더 배울 수 있고 더 노력하는 자극제로 받아들인다. 그들은 개인의 진정한 잠재력은 알려지지 않고, 알 수도 없다고 생각한다.

운이 좋게도 우리가 스탠퍼드 대학교 남녀 골프팀을 코칭하고 있을 때 드웩 교수를 만나게 됐다. 그녀와 두 시간에 걸친 점심 식사를 함께하며 우리는 많은 대화를 나눴다. 그녀는 그 자리에서 사람은 누구나 어느 정도의 고정 마인드셋을 갖고 있으며, 인생의 여러 분야에서 들락날락한다는 얘기를 했다.

문제는 자각 의식이 관건이라는 점이다. 본인의 고정된 마인드셋과 행위를 자각할 수 있으면 그것을 바꿀 수 있는 능력도 있다는 뜻이다. 신경과학 연구 결과들이 이를 뒷받침해 준다. 신경 가소성可塑性은 뇌의 성장 마인드셋을 의미한다. 노력과 실험을 통해 우리는 뇌에 새로운 신경 회로를 지속해서 변화 및 발전할 수 있다.

고정 마인드셋은 "똑똑해 보인다. 절대 나빠 보이지 않는다"라고 말하고, 성장 마인드셋은 "성공하기 전에 실패할 수도 있다. 배울 수 있는 만큼 최대한 배워라"라고 말한다.

드웩 교수는 부모가 가르치는 방식의 차이가 자녀가 고정 마인드셋 또는 성장 마인드셋을 발전시키는 갈림길로 이끈다고 믿는다. "네가 최고다", "너는 대단해"라고 하면 선천적 재능을 칭찬함을 뜻한다. 하지만 결과가 아닌 노력을 강조하고 보상해 주는 것이 더욱더 희망적이다. 그녀는 강의 첫날 학생들에게 무엇보다 먼저 "여러분이 학점에만 신경 쓰면 배움의 기회를 잃어버릴 수도 있다"라고 말해준다고 했다.

어쩌면 내가 드웩 교수의 케이스 연구 대상이 됐었을 수도 있다. 나는 어린 시절 골프를 치면서 1974년 뉴욕주 주니어 챔피언십Junior Championship 대회 준결승까지 갔었다. 그 대회는 내가 생애 처음 나가본 큰 토너먼트여서 재미있게 즐기고 있었다. 그런데 내 부모님과 친구들은 전적으로 내 승부에만 집착했다.

"너는 완전히 챔피언처럼 플레이했어", "너는 분명히 대학 골프 장학금을 받을 거야"라는 식이었다. 그렇게 해서 나는 성장 마인드셋(나는 재미있게 즐기고 있고, 이것이 나를 어디로 데려가 줄 것인가 보자)에서 고정 마인드셋(나는 플레이를 잘해야 한다. 그렇지 않으면 부모님은 실망하실 것이고, 나는 장학금을 못 받게 될 것이다)로 바뀌게 됐다.

그날 이후로 나는 계속해서 저 자신을 또래 다른 여자애들과 비교하고, 나의 최고 퍼포먼스를 측정하며 전전긍긍하게 됐다. 그리고 그 어느 것도 내게 충분한 모험을 해보거나 플레이를 배우는 새로운 방법을 접할 수 있게 허용하지 않았다. 나는 그렇게 오랜 시간 동안 나 자신을 고정 마인드셋에 가두게 됐다.

VISION54 프로그램의 어느 날, 한 학생에게 샷에 앞선 루틴을 간소화하기 위해 샷하기 전의 연습 스윙을 하지 말도록 요구해 봤다. 연못을 가로질러야 하는 파 3홀이었는데, 그 학생은 7번 아이언 샷을 곧바로 물에 빠뜨려 버렸다. 그녀는 우리한테로 돌아서더니 화난 목소리로 "봤죠? 안 되잖아요"라고 말했다. 하지만 놓친 포인트는 따로 있었다. 물에 빠트린 7번 아이언 샷에서 많은 배울 점이 있었다. "상체에 긴장감이 들어갔나? 템포는 어땠지? 공을 치기 전에 플레이 상자 집중력을 잃었었나? 과거의 파 3홀에 대한 기억이 되살아났나?"

결과가 실패일지라도 발전은 이뤄진다. 드웩 교수의 책은 골프에서의 성장 마인드셋은 실수도 우리 배움에 도움이 될 수 있다는 사실을 깨닫게 해준다. 골퍼의 마인드셋이 점수나 샷의 결과에 지나치게 집착하면 그런 배움 능력을 상실하게 된다는 사실도 알려준다. 연습 레인지가 아니라 골프 코스에서 배우는 데 더 많은 시간을 보내라고 권장하는 것은 이런 이유에서다. 어떻게 플레이를 하느냐는 맥락에서 실패와 성공은 실력을 향상하는 데 도움을 주는 가장 좋은 매개체다.

안니카 소렌스탐은 천부적 성장 마인드셋을 지니고 있었다. 1992년 그녀가 처음 미 LPGA 퀄리파잉 스쿨에 갔을 때 투어 전체 자동 출전권 획득에 실패하고 조건부 출전권을 얻는 데 그쳤었다. 말하자면 대회에 출전하려면 매주 월요일에 자격 여부를 판정하는 예선을 통과해야 한다는 조건이었다. 엄청난 걸림돌이 아닐 수 없었다.

피아 닐손이 퀄리파잉 스쿨에 가 있었던 어느 한 주였다. 소렌스탐은 할 수 있는 최선을 다했지만, 원했던 결과가 나오지 않았다. 우연히 닐손이 스웨덴으로 귀국하는 소렌스탐과 같은 비행기에 타게 됐다. 그녀가 닐손에게 말했다.

"저는 괜찮아요. 매주 월요일 출전 자격 획득을 위한 퀄리파잉 라운드를 할 수 있는 기회를 얻은 거잖아요. 60명의 선수가 두 자리의 출전 자격을 놓고 경쟁하는 거니까 압박감 속에 플레이하는 더 많은 경험을 할 수 있게 됐다고 받아들여요. 자격을 따서 대회 출전을 하게 되든, 아니면 기회를 놓치고 그 한 주에는 연습만 해야 하든, 양쪽 모두 장래에 제가 더 강해지는 데 도움을 주지 않겠어요?" 소렌스탐은 이렇게 성장 마인드셋을 연마하고 있었다.

우리는 드웩 교수와 만나 얘기를 하던 중에 그녀가 '아직

yet'이라는 단어를 대단히 좋아한다는 사실에 놀랐다. 예를 들면 "당신은 감정을 마스터하지 못한 거예요, 아직", "당신은 그 어려운 세 번째 홀에서 버디를 해보지 못했지요, 아직!"이라고 말하는 식이었다. 드웩 교수는 '아직'을 우리가 주로 사용하는 용어에 추가해야 할 가장 의미가 강한 단어인 것으로 믿는 듯했다. '아직'이라는 단어는 성장 마인드셋을 갖게 해준다. 실패와 배움에 마음의 문을 열고 있음을 나타낸다. 어떤 기술이나 목적이든 아직은 달성하거나 도달하지 못했지만, 언젠가는 성취 가능함을 의미한다.

피아 닐손과 나는 VISION54 교습 방법들을 드웩 교수의 고정 마인드셋과 성장 마인드셋에 적용해 테스트해 봤다. 그 결과, VISION54는 성장 마인드셋의 세계에 존재한다는 결론을 얻게 됐다.

앞에서 여러 차례 강조했듯이, 결과에 집착하면 안 된다. 어떤 것은 효과가 있고, 어떤 것은 그렇지 않은지, 자기 자신의 정신적 과정과 퍼포먼스 상태에 대해 깨달을 수 있는 자각 의식을 발전시켜야 한다. 오늘은 자신에 대해 무엇을 새로 배웠나? 어제보다 어떻게 더 나아졌나? 내일은 무엇을 다르게 시도해 볼 것인가? 골프는 자기 자신의 게임이다. 본인 스스로의 여정이다. 실패는 자신이 허용만 한다면 뭔가 더 배울 기회가 될 수 있다.

샷하기 전 — 생각 상자THINK BOX

콘돌리자 라이스 전 미 국무장관을 코칭하기 시작할 때 우리는 그
녀에게 개인적 특성 가운데 어느 특성이 직업적으로 성공하는 데
가장 많이 기여했는지에 관하여 물어봤다. 라이스 전 장관은 정보
를 재빨리 효율적으로 합성하는 능력을 첫손가락에 꼽았다. "나는
모든 일을 하는 데 빠르다. 특히 생각을 빨리한다"라고 했다.

　플레이 상자와 생각 상자는 퍼포먼스 루틴에 있어 둘 다 중요
하지만, 우리 대부분에게는 생각 상자가 더 편안하게 느껴진다. 두
뇌의 언어 영역에서 이뤄지기 때문이다. 이 단계에서 샷을 하기 전
에 어떤 샷을 할 것인가를 결정한다. 생각 상자에선 세 가지를 해
야 한다. 우선 공을 치기 전에 어떤 샷을 할 것인지 선택해야 한다.
다음엔 플레이 상자에서 사용할 감각 상태를 골라서 전념해야 한

다. 그리고 플레이 상자 단계에 들어가기 전에 본인이 선택한 그 감각적 상태에 몰입해야 한다.

첫째로 해야 할 일은 앞둔 샷에 대한 팩트를 모으는 일이다. 거리를 분석하고, 목표를 결정한 뒤 치고자 하는 샷의 유형과 사용할 골프채를 결정한다. 여기에 주의해야 할 점이 있다. 골프에선 올바른 결정이 늘 두 개 이상 있다는 사실이다. 그래서 자신의 선택에 명확해야 한다. 자신이 한 결정보다 훨씬 더 중요한 것은 내린 결정에 전념하는 일이다.

'뇌腦'가 하나 이상 있다는 사실을 이해하는 것 역시 중요하다. 그렇다, 두개골 안에 논리, 창의성·감정·신체적 감각을 담당하는 뇌가 하나 있다. 그러나 과학적 연구에 따르면 사람의 뇌에는 '장腸' 뇌'gut' brain와 '심장' 뇌'heart' brain라는 것도 있다.

'장뇌'는 위 안쪽 것과 '벽에 존재하는 벽재신경총壁在神經叢'이라는 별도의 신경계로, 워낙 복잡하고 민감해 '두 번째' 뇌로 불린다. 1900년대 초에 처음 발견됐을 때 이 장뇌 신경계는 식도부터 항문에 이르기까지 걸쳐 있는 5억 개의 신경세포로 구성되어 있다고 파악됐다.

장뇌는 주로 소화를 담당하지만, 위험과 기쁨 등 가장 기본적인 본능의 송신기 역할도 한다. 그래서 영어에는 장뇌의 반응 묘사에서 유래된 "나는 이 샷을 치면 안 되겠다는 직감gut feeling이 든다", "나는 그(그녀)를 만났을 때 '가슴이 두근거렸다have butterflies in my stomach'"와 같은 표현들이 있다.

'심장뇌'는 제3의 뇌로 인정받고 있다. 심장은 몸 구석구석에 혈액을 공급하는 생리적 기능뿐 아니라 행복·감사·사랑 등 고차원적 감정과 불안·좌절·분노 등 저차원 감정에도 반응한다. 이런 감정들은 긍정적으로든 부정적으로든 이른바 심박변이도heart-rate variability에 영향을 미친다.

심장 박동 간격 시간과 박동 비율을 나타내는 이 심박변이도는 골프채를 어떻게 스윙하는지와 같은 운동 기능의 효율성에 다시 영향을 끼치게 된다. (이는 골프 코스에서 반응과 감정을 다스릴 수 있는 것이 중요한 또 다른 이유다. 이에 대해선 뒤에서 추가로 다루겠다.)

머릿속 뇌, 장뇌, 심장뇌, 이 세 개의 뇌는 사람 몸에서 가장 긴 신경인 미주迷走 신경으로 연결돼 있다. 미주 신경은 두개골에서 시작해 척추를 따라 심장을 거쳐 위까지 도달하면서 세 뇌 간에 정보를 전달하고 교류한다. 많은 사람은 자신이 장뇌와 심장뇌를 갖고 있다는 사실과 이 두 개의 뇌가 운동 퍼포먼스에 영향을 미친다는 사실을 모른다. 골퍼는 거리·바람·스윙 등에 관한 데이터를 처리하는 머릿속 뇌에만 대부분의 시간을 소비한다.

생각 상자 단계에서 샷을 준비하면서 가장 먼저 해야하는 일은 자신을 둘러싼 사실 정보를 확인하는 일이다. 바람은 어떻게 불고 있나? 공이 놓인 면의 경사도는? 어떤 종류의 샷을 어느 골프채로 칠까? 현재 점수와 순위는?

일단 결정을 하고 나면 장뇌의 직감과 맞춰보고, 반드시 결정에 따라야 한다. 머릿속으로는 8번 아이언이면 되겠다 싶더라도 장

뇌의 직감이 7번 아이언을 잡으라는 느낌을 준다면 다시 잘 고려
해 봐야 한다. 전날 같은 홀에서 플레이했고 8번 아이언으로 충분
했다고 하더라도 장뇌의 직감이 오늘의 피곤함을 간파하고 한 클
럽 길게 잡으라고 하는 것일 수 있다. 따라서 샷에 앞서 사실 정보
를 살핀 후에는 장뇌의 직감을 경청하고 그와 일치하는 결정을 내
려야 한다.

2016년 8월, 미 PGA 프로 선수 러셀 녹스는 트래블러스 챔피
언십 대회 18번 홀 그린에서 3.6미터 거리 퍼트에 성공해야 우승할
수 있는 상황이었다. 그는 그날 종일 자신의 퍼트 라인을 직접 읽
으며 플레이했다. 몇 차례만 캐디에게 퍼트 라인을 대신 봐달라고
하고 그대로 퍼팅을 했는데, 하나도 홀컵에 들어가지 않았다. 마지
막 퍼트를 앞두고 녹스는 다시 캐디에게 퍼트 라인을 봐달라고 했
다. 캐디가 라인에 대한 자신의 판단을 말해주기 시작했다.
그런데 녹스가 갑자기 "잠깐만, 괜찮아요"라며 말을 끊었다. 녹
스는 그때 문득 "내 직감을 믿고 내가 결정의 주인이 되는 게 중요
하겠다"라는 생각이 불현듯 들었다고 훗날 회상했다. 결국, 녹스는
마지막 퍼팅을 홀컵에 정확히 떨어뜨려 파를 기록하면서 1타 차이
로 자신의 생애 두 번째 PGA 투어 대회 우승을 차지했다.
여기서 팩트에 대한 한 가지 중요한 지적을 하고자 한다. '정보
과부하에 따른 피로도'에 관한 아주 흥미로운 연구 결과가 있다. 우
리는 항상 정보 과부하에 걸린 인터넷 시대에 살고 있다. 너무 많

은 데이터를 줘 방아쇠를 당길 수 없게 한다. 우리는 의사 결정의 피로도에 관한 연구에도 관심을 두게 됐다. 더 많은 정보를 계속 모으다 보면 뇌는 결정을 내리기도 전에 탈진해 버린다. 그 과정을 간단하게 할수록 더 나은 결과를 얻는다. 가령 골프 코스에 관해 얼마나 많은 정보가 필요한지 고려해 보라.

정말 꼭 코스별 안내서를 보고, 거리 측정기를 체크해야 하고, 같이 라운딩하는 플레이어에게 퍼트 라인의 브레이크를 물어봐야만 할까? 정말로 샷의 각도를 한 번 더 봐야 하고, 스윙 기술을 체크하기 위해 네 번의 연습 스윙을 꼭 해봐야 할까? 당신이 원하는 정보에 비해 실제로 필요한 정보는 얼마나 될까?

너무 많은 정보로 생각 상자를 흐트러뜨려서는 안 된다. 골프 코스에서 우리가 주목한 플레이어의 패턴은 결정을 강요하는 경향이었다. 자신의 장뇌 직감을 따르지도 않고, 자신이 옳다고 생각하는 결정을 내리려고 하지도 않는다.

심리학적 연구에 따르면 우리의 결정은 계속해서 무의식적으로 편견·추정·불합리성의 영향을 받는다. 그렇기에 코스에서의 연습이 필요하다. 플레이어의 패턴은 코스 위에서의 실제 경기에서 나타난다. 연습 레인지에서는 보이지 않는다. 어쩌면 당연한 현상이지만, 깨어 있는 시간의 대부분을 분석적 업무로 보내는 사람들은 생각 상자를 지나치게 강조한다. 데비 크루스 박사에 따르면 플레이어는 샷을 생각하는 부분의 문을 닫아야 한다. "문제는 플레이어들이 언제 생각을 끝내야 할지 모른다는 사실"이라고 크루스 박사는 말한다. "생각하고 또 생각하고 하다 보니 플레이 상자 단계에 들어가서도 퍼포먼스 상태가 아닌 뇌의 인지적 베타 뇌파 상태에 머물러 있는다"라는 것이다. 크루스 박사는 "생각하는 과정을 중단하느라 애쓰지 말고, 그냥 끝내버려라. 그리고 샷에 몰두하고 본인의 결정을 믿으라"라고 말한다.

결정을 내리고 난 뒤에 생각 상자의 두 번째 단계는 플레이 상자에서 어떤 감각 상태를 사용할 것인지 선택하는 것이다. 콘돌리자 라이스 전 국무장관은 상황에 따라 그립의 압력을 가볍게 하거나, 깊은 호흡을 하거나, 현재 순간에 몰입하는 선택을 했다.

생각 상자에서 플레이 상자로 넘어가는 모습이 매력적인 플레이어 중 한 사람은 미 PGA 프로 선수 제이슨 데이Jason Day이다. 그는 샷에 대한 결정을 내리고 나면 공 뒤에 서서 마치 깊은 명상 상태에 들어가는 듯 눈을 감는다. 그의 눈꺼풀은 실룩거린다. 그는 월스트리트 저널과의 인터뷰 기사에서 눈을 감고 샷이 날아가는 거리와 방향뿐 아니라 목표를 향해 공중으로 날아가는 궤적도 마음속에 그려본다고 말한 적이 있다. 그는 자기 자신에게 "왼쪽에서 오른쪽으로 7번 아이언 샷을 낮게 치면 어떤 모습으로 날아갈까?"와 같은 질문해 본다. 그러고는 자신의 뇌를 통해 답을 그려보게 한다. 그때 눈을 뜨고 있으면 잘 보이지 않는데, 눈을 감으면 모든 것이 보인다고 한다. 그는 그림이 완전히 그려지고 원하는 느낌이 온 후에야 공 앞으로 다가선다.

　　뉴욕 출신의 우리 프로그램 학생인 에이미 레인은 두 가지 플
레이 상자 느낌을 선택한다고 말한다. 하나는 몸의 아래쪽 무게 중
심이고, 다른 하나는 스윙을 하고 나서 1~2초 더 피니시를 유지하
는 느낌에 집중하는 것이다. 그리고 그녀는 그런 느낌이 와닿는 순
간 플레이 상자 단계로 넘어갈 준비를 한다고 한다. 레인은 우리가
이른바 '다리 연결하기'라고 부르는 생각 상자의 세 번째 상태를
활성화하는 것이다. 그런데 그 상태를 선택하는 것과 활성화하는
것은 같은 게 아니어서 미묘하면서도 까다롭다.

　　선택한다는 것은 그냥 좌뇌로 고르는 행위다. 플레이 상자 단
계로 넘어가기에 앞서 그 상태를 활성화하고 몸으로 느껴야 한다.
플레이 상자로 이동하기 전에 그걸 시작한다는 것은 언어 중추를
진정시키고, 두뇌의 오른쪽 우뇌로 옮겨가는 것을 의미한다. 이 과
정은 자동으로 일어나지 않는다. 미 LPGA 프로 선수 에리야 쭈타
누깐이 플레이 상자 단계로 넘어가기 전에 깊이 숨을 들이쉰 뒤 내
뱉고 미소를 짓는 과정을 거치는 건 이 때문이다. 말하자면 쭈타누
깐은 자신의 감각적 상태로의 다리 놓기를 하는 것이다.

　　다른 플레이어의 경우엔 긴장 완화 느낌을 얻으려고 어깨를 으
쓱하거나, 목표물을 강렬한 눈빛으로 응시하는 동작을 취한다. 나
름대로 플레이 상자 단계에 들어서면서 보다 깊은 집중 상태에 발
동을 거는 것이다. 콘돌리자 라이스 전 국무장관은 샷에 앞선 루틴
과정에서 감각 상태를 활성화하는 것이 현재 상황에 몰입하는 데
결정적이었다고 말한다. 그녀는 감각 상태의 활성화가 자신을 몰

입할 수 있게 이동시켜 주는 '수송' 역할을 한다고 표현한다.

만약 본인의 결정에 완전히 확신이 서지 않거나 플레이 상자로 넘어갈 자신이 없으면 공에서 물러서서 다시 시작해야 한다. 장뇌에서 느껴지는 직감으로 자신의 결정을 재확인하면서 샷에 대해 다시 생각해 보는 일은 당연하다. 직감으로 '가자' 사인이 나오면 그때 다시 플레이 상자로 들어가 그 과정을 거친 후 공을 치면 된다.

특히 평생 골프를 쳐온, 우리 프로그램에 참여한 학생 중 상당수는 생각 상자와 플레이 상자가 어떻게 작동하는 개념인지 곧바로 명확하게 이해한다. 티칭 프로인 J.C. 앤더슨이 그랬다. 그의 플레이 상자 느낌은 물에 젖은 국수처럼 팔의 긴장이 풀린 '국수 팔'이다. 에리야 쭈타누깐의 경우엔 싱긋 웃는 미소를 플레이 상자로 넘어가는 다리 놓기로 삼고 있고, 라이스 전 장관은 깊은 호흡과 가벼운 그립 압력을 그 매개 수단으로 이용한다.

필라델피아 출신의 알렉산더 프레지어는 미국 골프협회USGA 토너먼트에서 활약하는 톱 클래스 수준의 아마추어 선수다. 그녀는 도허티 여성 아마추어 토너먼트Doherty Women's Amateur Tournament에 출전하기 위해 플로리다로 가던 중 비행기 안에서 우리의 책 《모든 샷에는 목적이 있어야 한다》를 읽고, 생각 상자와 플레이 상자에 대한 개념을 알았다고 한다. 그러고는 "바로 이거야. 그래 이렇게 해보자"라고 하면서 이런 생각을 했다고 한다.

"그러고 보니 저는 뇌의 두 부분을 동기화 시키거나 알파·세타 뇌파 상태에서 최고의 플레이를 할 수 있다는 사실을 미처 몰랐어요. 거기에 뭔가가 있다는 생각이 문득 들었습니다. 골프 게임을 바라보는 새로운 측면을 알게 돼 마음이 들떴습니다. 생각 상자와 플레이 상자가 스윙하기에 앞서 불안감을 떨치고 플레이하는 것부터 산만한 생각이 머릿속을 흐트러뜨리는 문제에 이르기까지 모든 부분을 해결하는 데 도움이 된다는 걸 알았습니다." 프레지어는 그 대회에서 공동 우승을 차지했다.

생각 상자와 플레이 상자는 또 다른 학생인 재닛 대니얼스가 경쟁에 관한 공포를 극복하는 데 도움을 줬다. 그녀는 자신이 속한 골프 클럽에서 열리는 여성회원대회의 전날 밤만 되면 불안감으로 전신이 마비되는 듯한 현상에 시달렸다. 이를 보다 못한 남편이 "여보, 이건 당신 건강에 정말 좋지 않아. 뭔가 해결책을 찾아봐야 해"라고 말했다. 그래서 그녀가 찾은 프로그램이 VISION54였고, 여기에서 생각 상자와 플레이 상자에 대해 배우게 됐다. 그녀는 "두 가지 루틴이 라운딩 전의 불안감과 코스에 나갔을 때의 좌절감과 분노를 극복하는 유용한 수단이 됐다"라며 이렇게 말했다.

"지금은 다른 부분은 제외하고 생각 상자와 플레이 상자에만 집중하고 있어요. 샷에 대한 결정을 내리고 플레이 상자 느낌에 충실하면서 스윙을 끝낼 때까지 줄곧 그 느낌을 유지해요. 그런 느낌에 몰입하면 불안감이나 두려움이 깨끗이 사라져요. 샷이 빗나가면, 제가 플레이 상자 느낌에 온전히 몸을 맡기고 순응했는지를 되돌아봐요. 그러지 않았다면 상태를 더 심화시켜야겠다고 생각하지요. 그래서 이제는 대회를 앞두고도 잠을 잘 자요. 티 오프를 하기

한 시간 전에도 전혀 두렵지 않아요. 너무 일찍부터 연습 레인지에
나가지도 않아요. 저는 저 나름의 생각 상자와 플레이 상자 루틴을
갖고 있다는 자신감이 있으니까요. 그것만이 내가 필요로 하는 수
단이고, 그것이 나를 지켜주리라는 믿음이 있거든요."

　몇 년 전에 뉴욕주의 애틀랜틱 골프 클럽에서 에이미 레인과
여러 회원을 상대로 한 교정 클리닉 시간에 함께 골프 코스로 나가
6개 홀을 돌았다. 그때 회원들에게 각각 홀 플레이 상자 단계에서
이용할 각기 다른 느낌 상태를 꼽아보라고 주문했다. 이에 대해 레
인은 "첫 번째 홀은 균형감을 살리기 위해 페어웨이와 퍼팅 그린에
서 발을 모으고 플레이를 했고, 두 번째 홀에서는 긴장감에 초점을
뒀다"라며 이렇게 회상했다.
　"여섯 홀을 돌고 나서 저는 신체적으로 다른 느낌이 들었다는
걸 자각했습니다. 이상하게 들릴지 모르지만, 뇌의 다른 부분에 들
어가 있는 듯한 느낌이 들었어요. 말하자면 주파수 조절이 더 잘
돼 있다는 기분이었습니다. 그리고 자신의 능력을 최대한 발휘하
는 최상의 플레이를 하는 조건을 만들고자 한다면 저 스스로 다음
과 같은 질문을 해가며 게임을 달리 해보는 것이 좋겠다는 생각이
들었습니다. '내가 완전히 몰입했나. 확신했나. 스윙이 완전히 끝
날 때까지 그 느낌을 유지했나?' 하는 질문을 스스로 해보는 것입
니다. 그렇게 몸·마음·감정을 좀 더 자각할 수 있도록 게임을 더욱
심도 있게 해보는 것은 흥미로운 자극을 줍니다. 지금까지 내 인생

에서 플레이해 온 대부분의 골프 게임은 아무 느낌 없이 해온 것이 었습니다. 이제야 느낌을 알게 됐습니다."

생각 상자에서 이해해야 할 또 다른 면은 어떻게 외부 및 내부 데이터를 활용하느냐는 것이다. 대부분의 골퍼는 골프를 배울 때 목표물, 바람, 나무, 해저드 등 외부적 데이터에 집중하도록 가르침을 받는다. 놀라울 정도의 힘을 갖는 내부적 자각 의식을 계발하는 것은 가르쳐주지 않는다.

어느 날, 린 매리엇은 한 남성 시각장애인이 그린 주변에서 온 그린 칩 샷 연습을 하는 모습을 보게 됐다. 그는 태어날 때부터 시각 장애를 갖고 태어난 사람은 아니었다. 사고로 시각 대부분을 잃었다. 그가 칩 샷을 하기 전에 친구가 공부터 홀까지 걸어가는 것을 도와줬다. 그는 자신의 발을 이용해 조심스럽게 경사도와 그린 표면의 브레이크 등을 탐색했다. 그리고는 보란 듯이 퍼트를 해서 공을 홀컵에 집어넣었다.

이 모습을 보고 놀란 매리엇이 그에게 다가가 "어떻게 한 거지요? 당신은 목표물을 보지 못하잖아요?"라고 물었다. 그러자 그는 "내 육안으로는 못 보지요. 하지만 필요한 정보들을 취합하면 그 정보가 내 몸과 마음에 각인이 됩니다"라고 답했다. 매리엇은 그제야 휴먼 스킬이 우리가 하려고만 하면 골프 코스에 대한 정보를 취합하는 또 다른 방법을 제공해 준다는 것을 새삼 깨달았다고 했다.

몇 년 전에 피아 닐손이 스웨덴에서 셸 엔해거와 함께 일할 때 엔해거가 닐손에게 한 가지 실험에 참여해 보라고 제안했다. 엔해거는 무술을 배워서 손으로 나무판자를 쪼갤 수 있었다. 그는 닐손에게 스웨덴 국가대표팀 선수들이 지켜보는 앞에서 한번 해보라고 했다. 그러면서 닐손이 타격을 완전히 마무리하기 전에 망설이면서 머뭇거리거나 주의력을 잃으면 성공하지 못할 것이라고 했다. 결국, 닐손은 나무판자를 깨는 데 실패하고 손에 멍만 들고 말았다. 그러자 엔해거는 닐손에게 나무판자의 한 지점에 집중해서 모든 힘을 그 지점에 모아 타격해 보라고 했다. 닐손이 그렇게 하자 정말로 나무판자는 언제 그랬느냐는 듯 두 조각으로 쪼개졌다. 골프에서도 같은 원리가 작용한다. 모든 에너지를 공이나 임팩트가 아닌 스윙의 마무리 동작에 집중해야 한다.

놀랄 것도 없지만, 콘돌리자 라이스 전 국무장관은 이해가 빠른 사람이었다. 생각 상자와 플레이 상자의 개념을 즉각 이해했다. 그녀는 "어떻게 감을 확실히 하고 몰입하는지 배웠다"라며 "어떻게 생각 상자에서 플레이 상자로 저 자신을 옮겨가야 하는지 알게 되었고, 골프 코스에서 어떤 상황이 벌어지든 퍼포먼스를 하는 것은 저 자신의 사적인 공간이라는 사실을 깨달았습니다"라고 말했다.

퍼포먼스 루틴: THINK BOX

VISION54 프로그램에는 세계 각지의 많은 골퍼가 참여한다. 그런데 중간 핸디캡 실력의 플레이어가 됐든 프로 선수가 됐든, 솔

직히 말하면 분명한 의사 결정, 의도를 세우고 몰입하기, 뇌와 직감
의 일치된 느낌, 플레이 상자로의 다리 놓기, 스윙 끝날 때까지 감
각 상태를 유지하기 등 완전히 통합된 퍼포먼스 루틴을 가진 사람
은 찾아보기 힘들다.

　다음의 질문들은 분명한 퍼포먼스 루틴을 발전시키는 데 도움
을 주고자 마련한 것이다. 샷을 하기 전에 네 번의 연습 스윙을 하
고 스스로 답해보라. 질문에 대해 생각해 보고 직감적으로 자신의
결정이 느껴지면 그걸로 하면 된다.

THINK BOX

- 샷을 결정하는 데 있어서 어떤 정보가 중요한가? (공이 놓인 상태 확인? 바람? 그린 중간까지의 거리?) 의사 결정을 단순화하라. 생각 상자에서 어떤 부분을 지워버릴 수 있는가?

- 그린 오른쪽을 향해 7번 아이언으로 샷을 하기로 했다면 플레이 상자 감각이나 느낌을 명확히 하기 위해 당신은 무엇을 하는가?

- 직감이 '가자'라고 말하는 걸 어떻게 아는가?

- 스윙을 연습한다면, 그 목적은 무엇인가?

- 자신이 내린 결정을 입 밖으로 크게 말하는 것과 속으로 느끼는 것 중 어떤 쪽에서 더 확신하게 되는가?

- 의사 결정을 할 때 목소리와 몸짓은 어느 정도로 자신감에 차는가?

- 플레이 상자 단계로 옮겨가기 위한 준비를 할 때 '생각'에서 '느낌'으로 이전하는 다리 놓기에 자신만의 가장 좋은 방법은 무엇인가?

신경 언어 프로그래밍
NEURO-LINGUISTIC PROGRAMMING

나는 미 LPGA 대회에 출전하던 시절에 이른바 신경 언어 프로그래밍이라는 심리 체계에 대한 책을 읽기 시작했다. 이것은 인간 계발 수단들의 세트로, 행동 양식을 이해하고 바꾸는 데 도움을 주는 방법론이다.

신경Neuro는 두뇌와 오감五感을 포함한 인간의 신경계를 의미하고, 언어Linguistic은 의사 소통에 사용하는 음성 및 비음성 언어를 뜻하며, 프로그래밍Programming은 신경과 언어 시스템을 이용해 원하는 결과를 달성할 수 있도록 관리하는 능력을 말한다.

내가 스웨덴으로 돌아갔을 때 내 친구이자 동료 코치인 샬럿 몽고메리와 나는 신경 언어 프로그래밍NLP 훈련을 받은 조룬 쇼바켄과 트룰스 플라이너라는 한 커플과 함께 노르웨이로 강습을 받으러 갔다. 그 커플은 1970년대 초에 그 방법을 개발한 두 명의 캘리포니아 출신 미국인 중 한 명인 존 그라인더John Grinder로부터 직접 NLP를 배웠다고 했다.

캘리포니아 산타크루즈 대학교 언어학과 교수였던 그라인더는 수학자이자 심리학 학생이던 리처드 밴들러Richard Bandler를 만났다. 두 사람은 인간 행동에 관심이 많아 사람들이 개인적인 도전을 극복하는 데 도움을 주는 기술에 관한 공동 연구를 시작했다. 그들은 세 사람의 업적에서 영감을 받았는데, 그 세 사람은 혁신적인 가족 요법 전문가인 버지니아 사티어Virginia Satir, 정신과 의사이자 의료 최면술사인 밀턴 에릭슨Milton H. Erickson, 게슈탈트 심리 요법 전문가인 프리츠 펄스Fritz Perls였다.

그라인더와 밴들러는 이른바 NLP라는 독특한 시스템을 개발했다. NLP의 원리는 참여자가 인간 행동을 빠르고 쉬우면서 상세하게 묘사할 수 있게 해줬다. 앞서 말한 조룬 쇼바켄과 트룰스 플라이너 커플은 NLP 개념을 '커뮤니케이션학 규율'로 명명한 방법론으로 각색했다. 동료 코치 몽고메리와 나는 우리 팀에 NLP 아이디어를 사용해 보기 시작했다.

NLP에선 몸에서 정보를 받아들이는 오감, 즉 눈으로 보는 시각, 귀로 듣는 청각, 운동 감각, 코로 냄새를 맡는 후각, 맛을 보는 미각을 중시한다. 사람은 오감을 통해 삶에서의 경험을 정보화해서 부정적 또는 긍정적이라는 두 가지로 뇌에 입력한다. 개인 관계부터 골프의 샷까지 모든 것에 적용된다. NLP는 사람에게 어떻게 부정적 경험을 받아들여 긍정적으로 또는 더욱 유용한 대상으로 재부호화하는가를 가르쳐준다. 여러분이 상상하듯이 나는 골프 코스에서 일어나는 것들을 어떻게 '재부호화'할 수 있을까 하는 생각에 머리가 번득이기 시작했다.

VISION54 프로그램에서 우리가 가르치는 아이디어와 기술 중 여럿은 NLP 개념에 바탕을 두고 있다. 연계Association와 분리Dissociation라는 것을 예로 들어보자. 인생에서 벌어지는 무슨 일이든, 연계하거나 분리하는 선택하게 된다. 경험과 연계를 하면, 느낌과 감정을 내면화하고 재생시켜 경험이 긍정적이면 유쾌하게, 부정적이면 불쾌하게 간직한다. 이에 비해 경험에서 분리하면, 마치 자기 자신을 위에서 내려다보거나, 제삼자 관점의 스크린에서 보는 것처럼 그 순간에서 분리된 자신을 관찰하게 된다. 그래서 느낌이 자신에 관한 것이 아니라 상황에 관한 것이 되고, 주관적이 아닌 객관적인 것이 된다.

따라서 연계와 분리는 자신의 감정 상태를 조절하는 매우 효과적인 방법이다. 형편없었던 라운드나 끔찍했던 샷에서 자신을 분리해야 플레이에 대단히 유용한 방편이 될 수 있다는 얘기다.

우리는 플레이어에게 (스웨덴어로) 골프 코스에서의 '연계assa'와 '분리dissa'를 가르쳤다. 그렇게 뇌가 기억을 어떻게 저장하는가에 대해 더 많은 사실을 알게 됐고, 그런 사실을 VISION54 프로그램의 퍼포먼스 루틴 중 기억 상자를 발전하는 데 활용하게 됐다.

린 매리엇과 내가 1990년대 초에 만났을 때, 우리는 자신에게 영향을 준 아이디어에 대한 얘기를 나누게 됐다. 그런데 놀랍게도 매리엇이 NLP에 대해 얘기하는 것이 아닌가. 누구나 자신의 추정을 경험으로 가져가게 된다는 NLP의 개념은 우리에게 엄청난 의미를 줬다.

매리엇과 나는 코치로서 플레이어의 퍼포먼스에 대한 피드백을 해줄 때 NLP 기법을 이용했다. 주관적인 가정이나 의견보다는 사실 정보를 제시했다. 예를 들어 선수에게 "너는 18번 홀 티잉 그라운드에서 정말 불안해 보였어"라고 얘기하지 않고 "너는 18번 홀 티잉 그라운드에서 드라이버 샷을 하면서 스윙 템포가 갑자기 빨라졌어"라고 말해준다.

　그러면 학생 선수는 비판을 받았다는 느낌 대신 그런 사실을 데이터로 처리하고, 자신의 스윙 템포가 스트레스를 받으면 빨라진다는 무의식적 습성을 인식하게 된다. 그렇게 이들은 점차 그런 경향을 스스로 다스릴 줄 알게 된다. 이 방법론은 골퍼가 게임의 긍정적인 부분(MY54라고 부름)과 부정적인 부분(NOT54)에 대한 객관적 시각을 키우는 법을 터득하게 돼 스스로 자기 자신의 최고 코치가 될 수 있게 도와준다.

　매리엇과 나는 어느 플레이어와 함께 작업을 하게 되면 일을 시작하기 전에 우선 그의 의도와 신념 체계를 서로 이해하는지 분명히 한다. 우리의 의도는 골퍼가 골프 코스에서 더 뛰어난 플레이어를 하면서 게임을 더 즐길 수 있게 도와주는 것이다. 그래서 각각의 프로그램을 시작할 때 학생들에게 우리의 신념과 믿음을 이렇게 명확하게 말해준다. "54타의 가능성을 실현하자. 모든 사람은 고유의 특성이 있다. 자기 자신의 최고 코치가 되자. 긍정적인 인간 계발과 퍼포먼스를 키우자. 그것이 우리가 그리는 이 세상의 지도다."

　NLP를 '비과학적'이라고 헐뜯는 사람들이 있다. 그런 사람에게는 "과학적으로 따지자면 공중으로 높이 뜬 공은 영원히 잡을 수 없다"라는 연구 논문이 있다고 말해준다. 매리엇과 나는 과학을 믿는다. 물론 때로는 과학이 부분적 진리에 그치는 경우도 있다. 진실한 것, 더욱 진실한 것, 가장 진실한 것이 있는 법이다. 우리는 NLP를 시도해 봤고, 그것이 실제로 기능을 발휘한다는 것을 목도해 왔다.

샷을 한 후 — 기억 상자MEMORY BOX

2005년 봄 어느 일요일, 우리가 살고 있는 애리조나주 피닉스에서 그다지 멀지 않은 슈퍼스티션 마운틴에서 열린 미 LPGA 투어 세이프웨이 인터내셔널Safeway International 대회 경기를 보러 갔다. 멕시코의 전설적 골퍼인 로레나 오초아가 15번 홀에서 버디를 기록해 같은 조의 안니카 소렌스탐을 4타 차로 앞서며 선두를 달리고 있었다. 16번 홀로 이동하며 3개 홀밖에 남겨놓지 않은 상황에서 4타 차이의 리드를 지키고 있었으니 오초아의 우승은 거의 확실한 것처럼 보였다. 그런데 오초아는 전날 16번 홀에서 더블 보기를 기록했었고, 이날도 더블 보기를 범하고 말았다. 소렌스탐은 파로 홀 아웃해 두 선수의 스코어는 2타 차이로 좁혀졌다.

　파 3짜리 17번 홀에서 두 선수는 티 오프를 해 소렌스탐은 다시 파를 기록했다. 그런데 오초아는 약 2미터 거리에서 3퍼트를 해다시 보기를 범했다. 마지막 홀을 남겨두고 1타 차이로 줄어든 것이다. 대회가 열린 프로스펙터 코스의 18번 홀은 파 5의 긴 홀로, 페어웨이 왼편으로 길고 좁은 호수를 끼고 있었다.

두 선수 모두 드라이버 샷을 페어웨이에 안착시켰다. 그리고 소렌스탐은 두 번째 샷을, 훗날 자신이 표현했던 것처럼, 생애 최고 어프로치 샷 중 하나로 날렸다. 공은 홀에서 불과 6.7미터 거리까지 굴러갔다. 소렌스탐은 2퍼트로 버디를 기록했고, 오초아는 파로 홀 아웃하면서 동점이 돼 연장전으로 들어가게 됐다.

여기서부터 상황은 정말 재미있어졌다. 오초아와 소렌스탐은 서든 데스Sudden-death 방식의 대회 연장전 규정에 따라 다시 18번 홀 티잉 그라운드에서 티 샷을 하기 위해 되돌아갔다. 오초아가 티 샷을 결정하는 사이에 우리는 유심히 그녀를 살펴봤다. 그녀는 생각 상자에 해당하는 과정을 거치는 듯한 모습을 보이더니 자신 나름의 플레이 상자로 넘어갔다. 그러더니 3번 우드를 잡았다. 충격적이게도 오초아는 티 샷을 하면서 뒤땅을 쳐서 티잉 그라운드의 잔디가 파이는 디봇을 남겼고, 공은 홀 왼쪽에 길게 뻗어 있는 호수에 빠져버리고 말았다. 그렇게 우승은 소렌스탐에게 돌아갔다.

대회가 열린 지역인 애리조나주는 오초아의 집이 있는 멕시코에서 가까워 대회 마지막 라운드가 진행된 날에도 오초아의 친척, 친구, 팬 등 200여 명이 종일 따라다녔다. 오초아가 결국 우승을 놓치고 18번 그린을 내려오는 순간, 모두 모여 오초아를 둘러싸고 울

면서 껴안는 등 위로하느라 정신이 없었다. 마치 장례식 분위기였
다. 우리는 서로를 쳐다보며 안타까워했다. 말도 필요 없었다. 오직
염려스러운 생각만 들 뿐이었다. "오초아가 이 기억을 어떻게 기억
하느냐에 정말 극도로 조심해야 할 텐데…."

골프에 대해 이해하면서 또 하나 유념해야 할 필수적 교훈은
플레이어의 퍼포먼스에 미치는 기억의 중요성이다. 우리가 생각
상자와 플레이 상자라는 퍼포먼스 루틴 외에 마지막 단계인 기억
상자를 추가한 것은 이런 이유에서이다.

기억은 강력하다. 정체성의 중심 사고를 형성한다. 기억은 우
리 인생에 중요한 정보를 부호화해서 저장하고 회생시키는 생리-
신경 메커니즘이다. 기억은 과거 경험을 되살리는 능력뿐 아니라
새로운 것에 적응하는 능력도 준다. 신경과학자들은 기억을 내적
표상과 관련된 경험을 보유, 재활성화, 재건하는 과정이라고 묘사
한다. 다시 말해서 우리가 어떤 경험을 하면, 그것은 각인돼 두뇌의
특정 부분, 특히 뇌의 가장 오래된 부위인 편도체에 내적 표상으로
남게 된다는 얘기다.

아주 오래전부터 기억은 말 그대로 우리의 생존을 도왔다. 예
를 들어 우리 인간은 뱀이든 사자든 우리를 죽일 수 있는 위험한
것들을 판별하고 기억해야 했다. 기억이 그들을 피해서 살아남을
수 있게 해줬다.

오늘날 우리 두뇌 안에서도 똑같은 역학이 작동한다. 예를 들

자면, 어린이는 기억이 없다 보니 뜨거운 난로에 손을 대고 화상을 입는다. 그러고는 고통의 감각과 감정적 느낌을 경험한다. 두뇌는 '뜨거운 난로 = 고통'이라는 연계성을 기억한다. 어떤 일이나 경험에 더 많은 감정적 타격을 받으면 그 기억도 그만큼 강하게 기억된다. 그런데 우리의 뇌는 뱀과 뜨거운 난로, 뜨거운 난로와 우리에게 두려움을 주는 골프 홀 사이를 구별하지 않는다. 뇌에게는 위험과 연계되는 것이면 무엇이든 똑같이 기억한다.

피닉스에서 오초아의 참사가 벌어진 몇 달 후 우리는 콜로라도주 덴버의 채리 힐스 컨트리 클럽Cherry Hills Country Club에서 열린 US여자오픈 대회에 갔었다. 마지막 4라운드에서 오초아는 선두 그룹에 3타 차로 뒤진 채 출발했다가 후반 9개 홀에서 4개의 버디를 잡으며 18번 홀을 앞두고 1타 차 선두로 나섰다. 대회가 열린 채리 힐스 컨트리 클럽의 18번 홀은 파 4짜리로, 왼쪽에 워터 해저드를 끼고 있었다.

앞서 미 LPGA 세이프웨이 인터내셔널 대회가 열린 피닉스의 슈퍼스티션 마운틴 18번 홀과 너무나 유사했다. 오초아와 그녀의 캐디는 티 샷에 앞서 한참 동안 대화를 나눴다. 오초아는 3번 우드를 들고 티잉 그라운드에 올라섰다. 머뭇하며 자신이 없어 보였다. 아니나 다를까 오초아는 피닉스에서 그랬던 것처럼 또 다시 뒤땅을 쳤고, 공은 휘어져 날아가더니 페어웨이 왼쪽 워터 해저드 물속에 빠져버렸다. 결국 오초아는 그 홀에서 4오버파 8타를 쳐 4타 차이로 우승을 빼앗기고 말았다.

당시 NBC 방송에서 해설하고 있던 조니 밀러Johnny Miller는 당장 두 대회를 연결지어 비교했다. "오초아가 피닉스에서도 똑같은 낭패를 당했었다"라며 두 스윙을 측면에서 비교하는 영상을 연거푸 보여줬다. 그러면서 "이것은 오초아의 패턴으로 보인다"라며 오초아의 스윙에서 반복적으로 발생하는 기술적 결함인 것으로 판단된다고 해설했다.

두 달 후쯤 우리는 오초아와 절친한 사람을 만나게 됐다. 그는 우리에게 "이 얘기를 들어봐야 한다"라며 알려지지 않은 비하인드 스토리를 들려줬다. 그에 따르면 US여자오픈 대회 마지막 라운드 때 오초아는 채리 힐스 컨트리 클럽의 18번 홀 티잉 그라운드에 올라서기에 앞서 캐디에게 "자신이 없어. 4번 아이언으로 치고 싶어"라고 말했다고 한다.

그런데 캐디가 "무슨 소리야. 지금 잘하고 있어. 이 홀은 3번 우드로 쳐도 될 만큼 페어웨이가 아주 넓어"라고 했다. 오초아는 "하지만 나는 4번 아이언으로 치면 좋겠는데…"라고 다시 말했다. 그녀의 직감이 다른 골프채로 쳐야 한다고 말해주고 있었다. 그러나 결국 캐디의 주장에 밀려 3번 우드를 들고 나왔다가 또 뒤땅을 치고 워터 해저드에 공을 빠뜨렸다. 조니 밀러는 그녀의 문제를 스윙에서 반복되는 기술적 결함이라고 단정했다. 기술적인 결함이라는 점에선 그의 말이 맞았다. 그러나 부분적으로만 맞는 말이었다. 밀러는 외부 요소만 보고 단정했다. 또 다른 진실은 내부 요인에 숨겨져 있었다. 오초아의 저장된 감정적 기억이 기술적 결함으로 나타났다.

기억이라는 필터를 통해 당시 18번 홀에서 오초아에게 어떤 일이 벌어졌는지 분석해 보자. 오초아는 18번 홀 티잉 그라운드에서 페어웨이 왼쪽에 워터 해저드를 봤다. 그 홀은 대회 마지막 라운드의 마지막 홀이었고, 심리적 압박감을 느끼고 있었고, 손에는 3번 우드를 들고 있었다. 오초아의 뇌는 슈퍼스티션 마운틴에서의 18번 홀과 비슷하다는 인식을 한다. 그녀의 뇌는 "왼쪽에 물! 뜨거운 난로! 뱀! 위험!"이라는 신호를 보낸다. 그녀에게 똑같은 결과를 반복하지 않으려면 뭔가 다른 방법으로 쳐야 한다고 말해주는 신호다. 그러나 오초아는 결국 캐디 말을 듣고 4번 아이언으로 치고 싶다는 자신의 직관을 무시하고 말았다.

여기 기억에 관한 엄청나게 중요한 또 다른 사실이 있다. 심리학 연구 결과에 따르면, 인간은 기억 저장에 있어 원초적으로 3대 1의 부정적 편향성을 갖고 있다고 한다. 따라서 뇌는 긍정적 기억보다 부정적 기억을 더 빠르고 더 강력하게 저장하게 된다. 신경과학과 진화는 이 같은 사실을 간단명료하게 설명해 준다.

아주 오래전부터 인간에겐 긍정적이거나 행복한 일보다는 위험과 위협을 기억하는 것이 훨씬 더 중요했다. 뱀과 뜨거운 난로를 기억하면 보다 용이하게 그것들을 피할 수 있고 살아남을 수 있었다. 의식적으로든 무의식적으로든 부정적 기억을 저장해 놓으면 비슷한 경험에 맞닥뜨렸을 때 그 기억과 감정들을 촉발하게 된다.

최근 우리는 비공식적인 실험 하나를 해봤다. 골퍼에게 라운드 도중과 라운드 후에 각각 플레이가 어땠느냐고 물어봤다. 그랬더니 거의 모두가 부정적인 얘기를 했다. "14번 홀에서 그 샷을 실패하지 않았으면 훨씬 좋은 라운딩을 했을텐데…", "거기서 3퍼트만 하지 않았더라면…" 하는 식이었다. 자신의 게임에 대해 실제보다 더 부정적으로 묘사했다.

그래서 우리는 부정적 기억을 중화시키고 긍정적 기억으로 더 강하게 저장하는 휴먼 스킬을 필요로 한다. 만약 오초아가 이런 식으로 상황에 적절히 대응했더라면 US여자오픈 등 그녀가 놓친 대회 우승컵을 거머쥘 수 있었을 것이다.

골프의 간단한 사실이 있다. 우리가 샷을 할 준비가 됐을 때 공은 A 지점에 놓여 있다. 우리는 골프채를 사용해 그 공을 B 지점으로 보내게 된다. 그 B 지점은 페어웨이의 한가운데일 수도 있고, 호수 물속일 수도 있고, 홀컵 안일 수도 있다. 요점인즉, 언제나 B 지점은 존재한다는 사실이다. 그 사이에 당신이라는 골퍼, B 지점이라는 샷의 결과에 극도로 집착하는 감정적으로 복잡한 사람이 있다. 좋은 샷을 쳤을 경우엔 쾌감을 느낀다. "와, 홀컵 15센티미터에 붙었다" 하며 좋아하면서 동반 플레이어들과 하이파이브를 하는 등 수선을 떤다.

반면에 샷을 잘못해서 공이 물속에 빠지거나, 깊은 러프 속으로 사라져버리거나, 오비Out of Bound가 나버리면 스스로 욕을 하거나, 골프채를 내던지거나, 뭔가 탓을 할 핑곗거리를 찾는다. "젠장,

물에 빠졌네. 나는 이 홀이 마음에 안 들어. 팔꿈치가 또 들렸네" 하
며 온갖 타박을 한다.

　　과거 경험이 긍정적이었는지, 부정적이었는지에 따라서 장래
에 비슷한 샷에 직면했을 경우 안정감이나 자신감을 느낄 수도 있
고, 불안감과 스트레스에 휩싸일 수도 있다. 몸이 긴장하기 시작한
다. 아직 아무것도 일어난 것이 없는데, 손바닥에는 땀이 난다. 불
행하게도 뇌의 기억 기능에는 삭제 버튼이 없다. 나쁜 샷에 대한
기억은 휴지통으로 옮겨지지 않는다. 명심해야 할 것이 있다. 뇌는
긍정적 기억보다 부정적 기억을 3배 더 강력하게 저장한다는 사실
이다. 그렇다면 어떻게 해야 할까?

　　기억 상자는 퍼포먼스 루틴의 세 번째이자 마지막 부분이다.
기억 상자를 이용하면 샷을 잘못 쳤을 경우에는 감정적으로 객관
적이고 중립적일 수 있고, 마음에 드는 좋은 샷을 쳤을 때는 그 긍
정적 감정을 더 활성화할 수 있다. 모든 샷을 한 뒤 평가하는 데 유
용한 두 가지가 있다. 하나는 과정(자신의 생각 상자와 플레이 상자의
실행)이고, 다른 하나는 결과(샷의 품질과 공이 도달한 지점)다.

　　복습해 보자. 생각 상자 단계에서 샷을 결정하고, 플레이 상자
단계에서 이용할 감각적 느낌에 전념한다. 기억 상자의 첫 연습 목
적을 이렇게 세운다. 샷을 하고 난 뒤에 공이 멈춰 설 때까지 스윙
자세를 유지하고 있는다. 뇌가 기억하는 데는 스윙 후 15~20초가
필수적으로 필요하다.

　　플레이 상자 단계에서 샷을 하고 난 뒤 멈춘 상태를 유지함으

로써 샷의 결과에 대한 성급한 부정적 감정 반응을 피한다. 그리고 샷을 한 공이 일단 착지를 하고 나면 스스로 딱 두 가지 반응만 허용한다. 객관적이거나 긍정적 반응만 한다. 골퍼로서 자신의 잠재력을 충만하게 하려면 기억 상자 단계에서 오직 이 두 가지 선택만 한다. 자신이 잘못 친 샷 자체를 잊어버리라고 강요하는 게 아니다. 그것을 객관화하라는 얘기다.

생각 상자와 플레이 상자 단계를 '좋지 않음', '괜찮음', '좋음', '아주 좋음'으로 카테고리를 정한다. '좋지 않음'에 해당하는 샷과 과정에 대한 반응은 객관적으로 각인되고, '괜찮음', '좋음', '아주 좋음'에 대한 반응은 정도의 차이는 있지만, 긍정적 느낌으로 각인된다.

객관적 반응은 "공이 벙커에 있다. 백스윙에서 균형을 잃었다"라는 식의 사실을 말해준다. '괜찮음', '좋음', '아주 좋음'으로 반응한 샷과 그 과정은 긍정적 느낌으로 뇌에 저장된다. 자신의 '괜찮음' 샷에 긍정적일 수 있다는 건 최상의 퍼포먼스 비결 중 하나다.

본인의 기준을 낮추라는 주문이 아니다. 올바른 마인드셋으로 게임을 보고 플레이하는 것에 관한 문제다. 다음 샷을 하러 가면서 나무도 보고, 노래도 흥얼거리고, 공의 딤플 숫자를 세어보기도 하라는 권유를 하는 것이다. 그렇게 하면 플레이가 훨씬 나아지고 게임을 즐길 수 있게 될 것이라고 우리는 장담한다.

또 한편으로는 '괜찮음', '좋음', '아주 좋음'의 경험을 만끽한다. 마음속으로든, 겉으로 드러내든 잘 친 샷이나 마음에 드는 샷은 반드시 자축한다. 그렇게 함으로써 기억 상자는 퍼포먼스 루틴의 대단히 중요한 세 번째 단계가 된다.

골프 코스의 다양한 상황에서 기억 상자가 어떻게 나타나는지 살펴보자.

시나리오 1: 버디를 하려고 중요한 퍼트를 했는데, 공이 홀 오른쪽으로 90센티미터가량 벗어났다. 자기 자신에게 말한다. "그래, 내가 그린 브레이크를 분명히 잘못 봤어. 그러니까 다음 퍼트에선 그린 읽는 데 좀 더 신경을 써야겠어. (객관적인 상태) 하지만 퍼트 스트로크와 피니시 동작은 괜찮았으니까 기분은 좋다. 스트로크 마무리하면서 플레이 박스 집중력을 유지했으니까 스트로크 과정은 긍정적이었고 만족스럽다. 좋았어." 부정적 기억이 없다.

시나리오 2: 드라이버 샷이 벙커에 빠졌다. 결과에 대한 당신의 반응은 중립적이고 객관적이다. "그래, 공이 벙커에 빠졌네. 하지만 나는 벙커 플레이에 자신 있어." 그렇다면 당신의 과정은 어땠나? 플레이 박스 단계에서 70퍼센트 템포로 스윙을 하려고 했는데, 평상시 템포의 110퍼센트로 스윙해 버렸다. 당신은 다음엔 템포에 더욱 집중할 것이고 플레이 박스에 더 신경 쓸 것이다. 당신은 스윙 과정에 대해 중립성과 객관성을 유지한다. 일어난 일을 부정하지 않고 자신을 책망하지도 않는다. 이 샷에서의 기억 상자는 결과와 과정에 모두 중립적이다. 부정적 기억을 저장하지 않는다.

시나리오 3: 당신은 핸디캡 0인 골퍼다. 웨지 샷으로 그린의 핀 깃발 왼쪽 60센티미터에 공을 붙였다. 샷을 마무리할 때까지 '부드러운 어깨' 느낌을 유지하지 않았다. 하지만 버디 퍼트를 남겨두고 있어서 결과는 '괜찮다'다. 또는 티 샷이 페이드가 났고, 드로우 샷을 치려고 했는데 예상보다 훨씬 짧게 나갔다. 하지만 공이 페어웨이에 있어서 그린에 올릴 좋은 기회가 있으니 결과는 '괜찮다'다.

　시나리오 4(이건 극단적이지만, 그래서 우리는 좋아한다): 파 3홀에서 티 샷을 잘못 쳐서 공이 뜨지를 못했다. 그런데 계속 굴러서 어떻게든 홀컵에 들어갔다. 결과적으로는 홀인원이 됐다. 공을 빗겨 쳤고 몸의 무게 중심이 높았다는 과정에 대해선 중립성과 객관성을 유지한다. 이 시나리오에선 결과엔 긍정적이고, 과정에 대해선 중립적이다. 부정적 기억은 없다.

　중요한 휴먼 스킬은 샷에 대한 자신의 반응에 대해 선택을 행사하는 것이다. 본인의 반응을 관리한다. 잘 친 샷에 대해 심드렁하지 말라. 스스로 어깨를 두드리거나 주먹을 흔들며 어느 정도 행복감을 느껴본다. 훌륭한 샷을 쳐놓고도 다반사로 있는 일인 양 반응하는 선수들이 있다. 언제나 그런 훌륭한 샷을 실수 없이 쳐야 한다고 생각하는 과다 성취욕을 갖고 있기 때문이다. 그들은 긍정적 기억을 저장하지 않음으로써 스스로 상처를 입는다.

　요령은 긍정적 생각의 힘이 아니다. 뇌의 부정적 편견을 이해하고, 샷을 한 뒤에 중립적이거나 긍정적 감정을 만들어내는 점이 중요하다. 그 나머지는 뇌에서 알아서 처리한다. 우리가 오초아의 코치였다면, 그녀가 그 큰 낭패를 겪고 났을 때 우선 이런 말을 들려줬을 것이다.

"직관적으로 '안 돼' 사인이 느껴지면 그에 따라야 한다. 해당 샷이나 골프채가 아니다 싶으면 일단 플레이 상자 단계에서 벗어나야 한다. 직관이 시키는 대로 골프채를 바꾸고 샷의 종류나 플레이 상자의 집중 대상도 다시 선택해라. 극도의 압박감 속에서도 자신 있게 구사할 수 있는 클럽과 샷을 반드시 선택해야 한다.

이런 상황은 언제나 일어날 수 있다는 걸 받아들이고 공략 계획을 바꿀 태세를 갖춰야 한다. 왼쪽에 물이 있고, 거기에 직관의 뇌가 반응하면, 그걸 믿어라. 4번 아이언으로 치거나, 드라이버로 페이드 샷을 하거나, 3번 우드로 낮게 깔아 친다. 가장 중요한 것은 자신의 직관이 하는 말을 듣는 것이다. 바꿔야 한다 싶으면 바꿔라."

우리와 계속해서 함께 훈련하는 플레이어는 잘못 친 샷에 대해서도 중립적이고 객관적인 태도를 유지하는 법을 배운다. 더욱 긍정적인 기억을 저장하게 된다. 때로는 부정적 기억을 뒤엎기 위해 당시 상황을 재연해야 하는 경우도 있다. 오초아가 그렇게 했다면 당장 그날 저녁이나 다음 날 이른 아침에 그 18번 홀에 돌아가서 '괜찮음', '좋음', '아주 좋음' 결과를 충분히 얻을 수 있었을 것이다. 오초아는 연습 레인지에서 당시 상황을 마음에 그려보거나 상상을 통해서 재생성해 볼 수도 있었다. 그렇게 해서 원래 샷에 대해 중립적 마음을 갖게 되고, 그 과정에 긍정적 기억을 저장할 수 있었다.

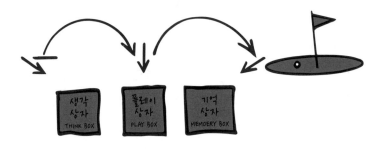

　모든 플레이어는 이런 '기억 상자' 기술을 훈련해야 한다. 오랜 훈련을 통해 습관으로 만들어야 한다. 우리는 이 기술 하나로 게임에서 놀라운 반전을 이루는 플레이어를 봐왔다. 수잔 페터슨은 기억 상자를 자신이 통제함으로써 잘못 친 샷에 대해서는 더 객관적으로 되고, 잘 친 샷에 대해선 더욱 긍정적으로 되는 법을 배웠다.

　흥미롭게도 우리의 주니어 프로그램에 참여했던 어린이들은 성인보다 훨씬 수월하게 당장 이런 기억 상자를 통제하는 기술을 터득했다. 한 12살짜리 소년은 우리가 기억 상자에 대해 설명을 하자 고개를 끄덕이더니 불쑥 말했다. "아 이런. 이걸 8살 때부터 알았다면 좋았을 건데…." 그 소년뿐 아니라 어린이들이 우리에게 자주 하는 또 다른 말은 "코치님, 우리 아빠 엄마한테도 이걸 좀 가르쳐 주실 수 없나요?"라고 말했다. 한 가지 더 짚고 넘어갈 것은 긍정적, 부정적 기억은 샷 후에도 오랫동안 지속된다는 사실이다. 아

마추어들은 18홀이 끝나고 맥주 한잔하는 19번 홀에서 본인이나
친구들이 하는 말을 잘 들어봐야 한다.

"내가 물에 빠뜨린 샷 봤어?" "오늘 내가 도대체 3퍼트를 몇 번
이나 한 거야?" "16번 홀에서 그 샷을 러프로 보내지만 않았으면
오늘 이번 시즌 최고의 성적을 낼 수 있었을 텐데…."

프로 골퍼는 기억 상자를 더욱 각별하게 챙겨야 한다. 대회 중
한 홀에서 트리플 보기를 범하거나 3퍼트를 한 경우, 기자들이 틀
림없이 그것에 대해 묻고 또 물을 것이다. 그럴 때 어떻게 대답하
느냐에 유의해야 한다. 소렌스탐은 이 기술에 아주 탁월했다. 그녀
는 "네, 맞아요. 그 홀에서 더블 보기를 했지요. 그런데 그다음이 더
중요했어요. 그 홀 이후 모든 샷에 더 몰입해서 금방 회복하고 잊
어버렸어요"라고 말한다. 자신이 한 실수에 흥분하거나 재연하듯
이 말하는 적이 없었다.

미 PGA 프로 선수인 크리스 디마르코Chris DiMarco는 마스터스
대회에서 타이거 우즈와 라운드를 마치고 난 후에 이 기술에 대해
알게 됐다. 디마르코는 우즈의 인터뷰를 듣고 있었다. 우즈는 그날
라운드 중에 자신이 얼마나 공을 잘 쳤고 좋은 샷이 나왔는지 말을
늘어놓았다. 디마르코는 나중에 다른 자리에서 고개를 흔들며 말
했다. "제가 오늘 우즈랑 함께 쳤거든요. 근데 저 친구 오늘 샷 엉망
이었어요." 그 순간, 디마르코는 우즈가 그날 라운드 기억을 스스로
통제하고 있다는 사실을 깨달았다고 말했다. 우즈는 디마르코에게
는 없는 또 다른 중요한 기술을 가지고 있었다. 이후 디마르코 역

시 기억 상자 기술을 연습하기 시작했고, 그 결과 그의 골프 인생
에 큰 변화가 생겼다.

　미 PGA 프로로 활약했고 VISION54 프로그램에도 참여했던
애런 오버홀저는 "대부분의 프로에게 한 가지 약점이 있다고 한다
면, 그건 기억 상자"라고 말한다. "훌륭한 플레이어는 생각 상자와
플레이 상자 단계에 매우 능숙해요. 두 기술이 높은 수준의 플레이
를 펼치는 데 핵심이 되기 때문이지요. 정규 코스에서 70타를 깨
뜨리는 플레이어라면 생각 상자와 플레이 상자의 여러 기술을 충
분히 갖추고 있다고 봐야 합니다. 하지만 심한 중압감 아래 경쟁하
면서 잘못 친 샷을 무시해 버리지 못하면, 그것이 다른 경쟁자들과
그날의 승자를 결판 짓는 결정적 요소가 됩니다. 제 골프 인생에서
도 기억 상자를 조절할 수 있게 된 것이 한 단계 더 높은 수준의 게
임을 하게 되는 데 결정적 역할을 했습니다."
　러셀 녹스 역시 기억 상자 기술이 골프 퍼포먼스에 엄청난 차
이를 가져온다는 사실을 알고 있었다. "똑같은 재능을 가진 두 명
의 선수가 나란히 서서 똑같은 샷을 친다고 해봅시다. 그런데 한
명은 대회 우승을 차지하고, 다른 한 명은 컷도 통과하지 못합니다.
그렇다면 이 두 선수 사이에는 도대체 어떤 차이가 있는 걸까요?
한 명은 자신의 형편없는 샷에 부정적으로 반응해서 감정이 그를
지배해 버리는 거지요. 그는 라운드 중에 감정과 관점을 스스로 추
스르고 통제할 수 있는 상대 선수를 절대 이길 수 없습니다. 프로

선수이든, 아마추어이든, 너무나 많은 사람은 불평하는 데 많은 시
간을 허비합니다. 원했던 것과는 영 딴판인 샷이 나올 수도 있어요.
자기 자신이 한심하게 느껴지지요. 하지만 골프는 완벽의 게임이
아닙니다. 잘못 친 샷과 자신의 감정을 조율해 가며 개선해 나가는
게임입니다."

녹스는 자신이 그저 그런 샷을 쳤을 경우, 불만이 터져나오기
전에 이런 목소리가 들린다고 한다. "괜찮지 않아? 버디는 아니더
라도 아직 파는 할 수 있잖아? 그럼 괜찮은 거지, 뭐."

녹스는 2015년 상하이에서 열린 WGC-HSBC 챔피언십 대회
에서 우승할 때 기억 상자를 거의 완벽하게 활용했다. 마지막 4라
운드를 케빈 키스너와 공동 선두로 출발했다. 녹스는 10번 홀과 11
번 홀에서 잇단 버디를 기록, 두 타 차이로 앞서갔다. 그는 속으로
생각했다. "그래. 내 숏 게임 실력을 믿자. 내가 잘하는 만회 샷을
신뢰하자. 공이 페어웨이 벙커나 러프에 들어가도, 샷이 그린을 놓
치더라도 화내지 말자. 파를 기록할 수 있는 내 능력을 믿자."

"저는 그날 샷 몇 개가 좋지 않았어요. 하지만 그걸 부정적으로
기억하지 않았습니다. 괜찮다고 혼잣말을 했어요. 그렇게 파를 지
켜나가다가 결국 16번 홀에서 버디 하나를 추가했고, 두 홀을 남겨
둔 상태에서 3타 차 리드를 하게 됐습니다."

녹스는 "그 경험과 기억을 평생동안 계속 간직할 것"이라며 이
렇게 말했다. "골프는 어려운 게임이에요. 압박감에 놓이게 되면 자
기 자신에게 잘 대해줘야 합니다. 스스로 욕을 해선 안 됩니다. 나

는 어느 한 홀에서 공을 잘못 쳐 물에 빠뜨리더라도 그 결과에 객
관성을 유지하면서 나 자신에게 '스윙은 좋았잖아? 그래, 좋았어'
라고 말합니다."

MEMORY BOX

- 좋은 샷을 하고 난 뒤에 자기 자신에게 보통 뭐라고 말하는가? 무슨 느낌인가? 샷을 잘못 치고 난 후에는 어떻게 하는가?

- 과거의 문을 얼마나 잘 닫고, 모든 주의력을 기울여 다음 샷으로 이동 할 수 있는가?

- 플레이할 때 샷의 결과에 집중하기 전에 그 과정의 몰입 상태를 되돌 아보며 회상할 수 있는가?

- 마음에 들지 않는 샷을 하고 난 뒤에 중립적이고 객관적 상태를 유지 하기 위한 당신의 최고 전략은 무엇인가?

- 당신이 '괜찮음'이라고 할 수 있는 샷은 어떤 것을 말하는가?

- 당신은 '좋지 않음', '괜찮음', '좋음', '아주 좋음'이라는 샷과 과정을 어 떤 강도로 인식하고 저장하거나 감성화하는가?

3장

라운드 중간

—

샷과 샷 사이 - 몸·마음·감정 다잡기

우리가 지적한 바 있듯이, 골프는 코스 위에서 보내는 오랜 시간에 비해 스윙에는 비교적 적은 시간을 사용하는 스포츠다. 4시간 라운딩을 하는 동안 실제로 샷을 하는 시간은 30~45분 정도이고, 최소한 3시간은 샷과 샷 사이에 보내는 시간이다. 그래서 샷과 샷 사이에 몸·마음·감정을 어떻게 하느냐에 따라 각각의 샷에 있어 좋은 퍼포먼스를 펼칠 수 있는 가능성을 높일 수도 있고 망칠 수도 있다.

　기술적인 부분만이 아닌 골프의 나머지 부분은 넓은 의미로 뭉뚱그려서 이른바 '멘탈 게임'이라고 부른다. 골프의 전설로 불리는 바비 존스Bobby Jones는 "골프는 귀와 귀 사이 거리의 5인치 코스에서 하는 게임이다"라는 재담을 남겼다. 톰 왓슨Tom Watson은 "마지막

두 라운드에서 내가 가장 두려워한 사람은 내 자신이었다"라고 말
한 적이 있다. 조니 밀러는 토머스 에디슨Thomas Edison의 말을 빗대
"골프는 90퍼센트의 영감과 10퍼센트의 땀으로 이루어진다"라는
말을 했다.

골프는 단순히 육체적이거나 정신적인 스포츠라고 단정 지
을 수 없다. 골프는 육체적이고 정신적이며, 게다가 기술적, 감정
적, 사회적, 영적, 그리고 그 이상을 합친 종합 운동이다. 샷을 하는
30~45분은 언제나 가장 중요하다. 실제로 골프 플레이를 하는 시
간이기 때문이다. 앞서 언급한 세 가지 단계에서 소비하는 시간이
골프의 핵심이다. 하지만 샷과 샷 사이에 보내는 3~4시간 도중에
당신이 무엇에 집중하고 준비하는지가 퍼포먼스에 막대한 영향을
미친다.

우리는 패러다임의 전환을 돕고자 한다. 그래서 당신이 몸·마
음·감정을 다스리는 휴먼 스킬을 활용할 수 있게 돼 골프채를 스윙
하고 공을 타격하는 능력에 긍정적인 영향을 줄 수 있기 바란다.

안데르스 에릭슨Anders Ericsson 박사는 전문 기술과 인간 퍼포먼
스의 심리적 본질을 전공한 플로리다 주립대학교 교수다. 그와 두
동료는 많은 영역에서 달인의 경지에 이르게 해주는 '의도적 연습'
이라는 개념을 제창했다. (맬컴 글래드웰Malcolm Gladwell은 이 이론을
대중화하고, 자신의 저서《아웃라이어Outliers: The Story of Success》에서 이른
바 1만 시간의 법칙을 제시했다.) 그러나 에릭슨 박사에 따르면, 연습

시간의 숫자가 중요한 것만은 아니다. 자신의 평온한 일상을 벗어나는 지속적인 노력을 기울여야 하고, 약점을 솔직하게 파악해서 인정하며, 피드백과 새로운 전략으로 개선과 향상을 이뤄나가야 한다.

콘돌리자 라이스 전 국무부 장관은 새 피아노곡을 어떻게 연습했는지에 대해 이렇게 말한 적이 있다. "그냥 단순히 악보의 음표만 익히는 데 머물지 않습니다. 제 악보에는 저 자신에게 말하는 온갖 종류의 지시 사항이 적혀 있습니다. 심지어 언제 숨을 쉰다는 것도 기록돼 있습니다." 요컨대, 연주자는 기술 외에 훨씬 더 많은 부분을 연습해야 한다는 얘기다. 골프에서도 마찬가지다. 코스 위에서의 온갖 휴먼 스킬을 마스터해야 한다.

우리는 오랜 기간 동안 자기 관리에 관한 많은 책을 섭렵해 왔다. 스티븐 코비Stephen Covey의 《성공하는 사람들의 7가지 습관》부터 짐 로허Jim Loehr와 토니 슈워츠Tony Schwartz의 공저 《몸과 영혼의 발전소The Power of Full Engagement》, 대니얼 골먼의 《포커스Focus》에 이르기까지 숱한 서적을 읽어왔다. 공통으로 이 저자들은 어떻게 사람이 일에 계속 몰입하고, 실수를 최소화하면서 탈진과 소진을 피해 갈 수 있는지에 대한 방법을 다루고 있다.

로허는 심리학자이자 존슨앤드존슨 인간 퍼포먼스 연구소의 공동 창립자이고, 슈워츠는 언론인 출신이면서 더 건강하고 행복하며 더 효율성 높은 직장 만들기를 모토로 한 '에너지 프로젝트'라는 기업의 설립자다.

짐 로허와 토니 슈워츠는 자신들의 공저에서 "우리의 모든 생각, 감정, 행위는 좋게든 나쁘게든 각각 에너지 결과를 가져온다. 그런데 삶의 최종적 평가는 우리가 이 지구상에 얼마나 오랜 기간 머물렀느냐가 아니라 그 시간에 얼마나 많은 에너지를 투입했느냐에 의해 결정된다"라고 썼다. 그 전제는 퍼포먼스가 에너지의 능숙한 관리에 바탕을 두고 있어야 한다는 것이다. 우리의 네 가지 상태, 즉 신체적·정신적·감정적·영적인 상태는 각각 에너지를 생산하고 소비한다. 따라서 어떤 영역을 선택하든, 성공하기 위해서는 이를 제대로 필수적으로 잘 관리해야 한다.

1980년대와 1990년대에 심리학자들은 이른바 '몰입flow'이라는 이론에 대한 연구를 하기 시작했다. 미국 심리학자 미하이 칙센트미하이Mihaly Csikszentmihalyi 박사가 주창한 이 '몰입' 이론은 고도의 집중력과 즐거움을 느끼며 어떤 행위를 하는 데 완전히 빠진 정신적 상태에 관한 내용이다. 이런 몰입 도중에 인간의 감정은 긍정적으로 변화되며, 에너지가 충만해지면서, 하는 일과 조화를 이뤄 깊이 집중하게 된다.

다른 심리학자인 로이 팔머Roy Palmer 박사는 몰입하면 의식적·무의식적 반사작용이 더욱 나은 조합을 이루게 되면서 움직임 패턴에 영향을 미친다고 말한다. 실제로 많은 운동선수는 최고의 성적을 달성할 때 퍼포먼스에선 거의 힘이 들지 않는 느낌이 든다고 묘사한다.

하버드 대학교의 에이미 커디Amy Cuddy 박사는 몸의 언어와 성공 및 권력의 관계에 관해 연구해 온 사회과학 전문가다. 커디 박사의 2012년 〈당신의 신체 언어가 자신의 모습을 결정한다Your Body Shapes Who You Are〉라는 테드 토크TED Talk 강연은 3,500만 명이 시청한 바 있다. 그녀의 연구 결과에 따르면 몸의 언어와 같은 간단한 언어조차 힘·행위·퍼포먼스·결과에 대한 느낌을 바꿀 수 있다.

최고의 피아니스트, 예술가, 외과의사, 골퍼가 되기 위해서는 우리 자신과 우리의 능력에 관해 잘 이해해야 한다. 그렇다면 어떻게 우리의 몸·마음·감정을 관리해야 몰입감을 끌어내고 절정의 기량을 발휘할 수 있을까. 휴먼 스킬은 그 입구이자 도구이다.

샷과 샷 사이에, 몸·마음·감정의 관리를 위한 차원에서
어떠한 행동을 할 수 있는지 점검해 보자.

몸 — 자신감 느끼기와 확신하기

골퍼는 신체적 건강의 중요성에 대해 좀 더 똑똑한 생각을 갖기 시
작했다. 플레이에 들어가기 앞서 근육의 워밍업이 중요하다는 것
도, 골프 코스에서의 수분 섭취와 에너지 보충의 중요성도 이제는
모두 안다. 하지만 아직도 많은 골퍼는 티 오프 하기 전에 연습장
에서 공 몇 개 쳐보고 그늘에서 핫도그와 맥주 마시는 걸 근육 워
밍업이고 수분 에너지 보충이라고 여긴다.

우리는 2012년에 나이키 골프가 주최하고, 이른바 '응용 기능
과학'이라는 연구 영역을 개척한 물리치료사 게리 그레이Gary Gray
가 주관한 한 세미나에 참석했다. 그레이는 미시건주 애드리언에
서 '그레이 연구소'를 운영하며, 축구에서 공을 차든, 농구에서 슛
을 하든, 골프 스윙을 하든, 어떤 일을 수행할 때 왜 어떻게 무엇을

움직이는가에 관한 생체 역학을 가르치고 있다. 여기에는 근육·관절·힘줄의 작동부터 무게 중심, 유동성, 안정성이 움직임에 미치는 영향까지 모든 것을 포함한다.

그레이는 당혹감을 느끼는 것 중 하나는 많은 골퍼가 골프를 스포츠로 생각하지 않는 것이라고 말한다. "샷을 하고, 노닥거리다가, 또 샷을 하고, 카트에 올라타 앉아 있다가 샷을 하고, 뭔가를 먹고, 샷을 하고, 또 노닥거리는 것쯤으로 여긴다"라는 것이다. 그는 골퍼는 샷과 샷 사이에 공을 치지 않는 도중에도 몸 상태를 깨어 있게 하기 위한 동작을 해야 한다고 강조한다. 특히 골프 스윙과 관련된 앞뒤, 좌우, 회전 등 스트레칭을 계속해 줘야 한다면서 이렇게 말한다.

"자기 자신의 몸을 더욱 활성화하기 위해 샷과 샷 사이에 왜 뭔가를 하지 않는 건가요? 왜 제자리 뜀뛰기, 팔 벌려 높이뛰기, 엉덩이 스트레칭, 아니면 호흡운동이라도 해주면 도움이 되는데, 금방 그 효과가 나타나는 그런 동작을 왜 안 하는 건지 이해할 수가 없어요."

타이틀리스트 퍼포먼스 인스티튜트에 소속돼 있는 그레그 로즈와 데이브 필립스Dave Phillips는 간단한 사실 하나를 적시한다. 많은 골퍼가 스윙을 제대로 할 수 있는 유연성이나 힘을 갖추지 못하고 있다는 것이다. 몸의 생체역학과 관련된 용어 중에 물리치료사인 그레이 쿡Gray Cook과 세계 최고의 트레이너 중 한 명인 마이크 보일Michael Boyle이 처음 창안한 '개별 관절 접근법Joint by Joint

Approach'이라는 것이 있다. 쿡과 보일은 인체는 관절과 관절이 서로 연결돼 있는 '연쇄 운동Kinematic Chain' 고리라고 표현한다. 쿡은 "운동할 때의 몸은 안정된 부분과 움직이는 부분이 번갈아 가며 연결되는 패턴으로 작동한다. 이 패턴이 무너지면 부정적 결과가 발생하게 된다"라고 말한다.

한편 그레그 로즈는 이런 식으로 설명한다. "골프에서 공을 칠 때 두 발은 안정적으로 버텨줘야 하지요. 그런데 발의 바로 위 관절 부위인 발목은 유동적이어서 몸과 함께 움직입니다. 그런가 하면 무릎은 안정적 상태로 남아 있어야 하는데, 엉덩이는 스윙 동작과 함께 감기게 되지요. 만약 우리 몸이 동시에 화합을 이룬다면 이 운동 연쇄는 완벽하게 작동합니다. 그러나 이 움직임 패턴이 교란되면 동작의 전체 연결 고리가 위태롭게 됩니다. 예를 들어서 발목이 제대로 움직여주지 않으면 발이 불안정해지는 반응을 불러옵니다. 이는 몸이 어디선가에서 유동성을 확보하려는 데 따른 보상 움직임으로, 이런 현상이 일어나면 연쇄 운동 전체가 틀어지는 거지요. 그렇게 되면 무릎이 불안정해져서 하체가 과도하게 흔들리게 되고, 엉덩이는 움직임을 제한하는 반응을 보이게 됩니다. 그래서 엉덩이가 제대로 회전하지 못하고 체중 이동을 해주지 못하게 되면 공을 멀리 칠 수 없게 되는 것이지요."

골퍼는 신체의 연쇄 운동이 제대로 이뤄지고 있는지를 알아야 한다. 그레이의 지적대로 골프도 스포츠이고, 골퍼도 운동선수라고 인정한다면, 카트에 앉아 있거나 가만히 서서 샷 순서가 오기를

기다리고만 있는 것은 엉덩이와 발목을 굳어버리게 한다는 사실을
명심해야 한다. 그러고 있으면 몸의 감각수용기受容器와 팔다리에
남아 있던 느낌이 점차 없어지게 된다.

감각수용기는 움직임과 위치 변화를 감지하게 해주는 근육과
관절 내의 감각수용체 회로망으로, 우리 몸 안에 있는 위성항법장
치GPS 시스템과 같음을 기억해야 한다. 이 감각수용기를 활성화된
상태로 유지하는 가장 간단한 방법으로는 맨발로 걷기, 맨발로 공
치기, 맨발로 운동하기 등이 있다.

앞에서 언급했듯이, 신발을 벗으면 발과 발목에서의 움직임을
늘려주고 감각수용기 자극에 도움이 된다. 우리 학생 중 일부는 일
주일에 두 차례 정도 맨발이나 양말만 신고 레인지에서 공 치는 연
습을 한다. 어떤 이는 티 오프를 하기 전에 1~2분 동안 신발을 벗
고 있기도 한다. 신장이 1미터 56센티 정도 되는 미 LPGA 프로 선
수를 코칭한 적이 있었다. 이 선수는 신발을 벗고 하는 연습을 하
고 난 뒤 5번 아이언 비거리가 10야드 정도 늘어났다. 발의 움직임
을 제대로 하게 되면서 운동 연쇄가 그에 상응하는 반응을 나타낸
결과였다.

골프는 오랜 시간 동작을 멈추고 있다가 골프채를 스윙할 때
짧은 순간에 격렬하게 에너지를 터뜨리는 과정으로 돼 있다. "라운
드 초반은 엉망으로 시작했는데, 나중엔 플레이가 잘됐어", "연습장
에선 잘 맞더니 정작 라운드 초반 몇 개 홀은 완전히 망쳤네" 이런

말을 하는 골퍼를 자주 보게 된다.

여기서 꼭 기억해야 하는 사실은 몸은 라운드 시작 전부터 라운드 시작 후까지 똑같이 고정적으로 유지되는 게 아니라는 점이다. 항상 끊임없이 변화한다. 스윙이 잘되다가 갑자기 흐트러지는 건 몸 상태가 바뀌었기 때문이다.

골퍼는 서 있을 때나 걸을 때나 샷 순서를 기다리고 있을 때, 언제든 몸이 활성화된 상태에 있어야 한다. 몸의 시동이 꺼지거나 굳어지는 것은 사람마다 다르지만, 한 예를 들어 엉덩이가 잠겨 있을 경우엔 발을 안쪽으로 향한 안짱다리 자세로 앞뒤 몇 걸음, 그런 후엔 다시 발을 바깥쪽으로 향하게 한 오리걸음 몇 걸음을 해주면 몸풀기에 좋은 운동이 된다.

또 엉덩이 근육이 굳어 있으면 앉았다 일어나는 스쾃 동작을 해주는 것이 효과가 있다. 어깨가 긴장돼 있을 땐 앞뒤로 회전을 시켜주거나, 어깨 근육을 조였다가 서서히 풀어주는 '점진적 이완' 동작을 해주는 것이 바람직하다. 라운드 시작 전과 도중에 해주는 이런 동작들은 몸의 에너지 수준을 조절하는 데 엄청난 차이를 가져온다.

세계적 프로 선수의 스윙 코치로 유명한 데이비드 레드베터는 영양학에 관심을 가진 첫 세대 코치 중 한 명이었다. 피아 닐손은 미 LPGA 진출 초기에 레드베터를 만났을 당시 그의 서재가 이미 영양학과 퍼포먼스에 관한 책으로 꽉 차 있었던 것을 기억한다. 레드베터는 샷을 하는 패턴은 골프 코스에서 라운드 하는 4~5시간

사이에 일어나는 에너지의 높고 낮음과 연관이 있다면서 이렇게
말한다.

"평균적으로 스코어가 가장 나쁜 홀은 12번, 13번, 14번 홀이
되는 경우가 많아요. 그것은 유산소 능력이 적정 수준이 아니거나,
라운드 도중 에너지 수준이 이 시점에서 떨어졌기 때문입니다. 이는
순전히 본인의 특정 패턴과 관련된 문제인데, 그런 패턴을 알게 되
면 유산소 운동을 더 하거나, 라운드 중에 에너지 보충에 필요한 음
식을 먹어줌으로써 패턴을 좋은 방향으로 변화시켜 줘야 합니다."

오늘날 라운드를 하면서 물, 스포츠음료, 간식, 견과류 등을 갖
고 다니지 않는 프로 선수는 거의 없다. 혈당 수준의 중요성과 그
것의 높고 낮음이 플레이에 미치는 영향을 너무나 잘 알기 때문이
다. 몸이 퍼포먼스를 좌우하는 또 다른 요소는 아드레날린 분비 농
도다. 에피네프린으로도 불리는 아드레날린은 신장 위에 있는 부
신副腎에서 분비되는 호르몬이다. 아드레날린은 교감 신경계의 화
학 메신저 중 하나다.

몸이 위협을 감지하면 아드레날린은 심장·폐·뇌에 피를 급격
히 밀어 올려 경계 반응을 일으킨다. 그러면 혈압이 올라가 심장
박동이 빨라지고, 극한 상황에서는 인간 한계를 넘는 무게를 들어
올리거나 엄청난 속도로 도망을 간다. 골프에서 가장 중요한 기술
중 하나는 플레이를 하면서 이 아드레날린 수준과 심장 박동수를
조절하는 능력이다. 섬처럼 생긴 그린을 향해 티 샷을 하는 일과

같은 스트레스 받는 상황에선 심박수가 늘어나고 추가 아드레날린
이 생성되면서 공이 그린을 20야드 이상 넘어가는 경우가 발생하
기도 한다.

이처럼 아드레날린 농도가 스트레스 상황에서 치솟는 걸 알게
되면 샷을 하기 전에 깊고 긴 숨을 여러 차례 쉬거나, 들이마시는
숨에 비해 내뱉는 숨을 두 배 정도 더 길게 함으로써 낮출 수 있다.
그러면 자율신경계를 진정시켜서 아드레날린 수준을 빨리 저하하
게 된다.

거꾸로 몸이 처진다든가 더위나 장시간의 느린 라운드에 지친
경우에는 팔 벌려 뛰기, 제자리 뛰기, 내뱉는 숨보다 들이마시는 숨
을 더 깊고 길게 해서 아드레날린 농도를 높여줄 수 있다. 한 예로
역도 선수들은 역기를 들기 전에 이런 식으로 아드레날린 분비를
늘려 들어 올리는 무게를 증가하는 데 이용한다.

우선은 아드레날린 농도에 따른 경향을 이해하는 것이 관건이
다. 어떤 플레이어는 아드레날린이 많이 생성될 때 샷을 더 잘 친
다. 그런가 하면 다른 플레이어는 낮은 아드레날린 농도에서 더 좋
은 샷이 나온다. 미 PGA와 LPGA 프로 선수 중에서 높은 아드레날
린 농도에 더 나은 플레이를 하는 이는 타이거 우즈, 세르히오 가
르시아Sergio García, 수잔 페터슨, 키건 브래들리Keegan Bradley 등이다.

이에 비해 아드레날린 농도가 낮을 때 퍼포먼스가 더 좋은 선
수로는 제이슨 데이, 박인비, 리디아 고Lydia Ko, 어니 엘스Ernie Els 등
을 꼽을 수 있다. 말하자면 아드레날린 수준은 골프 플레이에 양방

향으로 영향을 미칠 수 있다는 얘기다. 따라서 골퍼는 각자가 자신의 최적 아드레날린 농도 수준을 알아두는 게 중요하다. 사람마다 다르고, 다양한 상황에서 유발되는 아드레날린 농도도 각각 차이가 나기 때문에 어떤 경우에 그 농도를 올리거나 내릴 것인가를 미리 알고 있어야 한다.

알론소 로니 놀즈와 테리 옐테는 노스캐롤라이나주 윌밍턴에서 활동 중인 부부 골프 코치다. 이 부부가 몇 년 전에 1일 코칭을 받으러 우리를 찾아왔다. 당시 시간이 많지 않았기 때문에 그 부부의 실제 플레이 모습을 관찰하기 위해 곧바로 골프 코스로 나갔다.

그들에게 골프 외에 다른 어떤 스포츠를 하느냐고 물었다. 그 랬더니 스쿠버다이빙 장비 없이 호흡과 심장 박동수를 조절해 바닷속 깊이 수직으로 잠수하는 프리 다이빙을 한다고 했다. 우리는 그들의 프리 다이빙이 골프 퍼포먼스와 어떤 관련성을 보일까 궁금했다. 실제로 알고 보니 놀라웠다.

로니의 말로는 프리 다이버들은 잠수하기 전에 이른바 'breathe-ups'라는 기술을 사용한다고 한다. 길게는 20분까지 길고 느린 호흡에 완전히 집중하는 것으로, 그렇게 하면 심장 박동수가 10~50퍼센트 줄어들고, 혈중 산소는 증가시켜 주면서 체내 이산화탄소는 제거해 준다고 한다. 우리는 로니와 옐테 부부에게 9개 홀을 돌면서 각기 다른 상황을 만들어보자고 제의했다. 어떤 홀에서는 제자리 뛰기나 과호흡을 해서 심장 박동수를 빠르게 하고, 다른 홀에

서는 깊고 긴 호흡 등으로 심장 박동수를 늦추면서 플레이를 해보
기로 했다.

한 홀에서 쉽지 않은 그린 어프로치 샷을 앞두고 로니는 긴 호
흡으로 아드레날린과 심장 박동수를 줄여봤다. 로니는 "그랬더니
집중력이 금세 높아졌다"라면서 "스윙을 할 때 마음 상태가 훨씬
명료해졌고, 전체적으로 샷이 더 나아지고 일관성도 높아졌다"라
고 말했다. 그는 이어 "다른 홀에선 아드레날린 농도와 심장 박동
수를 높인 상태에서 플레이했더니 퍼포먼스가 흐트러져 버렸다"라
며 "내 자신이 흥분하거나 불안한 느낌이 들면 아드레날린 농도를
낮추고 내 몸의 속도를 늦춰야 한다는 걸 깨달았다"라고 했다.

이에 비해 옐테는 자신의 아드레날린 농도와 심장 박동수를 높
였더니 경기 운영이 더 잘됐다는 사실을 알게 됐다. 그녀는 "가끔
내 기운이 너무 떨어지는 걸 느끼곤 했다"라면서 "나만 그런 건가
생각하고 그냥 잠자코 넘어갔었는데, 에너지 수준을 높였더니 샷
과정과 결과가 몰라보게 좋아졌다"라며 놀라워했다.

두 사람은 부부인데도 어떻게 각각 거꾸로 다른 아드레날린 농
도와 심장 박동 상태에서 자신의 최고 퍼포먼스가 나오는 건지 신
기해했다. 그렇게 로니와 옐테는 다양한 상황에서 자신의 최적 상
태를 알게 됐고, 이후 몸을 조절할 수 있는 휴먼 스킬을 활용할 수
있게 됐다. 이처럼 골퍼와 코치가 다양한 퍼포먼스 상태를 5분만
관찰하고 함께 의논하면 극적인 결과 변화를 만들어낼 수 있는 것
이다. 퍼포먼스에 중요한 또 다른 휴먼 스킬은 바디 랭귀지, 즉 몸

의 언어다. 그동안 대부분의 사람은 몸의 언어를 단순히 좋거나 나쁜 자세의 문제 정도로 여겨왔지만, 요즘 들어서는 그 중요성에 대한 이해가 높아지고 있다.

하버드대학교의 에이미 커디 교수는 몸의 언어가 퍼포먼스와 성공에 미치는 효과를 연구해 온 사회과학 전문가다. 커디 박사가 내세우는 주요 명제는 물리적 공간을 많이 차지하며 당당하게 보이는 등 힘과 관련한 신체적 태도를 취하면 실제로 자신감이 더 느껴진다는 것을 골자로 하고 있다. "몸의 자세와 동작은 뇌의 화학 물질, 호르몬, 특히 생식 호르몬 DHEA 및 코르티솔과 바로 연결돼 교감을 이루며 긍정적인 자신감 또는 부정적 스트레스 느낌을 유발한다"라고 말한다. "즉 이런 변화에 따라 몸은 마음을 바꾸고, 마음은 행위를 바꾸고, 행위는 결과를 바꿀 수 있다"라는 것이 커디 박사의 논지다.

그녀는 "연구 결과에 따르면, 압박감으로 가득한 상황에서 자신의 퍼포먼스 결과에 대한 성급한 예측으로 정신이 산만해지면 그 과정의 기술은 눈에 띄게 떨어지는 것으로 나타났다"고 자신의 저서《프레즌스Presence》에서 강조한 바 있다.

"우리가 스스로 면밀히 관찰해 보면, 기억과 집중적인 관심을 끄는 모든 일에선 어려움을 겪습니다. 사람은 최고의 퍼포먼스를 계속 유지하면서 그와 동시에 그 퍼포먼스를 객관화하지 못해요. 대신 우리는 다른 사람이 우리를 어떻게 평가할 것인가를 성급하게 예상하고, 판독하고, 해석하고, 재해석하는 잘못된 회로 안에 갇혀버리고, 이것은 우리가 실제로 벌어지고 있는 상황을 알아채고 해석하지 못하도록 방해합니다." 앞에서 인간은 긍정적 경험보다 부정적 경험에 대한 기억을 세 배 정도 더 강력히 저장한다고 했던 말을 기억하는가? 만약 우리 몸이 긍정적인 심리적 편견을 만들어 내도록 관리할 수 있다면 어떻게 될까?

사회적 자극에 대한 호르몬 반응을 연구해 온 커디 박사는 사람이 힘을 과시하려는 더 큰 몸짓을 하는 데 사용하는 핵심 근육이 어떻게 우리 감정에, 그리고 궁극적으로 우리의 DHEA와 코르티솔 호르몬 농도에 영향을 미치는지 조사해 왔다. 사람이 어떤 감정을 갖게 되면 그때마다 몸 안에서는 호르몬이 분비된다. 긍정적 감정을 가졌을 때 부신副腎에서 분비되는 주요 호르몬이 흔히 젊음의 호르몬, 항노화 호르몬으로 불리는 DHEA다. (인공 합성 DHEA는 퍼포먼스를 향상시켜 주는 것으로 입증돼 스포츠 경기에서 사용이 불법으로 규정돼 있다.)

우리가 부정적 감정을 경험할 때 가장 먼저 분비되는 주요 호르몬은 스트레스 호르몬 또는 노화 호르몬으로 알려진 코르티솔이다. 커디 박사의 연구 결과에 따르면, 구부정한 자세는 코르티솔 분비를 촉발해 몸의 반응 시간을 느리게 하고, 의사 결정 과정을 방해한다. 이와는 반대로 자신감에 찬 몸의 언어는 퍼포먼스를 향상해 주는 DHEA 생성을 유발한다.

VISION54 프로그램의 일환으로 우리는 학생들에게 힘찬 자세에 눈을 치켜뜨고 활기찬 보폭으로 다니며 몇 개 홀을 플레이하게 한다. 그리고 "나는 벙커를 감아 도는 낮은 드로 샷으로 그 왼쪽 뒤편 핀 있는 곳으로 공을 보내겠다"라는 식으로 자신이 의도하는 샷에 대해 자신감 있는 목소리로 외치게 한다. 대표적으로 모범적인 플레이어는 단연 타이거 우즈다.

라운드 중간: 몸

골퍼는 일단 티 샷을 하고 나면 수동적으로 변해버린다. 좋은 샷이 나오거나, 더 좋은 리듬감을 느끼거나, 게임에 반전이 벌어지는 순간이 오기를 기다린다. 골퍼들이 "아 이런, 오늘은 참 안 풀리네"라고 하는 말을 자주 듣는다.

골프 코스에 나갔을 때 자신의 몸 상태를 사전에 준비하고 주도하는 것은 휴먼 스킬 중에 가장 쉬우면서도 가장 중요한 요소다. 자기 자신에 대한 책임은 본인에게 있다. 4~5시간이 됐든, 6시간이 됐든, 경기에 필요한 수분 공급과 에너지 수준을 유지하는 것도 그렇다. 스윙을 잘하기 위해서는 관절과 근육을 풀어주고, 균형과 동작의 조화를 이뤄야 한다. 이러한 비교적 간단한 것들이 아드레날린 조절과 함께 모든 드라이버 샷, 페어웨이 샷, 피칭 샷, 치핑 샷, 그리고 퍼트에 이르기까지 성공을 좌우한다.

몸

- 티 오프를 하기 전에 몸의 느낌 상태를 확인하는가? 라운드 도중엔 얼마나 자주 확인하는가? 유연성 느낌은 어떤가?

- 본인의 아드레날린 농도를 알 수 있는가? 일반적으로 높은가, 낮은가? 플레이와는 어떤 관계를 보이는가? 아드레날린을 의도적으로 높일 줄 아는가? 낮출 수도 있는가?

- 샷과 샷 사이, 홀과 홀 사이에 무엇을 먹고 마시는가? 라운드 도중 곳곳에서 플레이 상태를 계속 점검하는가? 에너지가 떨어지면 점수는 올라가는가?

- 코스에서 몸의 언어는 어떻게 하는가? 어떤 느낌이 들게 하는가?

- 몸에 긴장돼 있는 부위는 없는가? 스윙에 어떤 영향을 미치는가? 샷과 샷 사이에 긴장은 어떻게 관리하는가?

닥터의 존재, 조안 휘태커

내가 미 LPGA에서 현역 프로 선수로 뛰던 1980년대 중반, 게임 향상을 위해서는 계속해서 스윙 연습만 할 게 아니라 뭔가 다른 훈련이 필요하다고 생각하게 됐다. 그때 내 친구이자 동료 프로 선수인 켈리 휙스Kelly Fuiks와 샬럿 몽고메리가 조안 휘태커 박사를 찾아가 보라고 권했다.

휘태커 박사는 뛰어난 골퍼이자 소아청소년과 의사 겸 정신과 의사였다. 그녀는 소녀 시절부터 골프를 쳤고, 대학에 다닐 때는 플로리다 여성 아마추어챔피언십에서 여러 차례 우승을 차지하기도 했다. 데이비드 레드베터와 척 호건은 비기술적인(말하자면 기술 외적인 모든 것) 도움이 필요한 모든 선수를 휘태커 박사에게 보내 상담을 받게 했다.

나는 곧바로 차를 몰아 플로리다주 탬파 근처의 그녀 자택으로 찾아갔다. 그녀는 자신에 관해 소개하며 어떻게 혈액학, 종양학, 영양학 등의 전문의 자격증을 획득했는지에 관해서도 말해줬다. (그녀는 나중에 최초이자 가장 정확한 라임병 테스트 방법을 개발했다.)

휘태커 박사는 아시아에서도 많은 시간을 보냈다고 했다. 태국에선 의과대학 개설과 영양학 연구실 출범을 도와줬고, 베트남에선 사이공 소재 어린이병원에서 현지 내과 의사를 교육하는 프로그램에 참여했다. 그녀는 이런 동남아시아에서의 경험 과정을 통해 몸과 마음 관계를 강조하는 동양철학에 심취하게 됐다.

내가 휘태커 박사를 만났을 때 처음 내게 해보라고 한 일은 마이어스 브릭스 성격 유형 테스트였다. 그리고는 나에게 "당신이 이 테스트를 2년 후에 다시 하게 된다면 그 결과가 엄청 다르게 나올 거예요. 당신이 돼야 한다고 생각하는 그 누군가가 아니라 당신 본연의 모습을 갖게 될 거예요"라고 말했다.

그녀의 말이 전적으로 맞았다. 나는 언제나 남이 내게 원하는 것을 하는 착한 소녀였다. 내 가족, 선생님들, 그리고 내 인생에서 만난 수많은 사람 모두를 기쁘게 해주려고 애를 썼다. 휘태커 박사는 나에게 나 자신을 정의해 보라고 권유한 첫 사람이었다. 그녀는 '집중하는 법 배우기' 명상도 내게 소개해 줬다. 그녀는 거실에 촛불을 켜놓은 뒤 내게 물었다. "아무 생각도 하지 않으면서 촛불의 불꽃과 색깔만 바라보면서 5분 동안 가만히 있을 수 있겠어요?" 나는 한 번도 그래 본 적이 없었지만, 그렇게 해보려고 최선을 다 했다.

나는 그동안 불꽃에서 한 번도 보지 못했던 그 모양새, 움직임, 피어오르는 연기 등을 보기 시작했다. 촛불 연습은 뇌의 감각 부위를 이용할 수 있도록 오랜 시간 시각적 이미지에 집중하는 법을 가르치는 방법 중 하나였다.

휘태커 박사는 척 호건과 함께, 훌륭한 골프 플레이를 위해 두뇌의 좌우 양쪽을 모두 활용하는 '균형'에 대한 착상을 했던 골프계 선각자 중 한 사람이었다. 그녀는 내가 공 앞에 다가서서 기술적인 생각들을 치워버리고 공을 보내고 싶은 곳으로 의식 이동을 하라고 말해준 첫 사람이었다. 아직도 휘태커 박사의 1984년 메모지 한 장을 간직하고 있다. 그녀는 거기에 하나의 선으로 좌우 양쪽 뇌를 연결하는 그림을 그려놓았다. 그러고는 왼쪽 뇌 부분에는 '좌뇌/의식'이라는 제목을 달고, '논리적', '분석적', '부분적', '언어적' 등의 단어를 그 아래 적어놓았다.

다른 쪽 뇌 부위 그림에는 '우뇌/무의식'이라는 제목 아래 '직관적', '합성 통합', '전체' 등의 단어들을 써놓았다. 그리고 좌우 뇌 두 부분을 연결하는 선 위쪽에는 '교차Cross Over'라는 타이틀을 달아놓았다. (휘태커 박사는 좌뇌와 우뇌를 '로봇'과 '거미줄'이라는 단어들을 이용해 묘사하기도 했다.)

휘태커 박사는 많은 과학 저술을 남겼다. 그중 하나의 제목은 《자율신경계 균형을 통한 골프 기록 깨기》다. 그녀는 이 저술에서 명상, 반사 요법, 기 치료, 기공 등 수많은 정통 및 대안 요법을 다뤘다.

"우리의 두뇌는 좌뇌와 우뇌 양쪽 모두를 사용해 생각하는 연습을 해야 합니다. 만약 우뇌 한쪽으로만 생각해서 치고 싶은 공을 시각화할 경우엔 거리도 틀리고 골프채 선택도 잘못돼 바보 같은 실수를 하기 십상입니다. 이에 비해 좌뇌 한쪽만 사용해 골프 플레이를 하게 되면 골프채 선택이나 거리 측정은 대개 제대로 할 수 있지만, 마음에 그려보는 시각화는 불가능해서 몸이 정확히 공을 어떻게 치라고 하는 건지 제대로 소통이 이뤄지지 않아 결과는 엉망이 되고 맙니다."

휘태커 박사는 사람들의 의식을 일깨우는 존재였다. 나에게는 나 자신의 목소리에 귀 기울이며, 용기를 갖고, 관점과 시각을 넓혀가라고 격려해 줬다. 그녀를 만났을 때 나는 인생의 의미는 찾고 있지 않았다. 그저 더 나은 골퍼가 되기 위한 현실적인 방법들에만 연연하고 있었다. 그녀는 시대를 앞서가던 인물이었다.

마음 — 자기와의 대화, 혼잣말 관리

피아 닐손은 스웨덴 국가대표팀과 함께 일하기 시작했을 때 선수들이 코스 위에 있는 동안 그들의 마음속에 무슨 일이 벌어지고 있는지 더 많은 관심을 기울이고자 했다. 당시에 닐손은 대부분의 시간을 젊은 대표 선수와 보내고 있었는데, 시니어 여성 그룹에서도 그녀에게 도움을 달라는 요청이 들어왔다. 닐손은 그때 그 상류층의 교양 있는 여성들이 골프는 사랑하지만, 자신감은 별로 없어 했던 것으로 기억한다.

그래서 닐손과 샬럿 몽고메리는 한 가지 실험을 해봤다. 우선 그 여성 그룹에 "한 홀에서 플레이하면서 샷을 하기 전과 후, 그리고 샷과 샷 중간에 자기 자신에게 하는 말을 입 밖으로 내서 크게 말해보고, 그 내용을 기억해서 우리에게 얘기해 달라"라고 요청했다.

한 여성은 "샷을 하기 전에 나 자신에게 '어제 실수했던 것처럼 오늘 이 드라이버 샷도 실수하면 절대 안 된다'라고 했어요"라고 했다. 다른 여성은 "도대체 샷을 왜 벙커에 처박는 거야. 하여간에 나는 안 돼"라고 했다고 털어놓았다. 몽고메리와 나는 충격을 받았다. 그 여성들 모두가 하나같이 스스로 극단적인 부정적 방법으로 평가를 하고 자기 자신에게 그런 말을 하고 있다는 사실에 놀랐다. 한 여성은 "남한테 말할 때는 내가 나한테 하는 식으로 그렇게 심하게는 차마 하지 못할 거에요"라고 했다.

혼잣말처럼 자기 자신과 내적으로 하는 대화를 '자기 대화Self-Talk'라고 한다. 신경과학 연구 결과에 따르면 사람은 하루에 7만여 가지 이상의 생각을 하게 된다고 한다. 그렇다면 이 많은 생각은 모두 어디에서 오는 걸까? 정확하기는 한 걸까? 사실 확인은 한 걸까?

반응 기준으로 볼 때 짧은 경기일수록 선수는 자기 자신과의 내부 대화를 하느라 에너지와 기술을 허비할 틈이 없다. 100미터 세계신기록은 9.58초다. 뇌 속으로 부정적 자기 대화를 나눌 시간이 없다. 일본의 프로 스모 경기는 3초 만에 끝나기도 한다. 하지만 다른 스포츠들은 몸과 마음의 지구력 싸움이다.

보통의 일반 골프 경기도 4~5시간이 걸린다. 따라서 플레이어의 마음이 퍼포먼스의 결정적 요인이 된다. 퍼포먼스의 최고점으로 올려주기도 하고, 최저점으로 끌어내려 버리기도 한다. 그런 점에서 우리는 어떤 종류의 내적 대화, 즉 '자기 대화'는 퍼포먼스에 도움을 주고, 어떤 종류는 망쳐버리는지에 대해 흥미를 갖고 골퍼가 자기 대화를 관리하는 데 도움이 되는 휴먼 스킬을 개발하는 것이었다.

2009년에 우리는 모로코에서 열린 국제스포츠심리학회에 강연자로 초청받아 갔다. 그곳에서 우리는 운동선수와 자기 대화에 관한 연구를 해온 여러 심리학자를 인터뷰할 수 있었다. 그중 한 명인 스프링필드 대학의 주디 반 랄터Judy van Raalte 교수는 자기 대화가 운동선수의 퍼포먼스에 지대한 영향을 미치는 요인이 된다며, 생각이 어떻게 느낌을 만들고, 그 느낌은 어떻게 행위로 이어져 그 행위가 다시 생각을 강화하는지 보여줬다. 그렇게 우리는 위험한 자기 대화의 피드백 고리에 대한 이해를 더 깊이 하게 됐다.

작동 원리는 이렇다. 샷을 잘못 치고 나면 본인 스스로 "이런 멍청이 같으니"라고 혼잣말을 한다. 그러면 실제로 멍청하다는 느낌이 들기 시작한다. 그러고는 정말 멍청이가 된 듯이 행동하면서 화를 내고 골프채를 내동댕이친다. 그때쯤이면 실제로 진짜 멍청이가 돼 있는 자신을 발견하게 된다.

마침내 퍼트까지 실패하고 나면 기정사실이 돼 버린다. 그러면 퍼트도 계속해서 실패하기 시작한다. 우리는 이런 현상을 순환 고리라고 부른다. 자기 충족 예언이라고도 한다. 골퍼에겐 세 가지 선택이 있다. 마음을 가라앉히거나, 잡생각을 떨쳐버리거나, 관심을 돌려버리는 것이다.

명상의 일부 기술은 마음을 열고 생각을 떨치게 해준다. 또 다른 명상 기술은 집중하는 데 도움을 준다. 사랑과 선행이라는 긍정적 감정들에 관심을 집중시키는 불교 스님들이 행하는 명상 기법들도 있다. 우리도 매일 명상을 하는데, 여러 명상 기법을 탐구하면서 골프에 어떻게 적용해 볼까 연구하는 것이 매우 흥미롭다.

우리는 일반 골퍼에겐 일정한 감각적 집중이 자기 대화의 피드백 고리를 끊어내는 가장 실용적 방법이라는 사실을 발견했다. 예를 들어서 린 매리엇의 뇌는 자주 과거의 고리에 빠지는데, 그로 인한 마음을 가라앉히기 위해 그녀는 더욱 물리적인 방법, 즉 발바닥 느낌에 집중하거나 신발 속 발가락을 꼼지락거리는 식의 방법을 쓴다. 그렇게 하면 관심이 그리로 옮겨가게 되고, 마음은 관심이 간 곳으로 따라가게 된다.

코스에서 15~20초가량 짧은 명상을 하는 것도 자기 대화의 고리를 끊고 나와서 현재의 자각 의식을 높이는 데 도움이 된다. 가령 부정적인 자기 대화 고리에 빠져드는 것 같으면 얼른 나무나 주위 경치를 바라보고, 새 소리에 귀를 기울이거나 목을 스쳐 가는 바람을 느껴본다. 한 홀을 완전한 침묵 속에 연습해 보는 것도 좋은 방법이다. 홀을 도는 동안 다른 플레이어가 됐든, 내 몸 안의 나 자신이 됐든, 누구와도 한마디 하지 않으면서 플레이를 하는 것이다. 어떤 골퍼에겐 이 방법이 대단히 평화롭고 편안한 경험이 된다. 물론 다른 사람은 이 방법이 불가능할 수도 있다.

어쨌든 많은 골퍼는 라운드 도중에 자기 대화의 고리에 빠져 너무 많은 시간을 허비한다. 자기 대화는 미래 또는 과거에 과도하게 집중할수록 파괴적이 된다. 특히 자기 컨트롤에 관한 강박적이면 더더욱 그렇게 된다. 그런데 자기 대화가 자신의 목적 또는 되고 싶은 바와 일치하게 되면 유용한 것이 될 수도 있지 않을까? 이런 아이디어를 검증해 보기 위해 우리는 학생들에게 샷과 샷 사이에 자신에게 어떻게 자기 대화를 해보고 싶은지 적어보라고 했다.

그리고 코스에 나갔을 때는 비생산적인 자기 대화를 생산적인 대화로 대체해 보라고 했다. 페어웨이를 걸어가면서 "내가 이번에 그린에 공을 올리지 못하면 더블 보기를 범할 텐데"라는 생각을 하는 대신에 "최근에 칩 샷이 잘됐었지"라거나 "이 홀은 유독 마음에 드네. 마음먹은 대로 샷이 잘되네"라는 자기 대화를 해보라고 했다.

2016년 US여자오픈 대회 때 브리타니 랭 선수는 코스에서 어프로치 샷을 하고 난 뒤엔 꼭 자신의 남동생이자 캐디인 루크에게 "야, 공이 좋은 위치에 놓였네!"라고 말하곤 했다. 긍정적인 자기 대화의 세부적인 내용은 넘쳐나는 부정적 생각 속에서 발휘되는 그 기능에 비하면 전혀 중요하지 않다. 피아 닐손은 이것을 '좋은 의미의 자기 세뇌'라고 묘사했다. 브리타니 랭이 그해의 US여자오픈 대회에서 우승한 것은 우연이 아니었던 것이다.

미 PGA 프로 선수인 케빈 스트릴먼이 우리를 처음 찾아왔을 때 그는 이렇게 말했다. "고백할 게 있습니다. 어떤 경우엔 공 앞에서면 '이번 샷은 오비가 날 것이야', '스윙 때 골프채를 잡아당길 것 같아'라는 생각이 들곤 해요. 또 어떤 경우엔 '야, 케빈아! 타구가 훅이 날 것 같다', '야 케빈아! 이번 홀에선 3퍼트를 할 것 같은 감이 든다' 같은 말을 나 자신에게 하곤 합니다. 저만 그러는 건가요, 아니면 다른 선수도 그러나요?"

우리는 그에게 "맞아요, 케빈! 어느 선수나 다 그래요. 그건 인간의 본성이에요. 인지상정이지요"라고 말해줬다. 그랬더니 그는 엄청나게 안도감을 표시했다. 본인은 자기 자신만 유일하게 그러는 거로 우려한 모양이었다. 우리가 그에게 첫 번째 해준 것 중 하나는 그의 머릿속에서 들리는 목소리는 그를 규정해 주는 것이 아니라는 사실을 이해시키는 것이었다. "그것은 그냥 부질없는 생각의 하나일 뿐이에요. 그것이 당신을 의미하는 게 아니에요. 그걸 믿을 필요가 없어요"라고 말해줬다.

그렇다면 부정적 자기 대화에 대응하는 최고의 방법은 무엇일까? 첫 번째는 그 정체를 파악하는 것이다. 경기에서 이기는 것에 대해 너무 많은 생각을 하는 것인지, 아니면 18번 홀이 자신의 페이드 샷에 잘 어울리지 않는 코스 설계로 돼 있는 점을 우려하는지 알아야 한다.

그런 다음엔 그런 생각의 주의를 딴 데로 돌리거나 생각 자체를 끊어버린다. 발걸음 숫자를 세거나, 노래를 부르거나. 캐디에게 농담하는 것도 방법이다. 더 빨리 비생산적 편견을 잡아내 쫓아버릴수록 더 좋은 퍼포먼스가 나올 수 있다. 우리는 플레이어에게 어떤 종류의 자기 대화를 이용하라고 말하지는 않는다. 어떤 것이 가장 효율적인지는 본인이 결정하기에 달렸다.

피아 닐손은 스코틀랜드 뮤어필드에서 남성 티칭 프로들과 함께 시간을 보낸 적이 있다. 골프장에 나갔는데 그 코스의 매 홀 티잉 그라운드에는 거리만 적혀 있고, 파 몇 짜리 홀이라는 표시는 돼 있지 않았다. 백 티에서 플레이했기 때문에 홀이 긴 것이야 어쩔 수 없었지만, 파 4짜리 롱홀인지 파 5짜리 짧은 홀인지는 알 수 없었다. 그래서 그냥 최선을 다해 치기만 했다. 그러다 보니 태도가 완전히 달라졌다. '두 번째 샷을 그린에 올리지 못하면 파로 막지 못하겠네'라든가 '이 홀은 짧은 파 5이니까 버디를 꼭 잡아야겠다'와 같은 생각을 가질 수가 없었다. 비생산적 기대를 했었을 수도 있었지만, 그러지 않았다. 알 수가 없었기 때문이다.

연구 결과에 따르면 샷을 해야 할 순서가 되면 자기 대화를 하지 않는 게 가장 좋다고 한다. 그냥 마음을 가라앉히고 플레이 상자 단계에서 4~9초 동안 감각에 완전히 집중하라고 한다. '오늘부터 핸디캡을 낮출까? 아까 샷 두 개는 잡아당겼어'와 같은 아무런 도움 되지 않는 생각이 들기 시작하면 발걸음 숫자를 세거나 누군가에게 말을 걸어 그 고리를 잘라버려야 한다. 그런 자기 대화가 뇌를 장악하게 놔둬서는 안 된다.

우리는 많은 학생에게 소렌스탐이 1995년 노스캐롤라이나주 파인 니들즈에서 열린 US여자오픈과 2006년 로드아일랜드주 뉴

포트에서 열린 US여자오픈에서 우승했을 때 당시의 이야기를 들려주는 걸 좋아한다.

1995년 대회 마지막 라운드에서 티 오프를 하려고 할 때 소렌스탐의 머릿속은 '선두를 지킬 수 있을까?', '선두 자리를 빼앗기면 어떻게 하지?'와 같은 자기 대화로 꽉 차 있었다. 하지만 소렌스탐은 이미 라운드를 앞두고 매번 샷을 하기 전과 후에 다른 생각을 모두 떨쳐버리기 위해 자기 자신에게 속으로 외치기로 한 것이 있었다. '페어웨이, 그린. 페어웨이, 그린. 페어웨이, 그린.' 그것은 자신의 뇌를 평정하기 위해 자기 대화용으로 정한 의도된 명상 주문 같은 것이었다.

스트릴먼은 미 PGA 투어 152개 대회에 출전한 끝에 생애 첫 우승을 했다. 2013년 탬파베이 챔피언십Tampa Bay Championship에 출전한 그는 2라운드가 끝난 뒤, '플레이가 마음먹은 대로 잘 되고 있어 우승할 수도 있겠다'라는 생각이 들었다. 그는 3라운드를 앞두고 자신의 목적 달성을 위해선 자기 대화를 조절해야 한다는 사실을 알았다. 그래서 캐디에게 "혹시 라운드 도중에 의구심이나 불확실한 마음이 생겨나면 함께 노래를 부르고 성경 구절을 암송하자"라고 미리 말해놓았다.

그렇게 비생산적 자기 대화를 다스리기로 작정하고 3라운드에 들어간 스트릴먼은 마지막 37개 홀에서 보기를 하나도 범하지 않았다. 4라운드에선 마지막 11개 홀에서 단 하나의 미스 샷도 하지 않는 등 4언더파 67타를 기록해 2위로 쫓아오던 부 위클리Boo

Weekley를 2타 차이로 제치고 우승컵을 들어 올렸다.

그런 그에게 어떻게 미 PGA 투어의 우승 문턱을 넘어섰느냐고 물으면 그는 분명히 "나의 부정적 자기 대화를 끊어버릴 수 있었기 때문"이라고 대답할 것이다.

혼잣말을 통한 마음 강화하기: 홀과 홀 사이

헬스장에서 운동하는 데 시간을 쏟으면 몸은 좋아진다. 그런데 어떤 근육을 강화하려는 건가? 그 근육들이 우리가 지향하는 목표 달성에 도움이 될까? 우리가 무시하고 있는 것 중에 추가로 강화해야 할 근육은 없는 걸까? 마음이야말로 골프에 있어 기초 근육 중 하나다. 마음을 강화하는 것이 골프 게임에 대단히, 대단히 유용하다.

마음

- 샷과 샷 사이에 스스로 무슨 말을 하는가?
- 당신의 마음은 집중되거나, 산만해지거나, 복잡해지거나, 비판적 또는 긍정적으로 되는 경향이 있는가?
- 코스에서 당신은 조절이 되는 것에 집중하는가? 아니면 제어가 되지 않는 것에 집중하게 되는가?
- 당신의 마음은 미래·과거, 스코어와 같은 결과, 아니면 공이 떨어진 위치, 어디로 쏠리는가?
- 코스에서 잘되는 것에 집중을 하는가?
- 완벽을 기대하는가?
- 샷과 샷 사이에 마음에 휴식 시간을 주는가?
- 플레이가 잘될 때 자기 자신에게 뭐라고 말하는가? 플레이가 잘 안될 때 자신에게 하는 말과 어떤 차이가 있는가?

마음

9개 홀에서 플레이하면서 매 홀마다 다음의 탐색 사항 중 하나를 해보시오.

1. 오른쪽 주머니에 티 5개를 넣어둔다. 비생산적 또는 부정적 자기 대화를 할 때마다 티 하나를 왼쪽 주머니로 옮겨 넣는다. 한 홀을 마치고 났을 때 오른쪽 주머니에는 몇 개의 티가 남아 있는가?

2. 한 홀을 플레이를 하고, 원하지 않았던 자기 대화를 하였는지 확인한다. 있었다면 노래를 하거나, 숫자를 세거나, 또는 게임 동반자에게 말을 거는 등의 방법으로 주의를 딴 데로 돌린다.

3. 다른 한 홀에서는 샷과 샷 사이에 말로 묘사하지는 말고 주위를 관찰해 본다.

4. 한 홀에선 자기 대화를 했을 경우, 그 내용을 입 밖으로 크게 말하거나 종이에 적어본다.

5. 한 홀에서는 샷과 샷 사이에 본인 자신과 관련한 긍정적인 뭔가를 말해본다.

6. 또 다른 한 홀에선 플레이하는 동안 가장 친한 친구가 당신에게 말하는 걸 상상해 본다.

7. 한 홀에서는 샷과 샷 사이에 묘사는 하지 말고 본인 주위의 소리를 번갈아 들으며 몸에서 어떤 느낌을 받는지 스캔해 본다.

8. 다른 한 홀에선 자신이 좋아하는 자기 대화 문장 3개를 써보고, 샷과 샷 사이에 그 문장을 읽는다.

9. 한 홀에서는 어떤 형태든 자기 대화를 하지 않는다. 어떤 형태로든 묘사하거나, 숙고하거나, 말하지 않고 보이는 것, 들리는 것, 느껴지는 것에 완전히 몰입할 수 있는가? 그것은 자연의 아름다움, 땅바닥을 구르는 발의 감각, 또는 새 소리와 주위를 스쳐 가는 바람일 수도 있다.

감정 — 실수를 중간에 끊어내고 감정 회복하기

러셀 녹스는 토너먼트 대회에 출전해 플레이할 때면 머릿속에서 피아 닐손의 목소리가 들린다고 말한다. 그는 "그저 그런 샷을 하고 나서 불만을 표시하거나 내 자신에게 어리석은 코멘트를 하려는 순간이면 언제나 거기에 피아 닐손이 나타난다"라고 웃으며 말한다. 닐손이 "이번 샷 괜찮았어요. 아직 파를 기록할 수 있어요. 역대 최고의 샷은 아닐지라도 충분히 좋은 샷이었어요. 괜찮을 거에요"라고 말해준다는 것이다.

모든 플레이어는 골프 코스에서 차질과 좌절을 겪기 마련이다. 변동성의 속성상 그럴 수밖에 없다. 판단을 잘못할 수도 있고, 미스 샷이 나올 수도 있다. 당신의 티 오프 시간을 앞두고 날씨가 갑자기 나빠지기도 하고, 공이 스프링클러 꼭지에 맞고 튕겨나갈 수도 있다.

압박감이 절정에 이른 순간에 참사가 벌어지는 경우도 있다. 그렉 노먼Greg Norman의 1996년 마스터스 최종 라운드 몰락, 2005 년 US여자오픈 18번 홀에서 드라이버 샷을 물에 빠뜨린 로레나 오 초아, 에리야 쭈타누깐의 2016년 아나 챔피언십 대회 마지막 3개 홀 붕괴, 조던 스피스Jordan Spieth의 2016년 마스터스 12번 홀 4오버 파, 필 미컬슨Phil Mickelson의 2006년 US오픈 18번 홀 재앙 등이 대 표적 사례다.

이번엔 우리가 가르쳤던 선수 중 한 명의 참사 이야기를 해보 고자 한다. 이 이야기는 가장 스트레스가 심한 경우에 맞닥뜨리는 어려움과 휴먼 스킬의 위력을 여실히 보여준다.

러셀 녹스는 플로리다주 잭슨빌에서 15년 가까이 살았다. 그는 그곳에 있는 티피씨 소그래스에서 기억할 수 없을 만큼 골프를 많 이 쳤다. 그 오랜 기간 동안 그는 파 3짜리 아일랜드 그린 17번 홀 에선 단 한 차례도 티 샷을 물에 빠뜨린 적이 없었다.

2016년 그 골프장에서 열린 플레이어스 챔피언십 3라운드 도 중 그는 그 유명한 아일랜드 그린 17번 홀 티 박스에 올라 샷을 준 비했다. 8언더파로 선두 10위 안쪽을 달리고 있던 그는 122야드 샷을 위해 피칭 웨지를 집어 들었다. 공은 공중으로 솟아오르더니 그린 오른쪽에 조금 못 미쳐 떨어져 물속으로 굴러떨어지고 말았 다. 녹스는 아연실색했고, 그의 어깨는 축 처져 내렸다. 그는 3타째 가 되는 드롭 존으로 가지 않고, 다시 티 샷을 시도했다. 이번엔 클럽 헤드와 샤프트 접합 부분에 공이 맞는 생크가 발생했다. 공을 치자마자 녹스의 몸의 언어는 이미 두 번째 티 샷도 물에 떨어질 것을 예견하고 있었다. 그는 고개를 절레절레 흔들더니 골프채를 바닥에 던졌다.

그러더니 다시 세 번째 티 샷을 하겠다고 나섰다. 타구는 살짝 오른쪽으로 향하다가 첫 번째 티 샷 공이 빠진 근처에 다시 빠져버렸다. 그는 골프채를 떨어뜨리고는 도저히 믿기지 않는다는 듯 망연자실한 표정으로 머리를 쥐어뜯었다.

결국 녹스는 캐디와 함께 드롭 존으로 이동해 7번째 샷을 물 건너의 그린에 올렸다. 아일랜드 그린으로 걸어가면서 그는 모자를 살짝 들어 올려 관중들에게 알 듯 말 듯 한 의미의 인사를 건넸고, 2퍼트로 홀 아웃해서 9타를 기록했다. 이 점수는 대회 역사상 그 홀에서 기록된 네 번째로 많은 타수였다. 그는 대회가 끝난 후 기자들에게 "정말 끔찍한 참사였다"라며 이렇게 말했다.

"첫 티 샷을 잘 쳤다고 생각했어요. 제대로 맞았어요. 불안하거나 동요할 것 없는 쉬운 샷이었거든요. 그런데 두 번이나 잇달아 티 샷을 물에 빠뜨리고 나니까 그게 아닌 거예요. 그린이 동전 크기처럼 느껴졌습니다. 그러면서 모든 게 성급해졌어요. 뇌로 피가 치솟는 것 같았어요. 직접 당해보지 않으면 그런 느낌이 어떤 건지 절대 이해하지 못합니다."

감정의 시작점

영국 글래스고 대학교 신경과학-심리학 연구소의 최근 연구 결과에 따르면 인간에게는 네 가지의 기본 감정이 있다고 한다. 그 중 세 가지는 이른바 부정적 감정이라는 두려움, 분노, 슬픔이다. 네 번째이자 유일한 긍정적 감정은 행복감이다.

골퍼가 잇달아 샷을 잘못 치고 나면 그 경험은 강력한 감정들, 즉 충격, 공황, 불안감을 만들어낸다. 그러면 몸은 퍼포먼스에 직접적 영향을 주는 호르몬들을 분비하기 시작한다. '스트레스' 호르몬인 코르티솔이 대표적이다. 코르티솔은 '행복' 호르몬인 DHEA와 똑같은 기본 분자들로 구성돼 있다. 두 호르몬은 한 지렛대에서 계속해서 서로 상쇄하고 벌충하며 상호 작용을 한다. 말하자면, DHEA 농도가 높아지면 코르티솔 농도는 낮아지고, 코르티솔이 많아지면 DHEA는 줄어드는 식이다.

앞에서 언급했듯이, DHEA는 퍼포먼스를 향상해 주는 호르몬으로, 뇌에 윤활유 역할을 해준다. 몸이 높은 농도의 DHEA를 감지했다는 정보를 뇌가 전달받으면 뇌와 운동 기능은 최고조에 달하게 된다. 이는 마치 뇌와 몸이 부드럽게 돌아가는 엔진처럼 되는 것과 같다. 그렇게 되면 의사 결정, 시각적 예리함, 균형·타이밍·리듬 등을 최상의 상태로 올려줘 잠재력을 최대한 발휘할 수 있게 해준다.

이와는 반대로, 앞서 러셀 녹스의 경우처럼 코르티솔 농도가 치솟으면, 뇌는 기본적으로 '접근 거부' 모드로 변한다. 뇌와 몸을

통해 정보와 지침을 보내주지 못하고 엔진 시동을 꺼뜨리기 시작
한다. 의사 결정이 흐트러지거나 완전히 멈춰서고, 균형·타이밍·리
듬의 조화를 잃어버리게 된다.

녹스의 뇌는 코르티솔이 대량 분출하면서 사실상 동결돼 버
렸다. 그는 첫 티 샷을 물에 빠뜨리고 난 후에도 두 번째와 세 번
째 티 샷을 연이어 날렸다. 당시 관중은 "저 선수는 무슨 생각을 하
는 걸까"라고 의아해했을 것이다. 그것이 바로 포인트다. 그는 생
각을 하지 못하고 있었다. 압박감 속에 미스 샷을 했을 때 생리적
으로 어떤 현상이 일어나는지를 이해하는 것이 중요한 이유는 바
로 이 때문이다. 그걸 알면 휴먼 스킬을 이용해 회복할 수가 있다.
우리는 이런 개념을 학생들에게 설명할 때 아래와 같은 아드레날
린-DHEA-코르티솔 관계 격자판 그림을 즐겨 사용한다.

호르몬과 감정은 서로 영향을 끼친다. 그리고 호르몬과 감정은
아드레날린 농도와도 상호 작용한다. 212쪽의 그림에서 보듯이, 수
직 라인은 아드레날린 농도다. 그리고 수평선은 DHEA에서 코르
티솔로 가는 연속체를 나타낸다. 그림의 왼쪽 윗부분은 DHEA와
아드레날린이 둘 다 높은 상태다. 이 상태의 골퍼는 코스에서 최고
의 날 중 하루를 보내게 된다. 정신적·신체적·감정적 기술을 모두
발휘해 한껏 행복함을 즐긴다. DHEA와 고농도 아드레날린과 연
관된 단어들은 즐거움·열정·긍지·쾌감·행복감·몰입·용기·영감 등
이다. DHEA와 고농도 아드레날린 행동(플레이가 잘될 때)을 보이
는 선수로는 조던 스피스, 타이거 우즈, 수잔 페터슨, 미셸 위Michelle

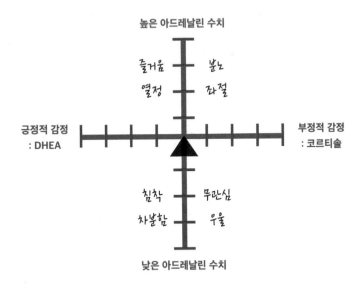

이번엔 오른쪽 윗부분으로 가보자. 아드레날린과 코르티솔이 높은 상태다. 이 구역에 해당하는 플레이어들은 코스에서 최악의 날을 맞게 된다. 아드레날린과 코르티솔 농도가 치솟으면서 최상의 신체적·정신적·감정적 기술을 차단하고 단절해 버린다. 이 상태와 연관된 단어들로는 분노·좌절·불안·공포 등이다. 여기에 해당하는 플레이어는 외향적 성격이냐 내성적 성격이냐에 따라 클럽을 내던지고, 욕을 하고, 가방을 차거나, 속으로 참고 참다가 자폭을 한다. 플레이가 잘 안 풀릴 때 코르티솔과 고농도 아드레날린 행동을 보이는 선수의 예로는 존 데일리John Daly, 타이거 우즈, 도티

페퍼Dottie Pepper, 수잔 페터슨 등을 들 수 있다.

다음으로 왼쪽 아랫부분을 보자. DHEA 분비는 많고 코르티솔 농도는 낮은 상태다. 이런 상태의 플레이어는 자신의 모든 기술을 최대한 발휘하며 코스에서 평화로운 날을 보내게 된다. DHEA 농도는 높고, 아드레날린 농도는 낮은 이 컨디션과 관련된 단어들은 평온·침착·성취·편안·만족·공감 등이다. 이 구역에 해당하는 행동을 보이는 선수로는 제이슨 데이, 더스틴 존슨Dustin Johnson, 캐트리오나 매슈Catriona Matthew, 박인비, 안니카 소렌스탐 등이 있다.

마지막으로 오른쪽 아랫부분은 코르티솔 농도는 높고 아드레날린 분비는 적은 상태다. 이에 해당하는 상태의 선수들은 라운드 시작부터 좋지 않고, 계속 용기를 잃어 마침내는 의욕마저 상실한다. 그래서 자신의 능력을 제대로 살리지 못한 채 라운드 내내 많은 것들을 놓치고 만다. 이처럼 고농도 코르티솔에 저농도 아드레날린 상태와 연관되는 단어는 무관심, 침울, 자기 연민·기권·탈진·원망·죄의식·지루함 등이다. 플레이가 잘 안 될 경우에 이런 상태의 행동을 보이는 선수로는 데이비드 듀발David Duval, 어니 엘스, 세르히오 가르시아, 최나연 등을 꼽을 수 있다.

물론 모든 선수가 위의 네 가지 유형에 완전히 치우쳐 있는 것은 아니다. 대부분의 선수는 중간 어디쯤엔가 걸쳐 있어서 그들의 행동은 앞에 예시로 든 것보다는 극단적이지 않다. 중요한 것은 아드레날린-DHEA-코르티솔의 상호 격자 관계를 이해하고, 그에 따라 일어나는 현상을 조절할 수 있는 휴먼 스킬을 어떻게 개발하느냐 하는 것이다.

교통체증에 걸리거나 늦잠을 자는 바람에 높은 코르티솔 상태에서 대회 코스에 도착하는 선수도 있다. 그런가 하면 원하는 대로 공이 잘 맞지 않는 느낌이 든다며 연습장에서 워밍업하면서부터 불안해하고 신경이 날카로워져 코르티솔이 치솟는 경우도 보게 된다. 누구나 라운드 도중에 위 그림의 어느 한쪽으로 기울 수 있다. 관건은 얼마나 빨리 자신의 반응을 자각하고 바람직한 다른 쪽으로 방향을 틀어 되돌아가느냐 하는 것이다. 우리는 이것을 '복귀 능력' 또는 '감정적 회복'이라고 부른다. 코르티솔이 동반된 샷 하나 정도는 종이에 베인 상처로 비유할 수 있다. 당신을 압도하지는 못한다. 그러나 그것이 커지게 되면 피를 보게 되고 큰 출혈이 일어나게 된다.

러셀 녹스가 2016년 플레이어스 챔피언십 대회 17번 홀에서 첫 번째 티 샷이 물에 빠졌을 때 자신의 내부 반응을 재빨리 인정했더라면, 일단 한 걸음 물러나서 재정비를 할 수 있었다. 골프채를 좀 더 긴 것으로 바꾸고 타구 궤도를 달리 선택하는 등 플레이 상자에 변화를 주거나, 아예 다음 샷은 티 샷을 재시도하는 게 아니라 드롭 존에 가서 할 수도 있었다. 그렇게 하지 않았기 때문에 녹스는 과다 출혈에 따른 엄청난 피를 보게 된 것이다.

휴먼 스킬은 DHEA 분비를 높이는 방법을 통해 코르티솔 축적에 대응할 수 있게 해준다. DHEA 저장량을 늘리는 데 집중함으로써 격자판 그림의 좋은 구역에 계속 머물러 있을 수도 있다. DHEA 농도를 높일 필요가 있을 때 그럴 수 있는 가장 좋은 방법은 긍정적 감정을 갖는 것이다. 다만 이 감정들이란 생각이 아니라 느낌이며, 사람마다 각각 독특하다는 사실을 기억해야 한다.

복지와 행복 관련 심리학, 사회학, 신경과학을 연구하는 UC버클리 대학교의 그레이터 굿 사이언스 센터Greater Good Science Center가 발표한 자료에 따르면, DHEA 농도를 높이는 데 매우 효과적인 방법은 감사하는 마음, 유머, 자연환경 감상 등의 느낌을 불러오는 것이라고 한다. 한 예로 미 PGA 선수였던 애런 오버홀저는 특히 스트레스를 많이 받는 대회 마지막 라운드에는 나무, 꽃, 산 등 골프 코스 자연의 아름다움을 감상하고 만끽하면서 플레이를 함으로써 DHEA 수준을 높였다고 한다.

그런가 하면 2016년 US여자오픈 우승자인 브리타니 랭은 남편과 애완견 등 자기가 감사하게 느끼는 존재에 관해 줄곧 생각하면서 경기를 했다고 말한다. (이는 지갑 속에 가족이나 친구 사진을 넣고 다니는 이유와 비슷하다. 그들의 사진이 사랑과 감사하는 느낌을 일으켜 DHEA 분비를 활성화해 주기 때문이다.)

DHEA 수준이 높아지면 감정 회복력도 강해진다. 감정 회복력을 구축하는 것은 휴먼 스킬이다. 골프 가방에 신비로운 클럽 하나를 더 넣어 다니는 셈이다. 보호용 힘의 장을 형성해 준다. 골프 코스에서는 여러 부정적인 일이 흔히 일어난다. 그럴 경우, 어떻게 무슨 일이 벌어지는지 인지해서 코르티솔 분비는 억제하고 DHEA

생성은 촉진할 것인가? 그에 앞서 선제적으로 감정 회복력을 미리
갖춰놓는다면 훨씬 좋지 않겠는가?

녹스의 경우, 17번 홀에서의 감정 회복 전략은 이런 것이었을
수 있다. 티 샷을 물에 빠뜨리고 난 뒤 코르티솔과 아드레날린 분
비가 고조될 것을 미리 예견한다. 따라서 그것들을 낮춰야 할 필요
성을 느끼고, 아드레날린을 저하하기 위해 여러 차례에 걸쳐 심호
흡을 해주는 한편으로, 그 홀에서 자신이 기록했던 수백 개의 훌륭
한 샷들을 회상함으로써 긍정적 느낌을 끌어낸다.

플레이 상자 단계의 감각 느낌 중 제일 와닿는 것을 선택해서
그 순간에 칠 수 있는 가장 자신 있고 쉬운 샷(보수적이면서 스스로
믿을 만한 샷)을 해야 했는가. 당시 자신의 아드레날린이 한껏 치솟
아 있다는 사실을 고려해서 스윙을 끝낼 때까지 70퍼센트의 템포
만으로 그린의 넓은 쪽을 겨냥해 샷을 해야 했다.

피아 닐손은 진단과 전략을 예시하는 데 있어 종종 자기 자신
을 보기로 든다. 닐손은 "나는 아드레날린이 중간보다 조금 낮고
DHEA는 웬만큼 있는 상태에서 최고 플레이가 나온다"라고 말하
곤 한다. "저는 골프 코스로 가는 도중에 DHEA 축적을 위해 내가
좋아하는 노래를 들어요. 워밍업을 하기 전에는 평온함을 얻기 위
해 몇 분간 명상해요. 워밍업 중간에는 다가올 상황에 대한 걱정과
불안을 느끼는 경향이 있어서 아드레날린 수치를 낮추기 위해 길
고 깊은 호흡을 여러 차례 해줍니다. 그리고 느린 템포로 샷을 할
연습과 준비를 합니다. 특히 이런저런 불평불만을 늘어놓으며 투

덜대는 사람은 멀리합니다."

　감정 상태와 변화를 추적하면서 골프 코스에서 시행해 볼 수 있는 아주 좋은 자각 의식 연습이 있다. 코스별 안내서나 점수판 위에 아드레날린-DHEA-코르티솔 격자 표를 그려놓는 것이다. 그리고 플레이가 가장 잘 되는 상황에 해당하는 격자 표 구역에 X표를 한다. X가 아드레날린 축의 높은 부분, 아니면 낮은 부분에 표시돼 있을 때 플레이가 잘되는가? 감정 축에선 어디에 있을 때 가장 좋은 플레이나 나오나? 아드레날린과 DHEA가 둘 다 높은 왼쪽 윗부분 구역에 X가 있는가?

　아드레날린-DHEA-코르티솔 격자 표에 플레이를 마친 홀의 번호를 적는다. 그 번호는 본인이 그 홀에서 느낀 DHEA와 아드레날린 농도에 해당하는 위치에 써놓는다. 라운드를 모두 마친 후 숫자들이 격자 표의 어느 구역들에 표시돼 있는지 살펴보라.

　이런 감정 관리와 회복 기술은 라운드 도중에 계속해서 연습해 볼 수 있는 것들이다. 예를 들어, 당신이 2번 홀에서 두 차례의 멋진 샷으로 이글을 잡아냈다고 가정해 보자. 아드레날린 농도가 급상승했을 테니 다음 홀 티 샷을 하기 전에 당신은 무엇을 어떻게 해야 할까? 아드레날린을 낮추기 위해 평소보다 더 길게 숨을 여러 차례 내뱉어야 한다. 그렇게 해서 그 홀에서 무난히 파를 했는데, 그다음 홀에서 동반자들의 경기 속도가 느려져 신경에 거슬리는 바람에 더블 보기를 범했다. 이런 경우엔 또 뭘 어떻게 해야 하나? DHEA를 더 분비할 수 있도록 행복감, 평온함, 감사하는 마음을 느끼게 하는 무언가를 해야 한다.

이런 식으로 해서 라운드를 시작할 때보다 18번 홀 그린에서 벗어날 때의 DHEA 수준이 더 높은 상태라면, 점수는 어찌 됐든, 당신이 게임과 자신의 몸을 통제하는 회복력을 갖췄음을 나타내는 것이다. 당신이 대회에 출전한 상황이라면, 경쟁자는 갖고 있지 못한 휴먼 스킬을 당신은 골프백에 넣고 다니며 경기를 풀어나갈 수 있다는 얘기다.

우리의 VISION54 코치인 크리스틴 리즈와 티파니 애거는 애리조나주 스코츠데일 지역의 젊은 남성 프로들과 골프 게임을 한 이야기를 자주 하곤 한다. 리즈는 "그들은 20대 중반인데요, 언제나 스윙 훈련만 해요"라며 이렇게 말했다. "우리는 그 젊은 남성 프로들과 재미있는 내기 경기를 하게 돼요. 그들은 코르티솔 중독자들이에요. 초반엔 가만히 지켜봐요. 마음에 들지 않는 샷이 나오기 시작하면 점점 더 흥분하면서 신경질을 내고 분기탱천해요. 그러면 우리는 기다렸다가 12번 홀쯤 가서 내기하자고 해요."

뛰어난 골퍼는 실체를 정확히 알지 못하면서도 암시적인 휴먼 스킬을 실행하는 데 익숙해 있다. 벤 호건은 골프 코스에 차를 몰고 갈 때 아주 천천히 운전하고 갔다. 그것은 호건 나름대로 자신의 마음과 감정 상태를 조절하는 방법이었다.

수잔 페터슨은 티 오프 타임이 한참 뒤인 경우, 스포츠 경기를 보거나 〈록키〉 같은 영감을 주는 영화를 보면서 기다렸다. 그런가 하면 에리야 쭈타누깐은 티 오프하기 전에 자신이 좋아하는 음악을 듣곤 했다. 대회가 열리는 골프 코스에 늦게 도착해 경기 시작 전까지 워밍업할 시간이 5분밖에 안 남았다면 절대 연습 레인지에서 공 치는 건 하지 말아야 한다. 불안 발작과 치솟는 코르티솔에 자신을 내맡기는 짓이다. 그렇다면 몇 분밖에 남지 않았을 경우 무엇을 하는 게 가장 나을까? 긍정적인 감정을 만들어내는 것이 훨씬 낫다. 균형·템포·긴장 완화 조절을 통해 마음 상태를 좋게 하는 것이 급선무다.

감정적 회복, DHEA와 코르티솔에 대한 자각 의식과 관리는 일반적으로 배울 수 있거나 자동 조절 장치에 걸어놓을 수 있는 기술이 아니다. 주관적으로 될 수밖에 없다. 내가 3퍼트에 대한 부정적 반응으로 코르티솔을 만들어냈다? 다음 티 샷을 치기 전에 DHEA를 회복하려면 무엇을 할 수 있을까? 따라서 감정적 회복력 저장고를 계속해서 채워놓는 것이 중요하다. 장기적으로 지속적인 효과는 본인의 시스템 내에 많은 DHEA를 쌓아두고 시작해야 나타난다. 저장고가 텅 빌 때까지 기다려서는 안 된다.

한 중요한 연구 결과에 따르면 사람은 화가 나거나 속상한 경험을 하고 난 후에 DHEA의 기본 수준을 회복하려면 6~10시간은 자줘야 한다고 한다. 이는 만약 당신의 코르티솔이 한 홀에서 확 치솟았거나 여러 홀에서 누적됐다면 당장 또는 그 라운드 도중에는 균형을 회복할 수 없다는 뜻이 된다. 러셀 녹스는 3라운드를 치

른 토요일 밤에 잠을 깊이 잠으로써 DHEA와 코르티솔 균형을 회
복했고, 그 덕분에 마지막 라운드를 긍정적 상태에서 플레이할 수
있었다.

앨 페팃패스 박사는 '첫 번째 티The First Tee'에서 오랫동안 함께
일했던 스포츠 심리학자다. 그는 운동선수가 배울 수 있는 가장 훌
륭한 기술은 실책 도중에 자기 자신을 붙잡는 것이라고 말한다. 이
는 가변성을 다스리는 주인이 되기와 감정적 회복을 의미하는 것
으로 휴먼 스킬의 이용이 필요하다.

녹스는 이 원리의 신봉자가 됐다. 비록 실수 도중의 자신을 붙
잡지는 못했지만, 4라운드가 벌어진 일요일 아침에 티 샷을 하기
전에 DHEA 수준을 높이기 위해 전날 17번 홀에서의 낭패 후 감정
의 회복을 하기 위해 무진장 애를 썼다. 그는 이렇게 말했다.

"누구나 완벽주의자가 되기를 원하지요. 하지만 골프는 완벽
의 게임이 아닙니다. 잘못된 샷과 감정을 추스르고 다스리는 게임
입니다. 내 골프 커리어에서 지금 단계에 이르고 보니, 내가 쳐내는
샷보다 내가 나를 어떻게 관리하고 조절하느냐가 훨씬 더 중요하
다는 사실을 깨닫게 됐습니다."

라운드 중간: 감정 회복하기

감정적 회복은 골프 코스 안팎에서 발전할 수 있는 가장 중요

한 휴먼 스킬 중 하나다. 우리는 감정적 회복이 하나의 개념이 아니라 기술이라는 사실을 강조하고 싶다. 라운드 전에, 샷과 샷 사이에, 그리고 홀과 홀 중간에 시행할 수 있는 기술이다.

다른 많은 골퍼와 마찬가지로 당신 역시 결과 집착 의존형일 가능성이 크다. 공이 잘못 튕겨 나가거나, 동반자의 플레이가 느리거나, 보기를 범하는 등의 외부 요인이 화가 나게 만든다. 감정적 회복이 중요한 이유는 코스에서 여러 시간을 보내야 하기 때문이다. 그래서 감정적 상태는 사전에 준비해야 한다. 코스에 올라가기 전에 DHEA 농도를 축적해 놓고, 플레이하는 도중에 계속 개선을 해나가야 한다.

감정 회복

- 코스에서 어떤 상황이 감정적으로 거슬리는가? 여러 구체적인 사례와 그 결과 어떤 일이 벌어졌는지 생각해 본다.
- 아드레날린 농도는 높은 것과 낮은 것, 어느 쪽이 당신에게 좋은가? 코스에서 그 관리는 어떻게 하는가?
- 코스에서 더 많은 긍정적 감정을 생성하기 위해 할 수 있는 일에는 무엇이 있는가?
- 라운드 시작 전에 감정적으로 회복하기 위해 당신이 할 수 있는 것은 무엇인가?

하트매스HEARTMATH의 심장 박동

골프 플레이와 관련된 뇌는 언제나 나를 매료시켰다. 나 자신의 뇌도 그랬고, 우리 학생들의 뇌도 그랬다. 코치 경력을 시작할 때 나는 어떻게 하면 가장 효과적으로 가르칠 수 있을까 알아내기 위해 애를 쓰고 있었다.

어느 날 척 호건에게 "나는 뇌와 뇌가 작동하는 원리에 대한 책을 계속 읽어왔다"라고 말했다. 그랬더니 호건이 내 말을 중간에 끊더니 발전심리학자 장 피아제Jean Piaget 박사, 뇌와 심장 연결 관계를 연구해 온 미국 작가 조지프 피어스Joseph Pearce의 이론에 대해 줄줄이 설명하기 시작했다.

호건은 뇌가 어떻게 발달하고 어떻게 행동을 형성하는지에 대해 열변을 토했다. 만약 그 자리에 다른 골프 프로들이 있었다면, 그들은 자리를 박차고 일어나 연습장으로 향하였을 것이다. 호건은 "골프의 비밀은 여기에 있다"라며 "본인이 원하는 걸 감정화하고 다른 나머지에서 분리해라"라고 했다. 다시 말해서 골프 코스에는 긍정적인 것을 부정적인 것과 떼어내 그것만 가지고 가라는 말이었다. 피아 닐손이 스웨덴 국가대표팀에 소개했던 연계와 분리 개념과 똑같은 내용이었다.

과학자들이 심장은 미주迷走신경을 통해 뇌와 소통한다는 결론을 내렸다는 기사를 읽은 적이 있다. 미주신경은 가장 긴 두개골 신경으로, 운동 신경섬유와 감각 신경섬유를 내포하고 있으며, 목과 흉부를 거쳐 복부까지 뻗은 가장 광범위한 분포로 몸에 가장 큰 영향을 미친다. 그 기사는 저장 기억, 특히 정신적 충격과 그에 따른 외상 후 스트레스 장애와 관련된 기억에 대한 내용까지 다루고 있었다. 나는 그때 장기 기억이 저장되는 편도체와 심장 사이를 연결하는 '배선망'에 실제로 영향을 미칠 수 있다는 주장에 깊은 인상을 받았다. 그것은 일관성 있는 심박변이도, HRVHeart-Rate Variability로 이어지는 개념이었다.

나는 그 기사를 스톡홀름에 있던 피아 닐손에게 팩스로 보냈다. 바로 그다음 날, 닐손은 스웨덴 주요 일간지인 스벤스카 다그블라데트Svenska Dagbladet에 나온 기사를 나에게 팩스로 보내줬다. 그녀가 전날 읽었다는 똑같은 내용의 기사였다. 참으로 뜻밖의 발견이 아닐 수 없었다.

그로부터 얼마 후 나는 코칭을 하게 됐다. 대상 학생에게 "최신 과학 연구 결과, 특정 샷에 대한 기억을 선택에 따라 저장할 수도, 하지 않을 수도 있음이 확인됐다"라고 말해줬다. 그랬더니 그 학생이 나를 물끄러미 쳐다보면서 "아, 그 말씀을 들으니까 하트매스HeartMath 생각이 난다"라고 혼잣말처럼 말했다. 하트매스는 캘리포니아에 있는 연구소라고 했다. '좋아. 세 차례나 뜻밖의 발견이 겹친 거야. 그래, 가보자'라고 나는 생각했다.

그래서 나와 닐손은 하트매스에서 제공하는 교육 프로그램에 참여해 보기 위해 현지로 찾아갔다. 그런데 막상 가서 보니 강의실에는 정신과 의사, 심장병 전문의, 여타 다른 과목 의사들이 앉아 있었다. 그들은 우리를 보더니 "두 분은 골프 티칭프로인데, 여기는 왜 오셨나요? 하트매스는 스트레스를 다루는 곳인데, 골프 치는 데도 스트레스가 생기나요?"라고 하며 의아하다는 듯 물었다.

하트매스의 교육 프로그램은 우리에게 뇌와 심장 과학에 관한 통찰력을 심어줬다. 행복하고, 긍정적이고, 자신감 있는 감정적 상태에서는 심장 박동 리듬이 매끄럽다. 이는 뇌, 심장, 신경계 사이에 일관성이 있음을 의미한다. 의사 결정이 더 빠르고 더 견실하다. 감정의 안정성을 유지하기 쉽고 신체적 조화가 향상된다.

스트레스가 많은 상태이거나 좌절·분노·불안 등의 감정을 겪으면 심장 박동 사이의 리듬과 시간이 불규칙해지면서 심장과 뇌 사이의 소통을 교란하게 된다. 혈관이 수축하면서 혈압이 올라가 의사 결정과 문제 해결을 포함한 뇌의 정보 처리 능력을 제한하게 된다. 이는 또 신체적 퍼포먼스에도 부정적 영향을 미치는 단계까지 악화한다.

앞서 부정적 기억은 긍정적 기억에 비해 세 배 더 강하게 저장된다는 사실을 배운 바 있다. 우리는 이런 사실을 골프에 적용해 확신한 게 있다. 짜증·격앙·좌절 등 부정적인 측면의 기억과, 또는 평온함·행복감·기쁨·만족감 등 긍정적인 기억과 감정을 연계시키면 그에 따라 자신의 최고 퍼포먼스 능력을 발휘하는 데 부정적 또는 긍정적인 영향을 미친다는 사실이다.

어느 날, 하트매스 연구소의 수석 부원장이자 연구 책임자인 롤린 맥크래티Rollin McCraty 박사가 신경 가소성可塑性 개념을 소개하면서 심장에서 나온 신호가 어떻게 뇌에 있는 신경 연결 통로와 신경세포 접합부의 배선을 재구성하고 편도체의 저장 기억에 영향을 미치는지 설명해 줬다.

의학 전문가에 둘러싸여 앉아 있던 내가 손을 들고 질문을 했다. "벤 호건이 입스yips(실패에 대한 두려움과 불안으로 호흡이 빨라지며 손에 경련이 일어나는 증세)를 한 것도 그래서일까요?" 나는 그때 맥크래티 박사의 표정을 영원히 잊지 못할 것이다. 그는 머뭇거리더니 "글쎄요, 확실히는 모르겠네요"라고 대답했다. 하지만 나는 확신했다. 입스는 뇌의 편도체가 부정적 저장 기억을 계속 내보내 심장을 비정상적으로 뛰게 하고 신경계의 작동을 멈추게 해서 비롯된 결과인 게 너무나 분명했다.

내가 얻은 메시지는 압박감 아래에서 사람은 현재의 행위·감정·기억을 긍정적으로 저장하려는 단호한 결정을 내리지 않는 이상, 과거의 부정적인 기억으로 되돌아가는 경향이 있다는 사실이다. 자신의 아드레날린 농도를 높일 수도 있고, 더 많은 DHEA를 분비하게 할 수도 있다. 그러면 감정 회복을 개념 차원이 아니라 실제 상황에서 실현할 수 있게 된다. 그리고 그 피드백을 이해하기 시작하면 스스로 원하는 느낌을 이끌어낼 수 있다. 감정 관리와 회복을 실제의 휴먼 스킬로 만들 수 있게 된다.

4장

라운드 전, 중간, 후
—
우리에게 주어진 자산

사람들은 종종 우리에게 "마구간 안에 어떤 프로 선수들이 들어와 있느냐"고 묻는다. 그러면 우리는 이렇게 대답한다. "죄송하지만, 우리한테 마구간은 없습니다. 항구는 있습니다. 선수들이 그 항구로 항해해 들어와 잠시 닻을 내리고 VISION54 프로그램을 이수하며 게임과 휴먼 스킬에 대한 수리를 받은 후 필요한 것을 보충해 싣고 갑니다. 우리의 목적은 선수가 골프 코스에서 언제나 자신을 관리하고 조절할 수 있는 자신감을 느끼고 다시 항해해 나가도록 해주는 것입니다. 그들은 우리 항구가 어디에 있는지 압니다. 하지만 그 항구를 드나드는 선박의 선장은 그들 자신입니다."

　지금까지 우리는 자각 의식·가변성·균형·템포·긴장감의 휴먼 스킬을 탐구해 봤다. 그 과정에서 생각 상자·플레이 상자·기억 상

자 단계를 만들어봤고, 코스에서 샷과 샷 사이에 몸·마음·감정을
어떻게 조절할 수 있는지 살펴봤다.

이제는 자신이 코스에서 무엇을 가장 잘하고 잘 못하는지 이해
하고, 골프장 클럽 챔피언전이 됐든 공식 대회가 됐든, 라운드에 따
라 고유의 유연성 있는 게임 계획을 세울 수 있도록 이 모든 것들
을 종합해 볼 시간이 됐다. 게임 계획은 일단 라운드가 끝난 후 분
명하게 자신의 플레이를 평가할 수 있는 도구를 제공할 것이다.

MY54와 NOT54 — 가변성의 주인 되기

대부분의 골퍼는 자신이 플레이를 잘 못할 때 자신이 저지르는 행위에 대해 잘 알고 있다. "나는 오늘 6개 홀에서 3퍼트를 했어", "드라이버 샷이 엉망이었네", "피칭 샷 거리를 잘못 잡았어", "오늘 나자신이 영 마음에 안 드네" 등등 각양각색의 불만을 털어놓는다. 이처럼 코스에서 뭐가 잘못됐었는지 아는 것은 필요하다. 하지만 그에 못지않게 중요한 것은 어떤 것이 잘됐고, 잘된 이유는 무엇인지 파악하는 것이다.

자신의 게임을 위해 할 수 있는 가장 가치 있는 일 중 하나는 플레이를 잘할 때와 잘 못할 때 각각 자신이 무엇을 어떻게 했는지 기록하기 시작하는 것이다. 골프채로 스윙할 때 어떤 자각 의식이 느껴졌나? 퍼트하면서 무엇을 알게 됐나? 샷과 샷 사이에 어떤 행동을 했고, 어떤 느낌이 있었나? 어떤 종류의 자기 대화를 했나? 보다 외향적으로 됐나, 아니면 더 내성적으로 됐나? 본인의 결정에는 얼마나 충실했나? 아드레날린 수준은 낮았나, 높았나?

이것을 우리는 MY54와 NOT54 목록이라고 부른다. MY54와 NOT54는 신체적·정신적·감정적으로 어떻게 플레이하는가를 나타내는 고유의 지도와 같다. 이 목록은 최고의 플레이할 때와 코스에서 엉망이 될 때의 특징을 포함하고 있다. 핸디캡 36인 골퍼이든, 프로 선수이든, 우리 모두는 고유의 MY54와 NOT54를 갖고 있다. 그리고 우리 대부분은 같은 라운드 도중에 MY54와 NOT54의 배합을 경험하게 된다.

그런데 유감스럽게도 대부분의 골퍼는 반드시 일관성을 달성해야만 한다는 심적 경향을 보인다. 그리고 그 일관성이 흐트러지면 뭔가(일반적으로는 기술)가 잘못됐다고 여기며 동요한다.

플레이어는 코스에서 자신이 잘한 것보다는 잘 못한 점에 집중하는 경향을 보인다. 샷과 샷, 홀과 홀, 라운드와 라운드, 어제와 오늘 사이에 똑같은 건 아무것도 없다는 원리, 가변성의 개념을 기억하는가? 부정적인 기억을 긍정적인 기억보다 세 배 더 강력하게 저장한다는 3 대 1 부정적 편향성 비율도 기억하는가? 그렇다면 잘된 점보다 잘못된 점에 대해 더 많이 안다는 건 전혀 놀라운 게 아니다.

본인의 강점과 약점인 MY54와 NOT54의 요소를 더 분명히 이해하면 할수록 실수 중간의 자신을 더 자주 (바라건대 실수가 참사 또는 총체적 붕괴로 이어지기 전에) 붙잡아 휴먼 스킬을 가동함으로써 대응에 나설 수 있게 될 것이다. 이 능력은 당신을 가변성을 다스리는 마스터로 만들어준다.

라운드가 끝난 뒤 클럽하우스 바에 앉아서 다른 플레이어로부터 "10번 홀 이후에 당신 스윙이 너무 빨라졌어요. 그때부터 그 모든 샷을 실수하기 시작하더라고요"라는 소리를 들으며 앉아 있으면 안 된다. 그 대신에 본인 스스로 그런 사실을 인지하고, '나의 NOT54인 빠른 템포가 나오기 시작했구나. 그럼 다음 홀에선 60퍼센트로 스윙을 해야겠다'라는 생각을 가지고 11번 홀에 올라서기를 바란다. 그렇게 할 수 있어야 당신도 비로소 슈퍼골퍼가 될 수 있다.

MY54와 NOT54의 기원은 피아 닐손이 스웨덴 국가대표팀을 코치하면서 대표팀의 플레이를 관찰하기 시작한 1990년대 초반으로 거슬러 올라간다. 닐손은 당시 어떤 선수는 외향적인 성격을 내보이며 잡담을 해가면서 더 좋은 플레이를 하는데 비해, 다른 어떤 선수는 내향적인 태도로 말을 별로 하지 않으면서 더 좋은 성적을 낸다는 사실을 발견했다. 그때 닐손은 선수들이 코스에서 어떻게 자신의 결정을 내리는지를 유심히 살펴봤다.

닐손은 "샷에 앞선 루틴, 스윙 등 기본적으로 모든 부분을 관찰했다"라며 "그리고 그 선수들에게 '당신이 플레이를 잘했던 4번, 5번, 6번 홀에서 내가 목격한 것은 이것이다', '당신의 플레이가 흐트러진 16번 홀과 17번 홀에서 내가 본 것은 이렇다'고 말해줬다"

라고 한다. 닐손에 따르면 잘한 플레이든, 잘 못한 플레이든, 둘 다 기술적인 문제이기도 하지만, 실제로는 특정 순간의 외부 또는 내부 변수라는 다른 요인으로 인해 야기되는 경우가 굉장히 흔하다고 한다.

닐손은 어느 날, 한 선수의 플레이를 관찰한 내용을 짧은 보고서 형식으로 작성했다. 그날 이후 그 선수의 플레이를 볼 기회가 없을 것 같아서 그랬는데, 이후 다른 모든 선수의 플레이 내역도 기록하게 됐다. 그러다 보니 눈에 띄는 현상이 있었다. 어떤 선수의 게임 결과는 플레이하는 속도와 공에 소비하는 시간과 관련이 있었다. 플레이를 잘할 때는 일정한 페이스를 유지한 데 비해, 플레이가 흐트러지는 경우엔 공 앞에서 지체하는 시간이 길거나 과도한 준비 과정을 거치거나 스윙을 할 때 산만한 모습을 보이는 것이 관찰됐다.

닐손은 이를 계기로 선수의 샷 이전과 중간, 샷 후의 모든 것을 관찰하는 데 푹 빠졌다. 워터 해저드 근처에서 어떻게 제대로 공을 드롭하는지, 같은 조의 경쟁자들에게 어떻게 반응하는지 등을 면밀히 지켜봤다. 그리고 그녀는 생각했다. '와, 내가 아직 현역이라면 이런 것이 플레이에 엄청난 도움이 됐을 텐데….'

우리는 VISION54 프로그램의 일환으로 MY54와 NOT54 개념을 일일이 테스트해 봤다. 닐손의 경우엔, 플레이가 잘될 때는 자신의 플레이 상자 단계에 제대로 몰입해 있더라면서 이렇게 말했다.

"나의 가장 중요한 MY54는 내 몸 안에서 무언가를 느끼는 것

이에요. 내가 최고의 플레이를 할 때 나는 무게 중심이 낮고 일정
한 템포를 유지하며 평온함을 느껴요. 그런 느낌이 동시에 들 때
어떤 동작을 해야 할지 분명해집니다. 점수나 승패 문제에 대한 생
각은 없어져요. 그저 현재에 충실하고 만족하면서 자유로워지는
느낌입니다. 말하자면 어떤 기대감이나 부담감 없이 오직 플레이
를 즐기는 거지요."

　널손의 NOT54 목록 중 하나는 템포 문제다. 마음이 아직 일
어나지도 많은 것에 대해 걱정을 하는 등 성급하게 미래에 가 있다
는 것이다. 그런가 하면 매리엇의 NOT54 중 하나는 골프채를 잡
는 그립의 압력이 세지면서 클럽 페이스가 닫혀버리는 결과를 초
래하는 문제다. 매리엇은 "감정적으로 과거에 얽매이는 게 NOT54
의 가장 큰 문제에요. 앞선 홀에서 제가 기분 나쁘고 싫었던 것에
대한 생각을 계속하면서 일종의 강박관념에 휩싸여요. 그러면서
그 순간부터 짜증이 나기 시작하는 거예요"라고 말한다.

　우리는 다수의 훌륭한 선수를 상대로 그들의 MY54에 대한 인
터뷰를 해봤다. 대부분은 플레이가 최고로 잘될 때 자신이 어떻게
했었다는 사실을 정확히 알고 있었다.

　조안 카너Joanne Carner는 미 LPGA에서 43번 우승해 세계 여자
프로 골프 명예의 전당에 이름을 올린 선수다. 카너는 30세가 될
때까지 프로로 전향하지 않았고, 65세 나이에도 미 LPGA 현역으
로 뛰었던 전설적인 골퍼다. (그녀는 프로 대회에서 컷을 통과한 사상

최고령 플레이어 기록을 보유하고 있다.) 그녀는 우리에게 이런 말을 한 적이 있다. "나는 조금 전에 친 샷의 문은 곧바로 닫아버리고 다음 문으로 들어가요. 캐디가 나한테 '퍼트는 했어요?'라고 물으면 '무슨 퍼트? 나는 지금 새 홀에 와 있는데 어떤 퍼트를 얘기하는거야?'라고 되물어요."

그런가 하면 통산 9개의 메이저 대회 우승컵을 들어 올리고, 사상 세 번째(비미국인으로는 첫째)로 그랜드 슬램을 달성한 남아프리카공화국 골프 선수 개리 플레이어Gary Player는 "내가 숱한 역경을 이겨낼 수 있었던 것은 내 건망증 덕분이었다"라고 말했다.

24년 커리어 동안 메이저 대회에서 세 차례 우승하는 등 미 LPGA 투어에서 48승이라는 대기록을 이룬 낸시 로페스는 이런 말을 했다. "나는 언제나 긍정적이에요. 아빠에게서 배웠어요. 내가 샷을 잘못하면 아빠는 언제나 '다음 샷은 네 생애 최고의 샷이 될거다'라고 말해주곤 했지요. 그런 아빠의 긍정적 격려 덕분에 나는 골프 코스에서 한 번도 부정적이 된 적이 없어요."

미 PGA에서 16차례 우승을 차지했고 훗날엔 골프 코스 설계가로 명성을 날린 톰 위스코프Tom Weiskopf는 "나를 있게 해준 것은 템포, 균형, 그리고 퍼트할 때의 속도감이었다"라고 회상했다. 이미 짐작하겠지만, 이러한 MY54는 기술적인 부분의 스윙 상세 내역보다는 퍼포먼스할 때의 상태와 더욱 관계가 깊다. 말하자면, 집중 능력과 균형의 감각적 느낌, 템포, 거리 지각, 부정적인 생각을 떨쳐버리고 긍정적인 마인드를 유지할 수 있는 능력 등 휴먼 스킬을 말한다.

자신의 MY54와 NOT54 목록을 판별하고 구축하는 일은 골프 게임에서 당신이 할 수 있는 가장 중요한 행위 중 하나다. 우리의 VISION54 스쿨에서는 각각의 세션이 끝날 때마다 학생에게 꼭 이런 말을 들려준다. "오늘 플레이가 제일 잘될 때 당신은 무엇을 어떻게 하고 있었나요? 플레이가 잘 안 될 때는 어땠나요? 홀과 홀 사이에는 무엇을 했나요? 여러분 모두 자신의 자각 의식 근육을 단련하기 시작하고 그것을 계속 정제하면서 단련해 나가기 바랍니다."

앞에서 언급됐던 3 대 1로 더 부정적인 편견을 기억하는 속성 때문에 우리는 플레이어에게 3개의 MY54와 1개의 NOT54를 작성해 보라고 주문한다. 3 대 1로 우세한 부정적인 편향을 거꾸로 긍정적인 방면으로 뒤집기 위해서다. NOT54는 단 1개만 꼽게 한다. MY54는 3개 또는 그 이상 더 많이 나열하면 할수록 더 좋다.

우리가 함께했던 플레이어들의 MY54와 NOT54 사례를 들어 보겠다. 안니카 소렌스탐의 MY54 목록에는 단순한 접근법, 자신의 결정에 대한 전적인 신뢰, 각각의 샷에 대한 몰입, (자신이 제어할 수 없는 것들이 아닌) 본인의 루틴에 대한 집중, 4~5초의 짧은 플레이 상자, 내부 또는 외부에서 일어나는 요인에 대한 자극 의식, 그리고 그것을 관리 및 조절할 수 있는 자신만의 규율을 들 수 있다. 우리가 관찰한 소렌스탐의 최고 MY54는 정직할 수 있는 용기였다. 그녀는 원망이나 변명에 의존하는 법이 없었다. 골프에서나 인생에서 모두 그녀는 균형을 유지했다.

러셀 녹스의 MY54로는 플레이 상자 단계에 들어갈 때의 자신
감과 명쾌함, 힘찬 몸짓 언어, 스윙을 마쳤을 때의 뛰어난 균형, 자
기 대화 관리 능력, 기억 상자 조정, 자신의 직관과 직감에 대한 신
뢰 등을 꼽을 수 있다. 또 케빈 스트릴먼의 MY54 항목으로는 결코
포기하지 않는 투지, 한 공의 구질을 바라보며 파악하는 능력, 그립
의 압력과 스윙 템포에 대한 자각 의식과 조절, 자신의 스윙에 대
한 믿음, 코스에서 유쾌한 기분과 DHEA를 생성하는 능력, 신앙에
기초한 인생관, 직업윤리와 감사하는 마음 등이 있다.

우리의 VISION54 스쿨 3일 일정 중 첫날을 마무리하면서 학
생들에게 자신의 MY54를 꼽아보라고 했다. 로스앤젤레스에서 온
영화제작자 에릭은 자신의 MY54 중 하나는 티 샷을 하러 가는 중
에 균형감과 자신감을 느끼는 일이라고 했다.

핸디캡 1인 자크는 자신의 MY54는 스윙 템포를 80퍼센트로
하는 것이라고 했고, 대학 골프 선수인 미아는 다른 플레이어들과
얘기를 나누고 웃는 것이 자신의 MY54 중 하나라고 했다. MY54
는 라운드 도중에 더 많이 나타나면 나타날수록 좋다.

그런데 그 중간에 NOT54가 끼어들기 시작하면 어떤 일이 벌
어질까? 그런 상황을 재빨리 알아채는 게 중요하다. 그걸 잡아내면
MY54로 금세 되돌아갈 수 있다. 되돌아가는 일은 어렵지 않다. 그
런데 많은 골퍼는 그렇게 하는 걸 잊어버린다. 왜냐하면 샷의 결과
와 그 여파에 생각이 사로잡히기 때문이다. (플레이어스 챔피언십 대

회 때 러셀 녹스의 경우를 보라.)

플레이어에게 하는 말이 있다. 스코어 카드, 메모장, 장갑 또는 무엇이든 라운드 도중에 쉽게 잠깐 들여다보고 생각을 상기시킬 수 있는 곳에 본인의 최고 중요한 MY54를 하나, 둘 또는 세 개 적어놓으라 한다. VISION54 코치 중 한 사람인 크리스틴은 가방에 자신의 MY54를 적은 카드를 넣고 다닌다. 경기 도중에 집중력을 잃거나 마음대로 샷이 되지 않으면 그 카드를 꺼내 보고 기분 전환을 한다. 그녀는 "그러면 나 자신을 재정비하게 돼 금방 플레이가 좋아진다"라고 말한다.

애런 오버홀저는 샷을 한번 잘못 치고 나면 자신의 NOT54가 곧바로 치고 들어온다고 말한다. 그의 NOT54 목록에는 '나는 한심해'하는 태도, 낮은 아드레날린, 부정적인 감정, 코르티솔 축적 등이 포함돼 있다. 그래서 우리는 그와 함께 어떻게 하면 그의 MY54로 금세 되돌아갈 수 있을까 하는 방법을 궁리해 봤다. 그가 샷을 잘못 치고 나면 다음 샷을 할 때까지 1~2분 시간을 갖도록 했다. 긍정적인 감정을 느껴서 몸이 DHEA를 이용하기 시작하고 페어웨이를 걸어가며 긍정적 자기 대화를 하는 시간을 보내게 했다. 이후 오버홀저는 "그래, 애런, 멋진 샷이 어떤 건지 한번 보여주자. 애런, 네 실력이 얼마나 좋은지 보여주자"라는 자기 대화를 하게 됐다고 한다.

NOT54에서 MY54로 전환해 옮겨가는 기술은 대단히 중요하다. 실책 중간에 당신이 더 함몰되지 않도록 붙잡아준다. 이런 일은 연습 레인지에선 절대 경험할 수 없다. 골프 코스에 나가서 실행해 보는 일이 중요한 건 그래서다. 게임의 맥락에서 이 도구를 탐색해 봐야 어떤 경우 어떤 상황에서 MY54로의 전환이 가장 효과적으로 잘되는지 체득할 수 있다. 생각 상자, 플레이 상자 또는 기억 상자 에서 무언가를 바꿔야 할 수도 있다. 신체적·정신적·감정적 상태 에 뭔가 근원적 변화를 줘야 할 수도 있다.

요점은 퍼포먼스 상태와 게임에 상승 소용돌이를 활용한다는 것이다. MY54 목록에 있는 것들이 더 잘 나타나고 발휘될 수 있게 해야 한다. 우리는 예외 없이 코스의 일정 지점에 이르러서는 하강 소용돌이에 휘말리게 된다. 따라서 재빨리 NOT54 현상을 포착해 그 소용돌이가 더 심해지기 전에 되돌려야 한다.

우리가 목도한 가장 좋은 사례는 2013년에 열린 미 PGA 탬파 베이 챔피언십 대회 마지막 라운드에서 있었다. 케빈 스트릴먼이 선두를 달리고 있었다. 그대로만 가면 생애 첫 미 PGA 우승을 차 지하는 상황이었다. 그는 17번 홀에서 18번 홀로 걸어가는 동안 아 드레날린과 초조함이 치솟는 걸 느꼈다. 그렇게 높아진 아드레날린 상태에선 스윙 템포가 빨라지리라는 걸 알았다. 그래서 의식적으 로 플레이 상자 느낌을 30~40퍼센트 스윙 템포로 옮겨갔다. 그렇 게 그는 18번 홀에서 자신의 샷을 조절하는 데 성공했고, 그 덕분 에 자신의 생애 첫 미 PGA 우승 트로피를 가슴에 품을 수 있었다.

MY54와 NOT54 관리 조절의 덕을 톡톡히 본 또 다른 사례의 선수는 2016년 캘리포니아주 코르데바예 골프 클럽CordeValle Golf

MY54

플레이를 잘하기 위한 선수
개개인만의
고유의 전략 및 방법

NOT54

자신의 플레이를
엉망으로 만드는
지양해야 할 여러 요소

Club에서 열린 US여자오픈 우승을 차지한 미 LPGA 투어의 베테랑 브리타니 랭이었다. (랭의 이 대회 우승은 2006년 안니카 소렌스탐(당시 36세) 이래 처음으로 30세 이상 선수가 US여자오픈 정상에 오른 기록으로 남아 있다.)

랭은 2008년에 우리를 찾아왔다. 당시 그녀는 미 LPGA에서 활약한 지 2년가량 됐을 때였고, 여섯 차례 톱 10 안에 드는 성적을 이뤘다. 랭은 수잔 페터슨과 마찬가지로 플레이가 마음먹은 대로 잘 안 되는데, 그 이유를 도대체 알 수가 없다고 하소연했다.

랭은 주니어 골프 챔피언이었다. 미국주니어골프협회AJGA 대회에서 8차례나 우승을 했고, 주니어 솔하임컵 미국 대표팀에도 선발됐다. 듀크 대학교 재학 중에는 All-American으로 선발됐고, 2004년 미국과 영국 간 여성 아마추어 대항전 커티스컵의 미국 대표팀으로 출전해 영국-아일랜드 연합팀에게 승리를 거둔 바 있다.

　랭은 아마추어 선수 신분으로 2005년 콜로라도주 덴버의 채리힐스에서 열린 US여자오픈(로레나 오초아가 18번 홀에서 드라이버 샷을 물에 빠뜨렸던 대회)에 처음 출전 자격을 얻었다. 랭은 당시 20세에 불과했는데, 거의 우승할 뻔했다가 놓치고 다른 아마추어 유망주 모건 프레슬Morgan Pressel과 함께 공동 2위에 올랐다. 랭은 2005년 7월 프로로 전향했고, 2006년 미 LPGA 투어의 모든 대회 출전 자격을 획득했다.

　우리가 그녀를 만난 순간 느낀 그녀의 최고 MY54는 명쾌하고도 간단한 플레이 스타일이었다. 그녀는 타고난 운동선수이면서 굉장히 노력하는 타입이었다. 자신의 스윙 기술에 대해서는 그다지 걱정을 하지 않았다. 랭은 긍정적 태도를 갖고 긍정적 자기 대화를 하며 플레이를 했다. 몸의 언어도 활발했다. 그런데 그즈음에 기술과 결과 통계에 더 집중하도록 종용하는 코치를 두고 있었다. 랭은 직관적이고 느낌이 뛰어난 플레이어이기 때문에 그런 압박이 그녀의 타고난 플레이 스타일을 망가뜨리고 있었다. 랭은 우리에게 이렇게 말했다.

　"제가 어렸을 때 머릿속에서 제 생각을 주입하려는 작은 목소리가 들렸던 기억이 나요. 그러면 스코어나 기술, 또는 잘 풀리지 않은 것에 대한 강박감이 들곤 했지요. 하지만 어릴 때는 그걸 쉽게 마음에서 떨쳐버릴 수 있었어요. 어렵지 않았어요. 그런데 프로로 전향한 이후에 그 목소리를 다시 듣게 된 겁니다. 게다가 설상

가상으로 그걸 믿기 시작했습니다. 그러면서 저 자신과 심한 불화
를 겪게 됐어요."

우리가 랭에게 가장 먼저 주문한 것은 자신에게 제일 충실했
던 게임과 최고의 기량이 나왔던 게임들에서 보였던 자신의 MY54
목록을 뽑아보라는 것이었다. 그녀가 내놓은 목록은 자칭 QDANT
였다. 빠르고Quick, 결단성 있고Decisive, 공격적이고Aggressive, 잡념이
없다No Thoughts는 말의 줄임말이었다. 그녀는 자신의 MY54 별명을
BTG로 지었다. '브리타니 대왕Brittany The Great'이었다.

이후 수년간 그녀는 자신의 MY54를 발전시키는 데 집중했다.
그리고 좀 더 나은 플레이를 위해 2013년에는 다시 VISION54 항
구로 들어와 잠시 닻을 내렸다. 생각 상자 단계에서 너무 복잡해지
고 있다는 느낌이 든다고 했다. 그것이 의사 결정을 혼란스럽게 하
고, 플레이 상자 몰입을 방해한다고 토로했다. 집중력은 흐트러졌
고, 몸 안의 자각 의식과 연계성을 잃어버렸다고 했다.

우리는 그녀에게 우선 골프 코스에 나가서 오로지 본능으로만
샷을 결정하고, 다른 아무런 생각 상자 느낌 없이 9개 홀을 돌아보
라고 했다. 랭은 그렇게 하고 오더니 플레이가 너무나 잘됐다며 놀
란 목소리로 말했다. 공을 칠 때 아무 거리낄 것 없이 자유롭고 명
료하더라고 했다. 그녀는 이후 머릿속의 잡동사니를 죄다 꺼내버
렸다. 대회에 나갈 때는 코스별 안내서도 안 가지고 갔다. 자신의
남동생인 캐디 루크에게 거리를 불러달라고 맡겨버렸다.

우리는 랭과 함께 어떻게 하면 그녀의 MY54를 계속 활성화할

수 있을까에 대해 의견을 나눴다. 그리고 얼마 후 랭은 NOT54에서 MY54로 전환할 수 있는 믿을 만한 방법을 찾았다며 이렇게 말했다. "게임 중에 MY54보다 NOT54가 더 많이 보이는 날엔 저 자신에게 '샷이 목표를 향해 날아가는 걸 볼 수 있으면 플레이가 잘 되는데, 오늘은 그게 잘 안 되네'라고 혼잣말을 하는 경향이 있어요. 그래서 저 자신에게 이런 자기 대화를 하고 또 합니다. '목표물을 주시하고 지금 하고 있는 것에 몰두해라. 끝날 때까지 계속해서 쭈욱.' 여기에서 '끝날 때까지 계속해서 쭈욱'은 각각의 샷이 끝날 때까지, 그리고 라운드가 끝날 때까지 쭈욱을 의미합니다. 이런 간단한 아이디어가 저에겐 엄청난 효과를 가져다줬습니다."

랭은 이런 말도 덧붙였다. "게임이 A급으로 되지 않는 날에는 그 원인을 빨리 찾아봐야 해요. 저 같은 경우엔 잠을 충분히 자지 못하거나 피곤하면 그렇게 돼요. 한번은 캐나다에서 경기하는데, 파는 많이 기록하면서도 몸이 무기력하다는 느낌이 계속 들었어요. 저의 플레이 상자가 명료하지가 않았습니다. 그래서 저 자신에게 '야, 브리타니 랭! 너는 지금 DHEA 에너지와 좋은 감정을 보강해 줘야 해'라고 말했지요. 후반 9개 홀에선 매 홀마다 최소한 하나 이상 행복한 마음이 들게 하는 고마운 것을 생각했어요. 한 홀에선 남편 케빈과 정말 훌륭한 저녁 식사 하는 걸 생각해 봤고, 그다음 홀에선 우리 집 강아지 모습을 떠올리거나, 제가 얼마나 축복받았는지에 대해 생각했습니다. 그랬더니 갑자기 제 플레이 상자가 너무나 명쾌해지는 느낌이 들었어요. 후반 9개 홀에서 5 언더파를 쳤어요. NOT54에서 MY54로 완전히 전환할 수 있었던 겁니다."

랭은 2016년 US여자오픈 우승도 이런 휴먼 스킬 덕분이었다고 말한다. "마지막 라운드 후반 9개 홀로 접어들었을 때 12번 홀에서 아이언 샷이 정말 잘 맞았어요. 그런데 아드레날린이 조금 과했는지 공이 그린 너머 벙커에 빠졌습니다. 하지만 저는 너무나 평온하고 느긋한 마음 상태를 유지했습니다. '아무것도 아니야. 이거 잘 빠져나올 수 있어'라고 자신 있게 자기 대화를 했습니다. 결국 실제로 그렇게 됐습니다. 머릿속으로 멋진 벙커샷 그림을 그려보고 거기에 완전히 몰입했더니 그대로 됐습니다. 불평하지 않고, 투덜대지 않고, 오로지 전적으로 몰입하는 저 브리타니 랭의 고유 MY54인 BTG54가 발현된 것이었습니다."

랭은 다음 홀인 파 4짜리 13번 홀에서 9번 아이언으로 세컨 샷을 해 핀 1.5미터 거리에 공을 붙였다. "저는 그 퍼트를 성공시킬 수 있다는 확신이 들었습니다. 홀컵 안 아니면 공이 갈 곳이 없다는 느낌이 들었고, 결국 그대로 됐습니다. 그 홀에서 버디를 얻어냈지요."

그 대회를 요약 정리하면서 랭은 이렇게 덧붙였다. "저는 온전히 제 내부에 있었어요. 외부에는 신경 쓰지 않았어요. 선두 그룹 명단과 성적을 적은 리더보드를 쳐다보지도 않았어요. 샷과 샷 사이마다 콧노래를 흥얼거리거나, 신발 안 발바닥 감각을 느껴보거나, 고마운 것들에 대한 생각만 했습니다. 그렇게 매일 라운드 내내 결과에 대해선 아무 생각도 하지 않고 오직 DHEA를 끌어내는 데만 집중했지요. 그랬더니 모든 게 저절로 이뤄지더라고요."

이처럼 MY54와 NOT54를 활용한 VISION54가 확실한 효력
을 보이자 한 걸음 더 나아가는 생각을 하게 됐다. 자신의 NOT54
경향, 예를 들어 템포가 너무 빨라진다거나 결과에 관해 너무 신
경을 쓴다든가 하는 경향이 있다는 걸 안다면, 라운드 도중에
NOT54 현상이 나타나기 이전에 선제적으로 그 요소를 제거하거
나 감소시킬 수 있지 않겠느냐는 것이었다.

만약 당신의 NOT54 경향이 대회에서 컷을 당하거나 어떤 스
코어를 기록할 것인가를 우려하는 등 너무 앞서가는 것이라면 샷
과 샷 사이에 긴 호흡법을 시행하거나 주위 나무들을 둘러보는 방
식으로 완화할 수 있다는 얘기다. 몇몇 플레이어에게 테스트를 해
본 결과, 앞 장에서 말했던 점과 같이 신체적·정신적·감정적 재충
전을 실제로 확대해 주는 효과를 확인할 수 있었다.

골프에서 채를 잡고 공을 치는 당사자는 바로 당신이다. 당
신에 관한 최고 전문가는 당신 자신이다. 자각 의식은 당신 기술
에 나타나는 새로운 문제들에 대한 새로운 통찰력을 부여해 준다.
MY54와 NOT54는 당신 자신을 사이드미러를 통해서가 아니라
정면으로 똑바로 볼 수 있는 수단이다.

MY54와 NOT54: 소중한 자산

우리는 모두 최고의 골프 플레이를 하는 고유의 방법을 갖

고 있다. MY54는 일종의 지문指紋과 같다. 다른 어느 누구도 똑같은 MY54를 보유하고 있지 않다. NOT54 역시 똑같지 않다. 당신이 훌륭한 골프라는 케이크를 구우려 한다면 그 케이크에 어떤 재료를 넣어야 하는지 알아야 한다. 우선은 당신의 MY54 재료 목록을 만드는 것부터 시작해라. 라운드를 하고 난 뒤에는 자기 스스로에게 얘기를 해보라. "지난 3개 홀에서 플레이가 아주 잘됐는데, 그 홀들에서 내가 뭘 어떻게 했었지?"라고 말이다.

한 달 동안 수첩을 갖고 다니면서 자신의 게임에서 관찰했던 내용을 적어보라. 당신의 MY54 재료가 "나는 자신감이 있었다. 느긋했다. 행복했다" 정도라면 충분히 특정해서 분류하지 못한 상태다. 어떻게 자신감을 경험했는지, 어떻게 느긋함을 느꼈는지, 어떻게 해서 행복감이 들었는지, 더 잘게 쪼개서 재료의 맛을 알 수 있어야 한다. 몸 어디에서 그런 감이 느껴졌나? 마음이나 감정 상태는 어떠했나?

다른 사람의 MY54 재료는 샷과 샷 사이의 강한 몸의 언어, 결정에 대한 몰입, 지속적인 그립의 압력 유지 등을 포함할 수 있다. 이것들도 더 잘게 쪼개야 한다. 재료는 밀가루, 설탕, 달걀, 물처럼 기본이 되는 것이다. 최고의 케이크를 만들어내려면 각각 얼마씩 사용해야 할까? 더 상세하고 조밀하게 MY54 목록을 만들수록 더 맛있는 케이크를 구워낼 수 있다.

MY54와 NOT54

MY54

• 최고의 스윙과 스트로크를 했을 때 느껴진 자각 의식은 어떤 것이었 는가?

• 최고의 샷과 샷 사이에 몸·마음·감정의 느낌은 어땠는가?

• 최고의 샷을 했을 때 어떤 반응이 일어났는가?

• 어떤 샷 치는 것을 가장 좋아하는가? 일반적인 코스 전략은 무엇인가?

• 플레이할 때 과거·현재·미래, 어디에 마음이 가 있는가?

• 샷과 샷 사이에 조용히 침묵을 지키나, 혼잣말을 하나, 다른 플레이어 와 얘기를 하는가?

• 최고의 플레이를 할 때 아드레날린 수준은 어느 정도인가?

• 최고의 라운드 도중에 먹거나 마신 것은 무엇인가?

• 플레이가 잘될 때 몸에서 느껴지는 긴장감은 어느 정도인가?

• 템포는 어느 정도가 가장 좋은가?

• 플레이가 잘되는 라운드 도중에 각각의 샷에 대한 결정은 어떻게 내 리는가?

• 최고의 플레이가 될 때 게임에 대한 몰입감 정도는?

• 플레이가 잘 풀리는 라운드에서 잘되는 기술은 어떤 것들인가?

- 플레이에 앞서 자신의 MY54 목록을 더 자주 들여다볼 방법은?
- 코스에 나가 있는 도중에 자신의 MY54 목록을 들여다보기 위해 할 수 있는 방법은?

NOT54

- 골프 코스에서 어떻게 자기 스스로 방해를 자초하는가?
- 플레이가 잘되지 않을 때 생각 상자, 플레이 상자, 기억 상자에선 어떤 현상이 벌어지는가?
- 플레이가 엉망일 때 망가지는 기술적인 부분은 어떤 것인가?
- 플레이가 최고가 아닐 때 샷과 샷 사이에 무엇을 하는가?
- 어느 상황이 NOT54가 나타나도록 유발하는가?
- NOT54를 빨리 잡아내기 위해 자각 의식을 느끼는 데 어떤 것이 가장 중요한가?
- NOT54에서 MY54로 전환하는 데 어떤 수단이 도움이 되는가?

인간의 잠재력, 마이클 머피

대부분의 골퍼는 소설《내 생애 최고의 골프》를 쓴 마이클 머피를 알 것이다. 인도의 아쉬람(힌두교도가 수행하며 거주하는 곳)에 머물다 온 젊은이 마이클 머피의 이야기를 자전적 소설로 썼다. 머피는 집으로 돌아오는 길에 스코틀랜드에 들러 유명한 골프 코스인 버닝부시에서 한 라운드를 해보기로 한다. 그곳에서 그는 신비로운 스승 쉬바스 아이언스를 우연히 만나 골프와 영성靈性에 대한 가르침을 받는다.

피아 닐손과 나는 각각 20대 시절에 이 책을 읽었다. 나의 멘토 중 한 분인 톰 시어는 내게 그 책을 꼭 읽어보라고 했다. 또 다른 멘토인 척 호건은 실제로 그 책 내용의 가르침대로 살았다. 내 생각엔 톰 시어와 척 호건은 미국판 쉬바스 아이언스였다. 닐슨과 나는 골프에 그토록 신비하고 잠재력 가득한 측면이 있다는 사실에 매료됐다.

마이클 머피는 1962년 친구인 딕 프라이스와 함께 캘리포니아주 빅서 지역에 에살렌 연구소를 공동 설립했다. 에살렌은 다양한 영역의 사람들이 함께 모여 이른바 인간 잠재력이라는 것을 성취하기 위해 어떻게 해나가면 좋을지 난상토론을 벌이는 자리였다. 머피는 인간이라는 존재의 비상한 능력과 어떻게 하면 골프를 포함한 인생의 일부를 비상하게 만들 수 있는지에 대해 연구하는 철학자이자 형이상학 학자였다.

닐슨과 나는 함께 코치 생활을 시작할 때 며칠간 에살렌에 다녀왔다. 그리고 얼마 후 뉴올리언스에서 열린 미 PGA 티칭 앤드 코칭 세미나Teaching and Coaching Summit에 참석했다. 와, 그런데 이런 일이! 머피가 강연자 중 한 명이었다. 그 이전에 그를 만난 적은 없었지만, 그가 우리에게 얼마나 많은 영감을 주었는지를 전하려고 쪽지를 써 보내기로 했다. 그리고 그의 호텔 방문 앞에 그 쪽지를 놓아두었다.

약 1년 후 우리는 피닉스의 레거시 골프 리조트Legacy Golf Resort에서 우리 힘으로 코칭 세미나를 개최해 보기로 했다. 그러고는 현실성이 없는 것을 알면서도 '마이클 머피를 세미나 강연자로 초청해 보자'라는 결정을 했다. 큰 기대를 하지 않고 연락을 해봤는데 이런 대답이 돌아왔다. "물론이죠. 하겠습니다. 뉴올리언스 내 문 앞에 쪽지 남겨주셨던 분들이시지요? 두 분의 활동에 대해 잘 알고 있습니다. 두 분의 세미나에 참석하는 코치들에게 강연해 보고 싶습니다." 우리는 기대하지 않았던 그의 승낙에 놀라기도 하고 한껏 들뜨기도 했다. 세미나 전에 그와 전화 통화를 했다. 그 통화 중에 "골퍼가 54타를 칠 수 없게 하는 건 뭐라고 생각하세요?"라고 물었다. 그는 잠시도 망설임 없이 대답했다.

"쉬운 질문이네요. 산만한 정신 때문입니다." 그가 말한 산만한 정신이란 골퍼들이 자기 자신과 게임에 완전히 몰입하지 못한다는 의미였다. 그에 따르면 인간은 자신이 하는 행위에 충분히 오래 깊이 머물지 못한다는 것이다.

머피와 그의 동료 앤디 누스바움Andy. Nussbaum이 우리 코치들과 함께 하루 일정의 트레이닝 세션을 갖기 위해 도착했다. 두 사람은 세미나에 참석한 코치들에게 "여러분이 최고 기량을 발휘할 때의 느낌을 묘사하는 모든 단어 또는 문장을 우리에게 말해보세요"라고 했다. 코치들이 이런저런 대답을 하자 머피와 누스바움은 대답을 칠판에 일일이 적어나갔다.

"평온함, 정신이 나감, 느긋함, 중심이 잡힘, 시간이 멈춘 느낌, 확신감, 유체 이탈 경험, 극도의 편안함, 아무것도 할 것이 없음, 목표물이 엄청 크고 가깝게 보임, 공으로 무엇이든 가능하다는 느낌….”

머피는 기술적인 것만 연습해서는 절정의 퍼포먼스를 절대 만들어낼 수 없다고 했다. 대부분의 사람은 인간 능력의 오로지 한 조각만 사용하고 있다면서 닐손과 나에게 골퍼가 자신의 모든 능력에 대해 깨닫고 이용할 수 있는 환경을 만들어보라고 주문했다. 이런 능력은 내재적이고 과거엔 숨겨왔던 가히 건드릴 수 없는 신비한 능력을 타고난 전설적 운동선수들만의 독점적 재능으로 여겨졌지만, 그건 사실이 아니라고 했다. 그는 그러면서 우리에게 어마어마한 숙제를 안겼다. “그 내재적인 것들을 외재적으로 만들라”라는 것이었다.

머피는 코치들에게 명상하는 법을 가르치면서 명상은 인간의 흔한 활동이며 눈을 뜨고도 할 수 있는 일이라고 설명했다. 그리고 모두 함께 연습 레인지의 한 끝에서 다른 쪽 끝까지 걸어가며 ‘걷기’ 명상을 해봤다. 그리고 나중에는 ‘스윙’ 명상이라고 불릴 만한 것까지 가능하게 됐다. 골프채 스윙을 하면서도 평온하고 침착한 명상 상태를 유지하는 것이었다.

머피는 자신의 또 다른 저서 《신체의 미래The Future of the Body》에서 인간은 비상한 잠재력을 지니게 되어 있다고 주장한다. 초유체超流體, 무아지경 등의 상태는 신비로운 것이나 기이한 것이 아니라 정상적인 인간 능력일 뿐이라고 말한다. 고대 인도의 하타 요가 시술자들은 자율신경계 조절의 대단한 달인들이었다고 머피는 설명했다. 호흡과 심장 박동, 그리고 하트매스에서 현재 가르치고 있는 것들을 이미 당시에 마음먹은 대로 조절할 수 있었다고 한다. 머피는 스포츠를 요가의 21세기 버전이라고 한다. 선수는 우리가 흔히 신발을 신고 벗는 것처럼 알파 뇌파와 세타 뇌파에 들어갔다 나왔다 하는 것을 배우는 것이라는 얘기다.

머피는 인간의 비상한 능력 개발은 다음 단계의 인간 진화이며, 그러한 능력이 결실을 맺을 수 있도록 이끌어주는 새로운 코칭 방법이 필요하다고 역설한다. 일단 감각-운동 능력을 좀 더 깊이 활용할 수 있게 되면 극도로 진전된 기술이 생겨날 수 있다는 얘기다. 머피는 "스포츠에는 초자연적인 영적 측면이 있다"면서 "출중한 기량을 보이는 운동선수(다른 분야 전문가 포함)는 비상한 퍼포먼스를 가능케 해주는 심오한 다른 차원의 자기 자신을 이용할 수 있다"고 말한다.

골프 코칭은 역사적으로 '잘못과 교정'에 관한 것이었고, 가르치는 사람 중심이었다. 머피는 이와 관련하여 학생에게 제약 없는 질문을 하고 답을 들어주면서 자각 의식을 배양해 주는 새로운 접근법을 시도해 보라고 격려했다. 세미나 이후에도 우리는 머피와 계속 연락을 주고받으며 샌프란시스코 외곽에 사는 그를 방문하기도 했다. 그는 이미 연로한 나이가 됐지만, 여전히 활동적이고 호기심이 많았다. 우리는 특히 그가 우리에게 전해준, 모든 골퍼 안에 '비범함'이 존재한다는 가르침을 소중히 여기고 있다.

그리고 우리는 그가 자신의 책《미래의 끝에서On the Edge of the Future》에 썼던 말들을 사랑한다.

"나는 우리 모두가 존재 또는 하느님 또는 빛에 닿았다는 느낌이 들었다. 인생에 있어 우리의 사명은 그것과 교감하고, 명상, 우정, 기도, 음악, 그리고 심지어 스포츠를 통해 세상에 발현하는 것이다."

휴먼 스킬과 완벽한 게임 계획

우리 친구 중 한 명이 자신의 골프 클럽에서 열린 여름철 매치 플레이 대회에 출전 중이었다. 어느 날, 그녀가 동료 골퍼 여럿에게 "다가오는 경기에 앞서 게임 계획을 세우는 사람 있어요?"라고 물었다. 그러자 핸디캡이 10~36 정도인 동료들이 의아한 표정으로 그녀를 쳐다봤다. 한 사람이 "저는 제 타수가 얼마이고 상대는 몇 타수가 될 테니까 어디쯤에서 기회가 오겠구나! 정도는 알아요"라고 대답했다. 다른 한 사람은 "저는 그런 거 별로 생각 안 해요. 어찌 되든 퍼트하면 되는 거 아닌가요?"라고 했다.

골퍼의 95퍼센트는 게임 계획에 대해 이 정도밖에 생각하지 않는다. 그래서 우리는 나름대로 테스트를 하나 해보기로 했다. 1번 홀 티잉 그라운드 곁에 서서 골퍼들에게 "게임 계획은 어떤 것을 갖고 나왔나요? 오늘 무엇에 특히 집중할 생각입니까?"라고 물었다. 그랬더니 한 사람은 "내 핸디캡을 낮춰볼 겁니다"라고 했다. 다른 한 사람은 웃음을 터뜨리면서 "나는 이기는 데만 집중할 거예요"라고 대답했다. 또 한 사람은 "그냥 최선을 다하려고 노력할 겁니다"라고 답했다.

게임 계획이 얼마나 애매하고 모호한가. 이들의 대답을 게임 계획에 매우 구체적인 미 PGA 또는 LPGA 프로 선수들의 계획과 비교해 보자. 브리타니 랭 선수가 US여자오픈 대회를 앞두고 세운 게임 계획은 '내 자신 안에 머물기', '외부 요소 및 선두 순위와 스코어를 표시하는 리더보드에 신경 쓰지 않기'였다. 그녀는 오로지 소리(콧노래)나 느낌(신발 속의 발) 등 감각에만 집중했다. 그렇게 매 라운드에서 DHEA를 생성하는 행복한 느낌만 이끌어냈다.

프로 대회가 끝나고 열리는 기자회견에서 우승자들이 이렇게 말하는 걸 자주 들어봤을 것이다. "경기 전에 저만의 게임 계획을 세웠고, 4개 라운드 내내 그것에 충실했던 점이 우승하는 데 도움이 됐습니다." 그들이 말하는 건 집중할 수 있는 실질적인 요인, 즉 자신의 플레이 과정이다. 외부적인 조건은 라운드(또는 대회) 중간에 바뀌게 되지만, 게임 계획은 처음부터 끝까지 유지된다.

대부분의 골퍼는 기껏해야 1차원적 게임 계획만 세운다. 게임의 일부가 흔들리기 시작하면 공이 슬라이스가 나고, 피칭 샷과 칩 샷은 그린을 놓친다. 그러면 통상 마지막 샷에 집착하고 반응하면서 자신의 기술을 탓한다. 이런 원초적 경향을 비난할 수는 없다.

그 외 다른 걸 배운 적이 없어 그러는 거다. 골퍼 대부분은 게임에서 가장 두드러지는 맹점이자 잘못된 부분으로, 코스에서 어떤 현상이 나타나고 있고, 그래서 무엇을 조절해야 한다는 걸 판별하는 능력이 부족하다는 사실이다.

VISION54와 이 책의 목적은 당신의 레퍼토리에 다른 차원의 기술과 다른 차원의 게임 계획을 보태주는 것이다. 코스에서의 온갖 가변성을 인정하면서 스스로 통제 가능한 부분을 조절할 수 있게 해주는 사전 예방적 계획을 세울 수 있게 도와주는 일이다.

골프 코칭에는 '과정'이라는 단어가 굉장히 많이 나온다. 대부분의 사람은 이에 많은 혼란을 느낀다. 과정을 실제의 현실적인 점이 아니라 개념으로 받아들이기 때문이다. 휴먼 스킬은 과정의 문제다. 우리는 그것을 명료하게 이렇게 이름 붙였다. 신체적·정신적·감정적 상태의 자각 의식, 생각 상자·플레이 상자·기억 상자에 충실하기, 균형·템포·긴장감과 계속 교감하기, 자기 대화 관리, 본인의 MY54와 NOT54 이해하기(NOT54가 나타날 때 MY54로 전환하기), 감정 회복하기 등이다. 이런 특정한 기술을 행사하는 것이 곧 과정을 의미한다. 이것이 게임 계획의 근간이다.

브리타니 랭은 US여자오픈 대회에서 우승했을 당시 자신의 게임 계획을 흠결없게 완벽히 이행했다. 그녀는 "저의 MY54를 굳게 지켜냈어요. 민첩하게, 공격적으로, 과단성 있게, 잡념 없이 플레이했어요"라며 "제가 집중한 것은 샷을 마음속으로 그려보는 '좋은 그림', 저의 결정과 플레이 상자에의 충실함-몰입, 그 두 가지뿐이 있습니다. 그걸 정말 잘 해냈어요"라고 말했다.

고유의 휴먼 스킬 및 게임 계획을 세우는 구체적 내용으로 넘어가기 전에 한 가지 얘기를 더 해보자.

2014년 케빈 스트릴먼은 노스캐롤라이나주 파인허스트에서 열린 US오픈 출전에 앞서 4개 대회에서 연거푸 컷오프 탈락했다. 스트릴먼은 샷이 굉장히 좋은 선수인데 공이 제대로 맞지 않았다. 좌절에 빠져 분노만 커졌다. 그러자 당시 그와 함께하던 코치는 스윙에 기술적 변화를 시도해 보자고 했다. 스트릴먼은 코치의 권유가 탐탁하게 느껴지지 않았지만, 오랫동안 함께 지내온 코치의 말이어서 그대로 따르기로 했다.

우리는 US오픈 시작 며칠 전에 파인허스트에 도착해 스트릴먼의 연습 라운드와 본 대회 라운드를 쫓아다니며 관찰했다. 예상대로 고전하고 있었다. 대회 2라운드가 끝난 뒤 우리는 스트릴먼을 클럽하우스 밖으로 불러내 자리를 함께했다. 노스캐롤라이나주의 뜨거운 태양 아래서 몇 시간 상담하면서도 불볕더위를 느끼지 못할 만큼 심각한 고민 상담에 빠졌다.

스트릴먼은 나중에 이렇게 당시를 회상했다. "상담 중에 가장 크게 와닿은 것은 매리엇이 제게 한 질문이었어요. 매리엇이 '당신이 당신을 코치한다면 지금 당장 당신의 스윙에 대해 뭐라고 하겠어요?'라고 묻는 거예요. 5~10분 동안 매리엇에게 제 스윙에 대해 마음에 들지 않는 모든 점을 얘기했지요. 제 코치의 주문 요점은

스윙할 때 골프채를 등 뒤로 훨씬 더 깊숙이 빼라는데, 저는 골프
채가 너무 많이 안으로 들어가 백스윙에 갇히면서 내려올 때 막힌
다는 느낌이 든다고 말했어요."

스트릴먼은 우리에게 골프채의 페이스가 스퀘어한 상태로 몸
을 회전시키고 싶다고 털어놓았다. 너무나 명백한 스윙의 기술적
문제였다. 그러자 매리엇이 스트릴먼에게 말했다. "이건 당신의 스
윙이고, 당신의 직업이에요. 그 사람이 코치더라도 왜 당신의 본능
적인 직관을 무시하게 하나요?"

스트릴먼은 훗날 그 말이 너무 사무쳤다며 회고했다. "그랬어
요. 저는 저 바로 앞에 놓인 문제와의 대결을 계속 회피하고 있었
습니다." 스트릴먼은 파인허스트에서 열린 당시 US오픈에선 컷오
프 탈락했다. 하지만 그는 반전을 맞이하고 있었다. US오픈을 뒤로
하고 워싱턴시로 가서 자신과 통하는 스윙 지도자로부터 코칭을
다시 받았다. 그리고 코네티컷주 트래블러스 챔피언십에 출전했다.

그는 훨씬 좋아졌다는 문자를 보내왔다. 컷을 통과했다고 했다.
갑자기 모든 것이 풀리는 느낌이 들더니 토요일 3라운드에선 공이
마음먹은 대로 쳐지면서 64타를 기록했다. 일요일의 마지막 라운
드에선 전반 9개 홀에서 보기 2개와 버디 1개로 36타를 치고 후반
경기로 들어갔다. 그리고는 9번, 10번, 11번 홀에서 잇달아 1퍼트
로 홀 아웃을 하더니 나머지 7개 홀에서 한 홀도 빠짐없이 모두 버
디를 뽑아냈다. 우승자의 막판 연속 버디 행진 미 PGA에서의 신기
록이었다. 스트릴먼은 결국 후반 9개 홀에서만 7언더파 28타를 치

면서 4라운드 64타를 기록해 대회 우승컵을 들어 올렸다.

"생애 최고의 라운드로 남을 겁니다. 제가 US오픈이 열린 파인허스트에서 피아 닐손과 린 매리엇을 만나 상담하지 않았더라면 절대 일어나지 않았을 일입니다. 그때를 계기로 멘탈 예측·확신 구조·게임 계획에 집중하기 시작했습니다. 저 자신을 제어하고 조절하게 되면서 불과 두 주 사이에 제 골프 인생 최악 밑바닥에서 최고 절정으로 치고 올라갈 수 있었습니다."

브리타니 랭도 자기 스스로 자신의 코치가 되는 과정에서 비슷한 경험을 했다. 랭도 한때 게임의 기술적인 요소만 강조하는 스윙 코치와 함께했던 적이 있었다. 결국 랭은 그 코치와 결별한 후 남동생이자 캐디인 루크의 도움으로 자신을 관리 및 조절하기 시작했다. "처음엔 코치가 없다는 생각에 굉장히 불안했어요. 기댈 수 있는 사람이 저 자신뿐이었으니까요. 한편으론 코스에 나가서 어느 누구의 말에도 얽매일 필요가 없으니까 정말 좋았어요. 그런데 다른 한편으로는 홀로 모든 것을 결정해야 한다는 막막함도 있었어요."

이 시기는 랭이 VISION54 항구에서 떠나 있을 때였다. 랭은 "아이러니컬하게도 제가 닐손과 매리엇 곁을 떠나고 난 뒤부터 그들이 가르쳐줬던 휴먼 스킬의 중요성을 더욱 절감하게 됐어요"라며 이렇게 말했다.

"혼자 앉아서 '좋아, 그래. 내가 타고난 스윙 감각이 있으니까 스윙에는 아무 짓도 하지 말자'고 독백처럼 말했어요. 그러고는 '네가 최고의 플레이를 하려면 무엇을 해야 하지?'라고 자문해 봤어요. 플레이를 잘하려면 내 속 안으로 더 들어가야 한다는 걸 깨달았습니다. 닐슨과 매리엇과 오래 함께하면서 내 결정과 샷에 대한 확신과 몰입을 더 강화할 필요가 있다는 걸 배웠어요. 코스에서 지속해서 DHEA를 생성해야 한다는 사실도 익히 알고 있었지요. 또 코르티솔이 분비되지 않게 막아야 한다는 것도 유념하고 있었습니다. 어느 수준에선 간단합니다. 기본적이니까요. 그런데 다른 모든 것이 그렇습니다만, 이것도 규율과 연습을 해야 합니다. 지금은 모든 하나의 샷에 몰입합니다. 그리고 균형·템포·긴장감 등 플레이 상자에 전념합니다. 이제는 공 하나도 절대 허투루 치지 않습니다."

이제 구체적인 휴먼 스킬 및 게임 계획 세우기에 대해 얘기해 보자. 이는 샷을 하기 전, 도중, 후 그리고 샷과 샷 사이에 관심을 기울여야 할 필수적인 사항을 요약한 것을 말한다.

여러분은 이 책에서 휴먼 스킬에 대해 배웠다. 이제 그것들을 당신 자신을 위해 개인화해 보기 바란다. 게임 계획은 본인의 MY54와 NOT54 경향, NOT54에서 MY54로 전환시키는 수단을 포함한다.

코스로 나가기 전에 해보고 싶은 가장 중요한 몇 가지를 생각해 보라. 그날 느낌에 따라 그것이 템포가 될 수도 있고, 깊은 심호흡을 통해 평정심을 유지하는 것이 될 수도 있고, '괜찮음' 정도의 샷과 과정에도 만족하기로 작심하는 것일 수도 있다. 당신이 결정하는 내용이 그날의 게임 계획이 되고 플레이의 초점이 되는 것이다.

뭇사람은 종종 우리에게 "프로 선수도 설마 게임 계획을 세우는 데 도움이 필요한 건 아니지요?"라고 묻는다. 그러면 우리는 웃음을 터뜨린다. 프로 선수도 당연히 아마추어만큼이나 게임 계획을 세우는 데 도움을 필요로 하기 때문이다.

프로 선수와 대회에 나가면 선수에게 무엇보다 우선 그날의 게임 계획과 플레이의 초점을 분명히 하게끔 만든다. 그것은 플레이 상자에서의 75퍼센트 템포일 수도 있고, 3개 홀마다 엉덩이에 힘을 빼주는 것일 수도, 균형 잡힌 자세에 일정한 그립의 압력일 수도 있다. 자신감이 좀 떨어진다 싶으면 홀과 홀 사이에 몸의 언어를 평상시보다 더 크게 하는 것이 될 수도 있다.

중요한 라운드에 앞선 워밍업도 게임 계획의 일부다. 티 오프하기 전에 연습 레인지에서 잘 맞는 타구감을 느껴보겠노라며 아무 생각 없이 공을 쳐대는 걸 말하는 게 아니다. 마지막 순간에 기술을 향상하거나 스윙의 잘못된 부분을 교정하는 연습 시간을 말하는 것도 아니다. 그 목적은 몸·마음·감정을 워밍업하는 것이 돼야 한다. 균형·템포·긴장감을 워밍업해 줘서 첫 번째 티에 자신감에 차서 올라갈 수 있어야 한다.

가장 먼저 해야 할 일은 경기 당일 본인에 대한 점검이다. 오늘 나는 상태가 어떤가? 느낌은 어떠한가? 신체적·정신적·감정적 상태는? 오늘 각별히 관심을 쏟아야 할 사항은 없나? 불안하거나, 둔하거나, 어깨에 과도하게 힘이 들어가 있거나, 균형이 안 맞거나,

골프 외적인 것에 대한 우려는 없나?

러셀 녹스의 경우엔 균형 연습부터 시작한다. 연습 레인지에서 한 다리로 공을 쳐보고, 다리를 바꿔 쳐본다. 브리타니 랭은 긴장을 풀기 위해 헤드폰으로 음악을 듣는다. 어떤 선수는 스윙의 내부 자각 의식을 끌어내기 위해 눈을 감고 매우 느린 속도로 '태극권' 스윙 연습을 하기도 한다. 케빈 스트릴먼은 워밍업할 때 느린 템포로 공을 치기 시작해서 점점 속도를 높여가다가 정상적인 템포를 찾아간다.

다음으로 해야 할 일은 당일 자신이 충실히 지켜야 할 플레이의 초점을 정하는 것이다. "나는 오늘 그립 잡는 힘에 각별히 신경 쓸 것이다. 80퍼센트 템포로 스윙한다. 나는 말하기를 좋아하는데 다른 플레이어들은 조용한 편이니까 나는 샷과 샷 사이에 머릿속으로 노래를 부르거나 상상의 친구에게 얘기하는 걸로 하자. 오늘 신경이 예민하니까 샷과 샷 사이에 나 자신을 진정시키기 위해 심호흡을 자주 하자."

우리와 오랜 기간 함께했던 미 LPGA 프로 선수 미야자토 아이는 대회 라운드 중에 특별한 '플레이 초점' 점수판을 들고 다니곤 했다. 그녀가 처음 그랬을 때 그녀의 캐디도 미야자토가 무엇을 하는 건지 이해하지 못했었다고 한다.

한 홀에선 드라이버 샷이 벙커에 빠져버렸다. 캐디의 의견으로는 드라이버 샷 자체가 좋지 않았다. 그런데 미야자토는 5(1~5등급

중 5가 최고)를 적는 것이었다. 나중엔 거리가 먼 롱 퍼트를 성공시켰는데도 3이라고 적었다. 캐디는 등급의 상관관계를 도대체 이해할 수 없었다.

라운드가 끝난 후 미야자토는 궁금해하는 캐디에게 "내 결정에 충실한 정도를 기록한 거예요. 숫자는 결과 등급이 아니었어요"라고 말해 의문을 풀어줬다. 자신의 샷에 대한 충실도가 미야자토가 개선하려고 애를 쓰던 주요 기술이었던 것이다. 미야자토는 2010년에 12주 연속 세계 랭킹 1위 자리를 지켰다.

에리야 쭈타누깐은 높아지는 압박감과 스트레스에 대한 대응으로 대회 경기 라운드 도중에 자신의 게임 계획을 조정해야 할 필요가 있다는 걸 알게 됐다. 2016년 첫째 메이저 대회인 아나 챔피언십의 마지막 날 4라운드에서 3개 홀을 남겨둔 상태에서 2타 차 선두를 달리고 있었다. 하지만 쭈타누깐은 거의 손안에 들어온 생애 첫 메이저 대회 우승을 막판에 날려버렸다. 마지막 3개 홀에서 잇달아 보기를 범해 4위로 추락하고 말았다.

쭈타누깐은 스트레스가 심해짐에 따라 내적 상태가 얼마나 변화하는지 자각하지 못했고, 마지막 3개 홀에서도 여전히 먹히리라 생각하고 똑같은 플레이 상자 느낌 그대로 플레이를 계속했다. 대회가 끝난 뒤에 우리는 그런 문제점에 대해 함께 상의했고, 이후 그녀는 추가적인 플레이 상자 전략을 구비하게 됐다. 다음에 우승을 목전에 두고 압박감을 느낄 때는 긴장을 풀기 위해 더 깊게 자주 심호흡을 하고, 플레이 상자 단계에 들어가기 전부터 더욱 집중하고, 샷에 더욱 몰입해서 더 많은 DHEA가 분비되게끔 하기로 했다.

수잔 페터슨은 2007년 미 LPGA 챔피언십 대회 중 자신의 게임 계획을 실행에 옮기면서 샷에 대해 과도한 신경을 쓰지 않고 감정적 회복을 유지하는 데 초점을 맞췄다. 페터슨은 플레이 상자 단계 시간을 10초 이내로 하고, 고개를 쳐들고 걷고, 긍정적인 몸짓 언어와 에너지를 풍기며 티 박스를 걸어 나갔다. 그녀는 스스로 턱의 힘을 빼고 샷과 샷 사이에 캐디에게 계속 말을 한다는 게임 계획을 계속 상기하면서 직전에 친 샷에 대해선 생각의 문을 닫아버렸다. 그 결과는? 생애 첫 메이저 대회 우승이었다.

미 LPGA 투어 프로 선수 쩡야니Yani Tseng의 2010년 브리티시 여자오픈 최종 라운드 게임 계획은 자신감 저하, 부정적 자기 대화를 반전시키는 데 초점을 맞췄다. 쩡야니는 플레이 상자 단계 시간을 5초로 제한하고, 페어웨이를 따라 걸을 때 힘찬 몸의 언어를 유지하며, 마음이 성적 결과로 치닫는 걸 방지하기 위해 샷과 샷 사이에 주의를 돌리려고 대만의 어린이 동요를 콧노래로 불렀다. 그런 게임 계획을 짠 결과, 쩡야니는 브리티시여자오픈에서 정상에 오르면서 현대 골프 사상 5개 메이저 대회를 석권한 첫 여성 골퍼 기록을 세웠다.

2015년 중국 상하이에서 열린 WGC-HSBC에서 생애 첫 우승을 차지했던 당시 러셀 녹스의 게임 계획은 샷을 마음속에 그려보고, 생각 상자를 단순화하고, 자신의 직관을 믿는 것이었다. 플레이 상자는 짧게 하고, 균형·템포·긴장감에 초점을 맞추면서 각각의 샷을 모두 '괜찮음', '좋음', '아주 좋음'으로 기억에 저장했다.

만약 (그렇게 하지는 않지만) 널리 두루 적용할 수 있는 휴먼 스킬 및 게임 계획을 군이 만들어보라고 한다면 다음과 같은 부분을 포함할 것이다. 생각 상자를 단순하게 하고, 본인의 직관을 믿는다. 플레이 상자 단계에 들어가기에 앞서 감각적인 느낌을 느낀다. 잘 못 친 샷에는 중립적이고 객관적 자세를 유지하고, 잘 맞은 샷은 기억 상자에 저장한다. 몸의 언어를 힘차게 하며, 긍정적인 기억에 에너지 초점을 맞추고, 과거나 미래에 대한 생각보다는 현재에만 온전히 몰두한다.

라운드가 끝나고 평가 시간이 되면 대부분의 선수는 자신의 점수와 각종 통계를 보며 그것을 바탕으로 점수를 매긴다. 하지만 우리는 우선 얼마나 본인의 휴먼 스킬 및 게임 계획에 맞춰 플레이를 했는지를 기준으로 평가해 보기를 강권한다. 휴먼 스킬과 과정이 점수와 통계를 만드는 중요한 요소이기 때문이다.

과정을 먼저 평가하는 일은 긍정성 편향과 기억 저장을 향상해 주기도 한다. 본인의 결정과 플레이 초점을 얼마나 충실히 이행했는가? 이 휴먼 스킬(당신이 조절할 수 있는 것)에 더 많은 관심을 쏟을수록 결과는 더 좋아지게 되어 있다.

여기 각각의 라운드가 끝난 뒤 본인 스스로 물어봐야 할 세 가지 질문이 있다. 내가 정말로 잘한 점은 무엇이었나? 무엇을 더 잘하기 원하는가? 그걸 어떻게 성취할 것인가? 여러 차례에 걸쳐 스윙에서 균형을 잃었다고 본인이 인정한다면, 균형에 추가적인 연습 비중을 두게 될 것이다. 또 여러 경우에서 의사 결정에 대해 혼란을 겪었다면 결정을 보다 명쾌하게 하려는 노력을 할 것이고 그 결정에 충실히 몰입할 것이다.

2016년 US여자오픈에서 우승한 브리타니 랭은 몇 주 후 열리는 브리티시여자오픈을 위한 게임 계획을 세우기 시작했다고 한다. 그녀는 "제 플레이의 초점은 퍼트 중에 고개를 들지 않는 것이었고, 실제 게임 계획은 자신의 결정에 충실하고, 샷에 몰입하면서, 행복한 마음으로 DHEA를 생성하는 과정에 중점을 두는 것이었다"라면서 "수년 동안 익혀온 휴먼 스킬이었기 때문에 게임 계획을 세우는 것은 어렵지 않았다"라고 했다.

탄탄한 휴먼 스킬과 게임 계획이 당신의 골프 게임을 영원히 변모시킬 것이라는 사실을 우리는 장담한다. 당신이 어떤 특정한 것들로 결정을 내리든, 아래의 모든 항목은 우리의 VISION54가 단연코 제시하는 진실이다.

· 모든 골퍼는 자신의 결정에 온전히 충실함으로써 실력을 향상할 수 있다.
· 어느 골퍼의 경우에도 '플레이 상자'에 더욱 몰두하면 플레이가 나아지게 된다.
· 모든 플레이어는 자신의 잘못 친 샷에 객관적 반응을 유지하고, 잘 친 샷은 긍정적으로 기억 상자에 저장할 경우, 더 좋은 기량을 발휘할 수 있다.

· '생각 상자'에서 무엇을 하는 것이 당신에게는 가장 중요한가?
· '플레이 상자' 단계에서 샷을 하는 동안 무엇을 하는 것이 가장 중요한가?
· '기억 상자' 단계에선 무엇을 하는 것이 당신에게 가장 중요한가?

- 최고의 신체적·정신적·감정적 상태를 회복하고 이용하기 위해 샷과 샷 사이에 무엇을 하는 것이 가장 중요한가?
- 당신의 MY54 항목으로는 어떤 것들이 있으며, 그중 어느 항목이 최고의 플레이를 끌어내는 데 가장 유용한가?
- NOT54의 주요 요소는 무엇이며, 당신은 어떻게 자신을 방해에 빠뜨리는가?
- NOT54에서 MY54로 전환하는 데 효과적인 당신의 최고 수단은 무엇인가?
- 자신이 조절할 수 있는 요소 가운데, 라운드 도중 가장 관심을 기울이는 중요한 요소는 무엇이며, 주로 초점을 두는 플레이는 무엇인가?

워밍업

자가 진단하는 방법

- 오늘 기분과 느낌은 어떤가?
- 라운드 준비에서 무엇을 하는 것이 당신에게 가장 중요한가?
- 플레이에 앞서 스윙을 워밍업하고 양호한 신체적·정신적·감정적 상태를 만들어내는 데 가장 좋은 방법은 무엇인가?
- 골프 코스에 늦게 도착하거나 게임 외적인 문제로 스트레스를 받을 때 비상시에 행하는 자신만의 워밍업 방법은 무엇인가?

9개 홀 플레이를 위한 게임 계획을 세워본다. 9개 홀 동안 집중할 자신의 조절 가능한 사항 1~3개를 정하고, 그것들에 얼마나 제대로 관심을 기울였는지 스스로 평가해 본다.

'플레이 초점' 스코어카드를 만들어 각각의 초점 대상에 얼마나 충실했는지 1~5등급(최고 5) 측정 표에 스스로 평가를 기록해 본다.

다음에 나오는 탐사 내용들은 휴먼 스킬 숙달 게임의 계획을 대표하는 것들이다. 이들을 소개하는 이유는 여러분이 당장 성취할 수 있기 때문이 아니라 고려해 볼 만한 내용이기 때문이다. 마이클 머피의 친구이자 동료인 조지 레오나드George Leonard는 자신의 저서 《마스터리Mastery》에서 "처음에는 어려웠던 것이 연습을 통해 점차적으로 쉬워지다가 나중엔 아주 즐거운 것으로 변모하는 신비한 과정"에 대해 설명해 놓았다. 그는 또 책에서 "뭔가를 마스터한다는 것은 목표나 목적지가 아니라 거기까지 가는 여행 과정"이라고 했다. 이런 마음과 정신으로 다음의 탐사를 해보기 바란다. 결국엔 18개 홀을 통해 이러한 기준으로 자기 평가를 내릴 수 있을 것이다.

1. '플레이 상자': 9개 홀. 나는 플레이 상자 단계의 모든 샷에 100퍼센트 충실히 몰입했다.

2. '생각 상자': 9개 홀. 나는 각각의 샷에 대한 내 결정에 100퍼센트 충실했다.

3. '기억 상자': 9개 홀. 나는 각각의 샷을 하고 난 뒤 반응에서 객관적/중립적이거나 긍정적/만족스러운 상태를 유지했다. 샷에 대한 만족 기준은 '괜찮음', '좋음', '아주 좋음'일 때로 한다.

4. 균형: 9개 홀. 모든 샷을 마무리할 때까지 균형을 유지했다.

5. 템포: 9개 홀. 내 템포를 확실히 알고 있었고, 필요한 경우엔 조절했다.

6. 긴장감 자각: 9개 홀. 내 몸의 긴장도를 자각하고 필요할 때 조정했다.

7. 회복력: 9개 홀. 내 아드레날린 농도를 효과적으로 관리했고, 결과에 상관없이 라운드를 시작할 때보다 더 많은 에너지와 DHEA, 자신에게 더 만족한 느낌을 갖고 골프 코스에서 나왔다.

8. 자기 대화: 9개 홀. 나의 자기 대화를 다스리며, 필요한 경우 마음을 진정시킬 수 있었다.

9. 변동성 장악: 9개 홀. 나의 NOT54 경향 중 하나가 나타날 조짐을 보일 때 내 자신을 붙잡아서 즉시 MY54로 전환시키기 시작했다.

스스로 평가하기

- 오늘 게임에서 '괜찮음', '좋음', '아주 좋음'은 어느 정도로 나왔는가?
  (최소한 3가지를 꼽아보라.)
- 어떤 것(가장 중요한 것부터)을 더 잘할 수 있었다고 생각하는가?
- 개선을 이루기 위해 어떤 조치를 취할 것인가?

완벽한 켄 윌버

우리는 켄 윌버를 마이클 머피를 통해 처음 만났다. 그는 콜로라도로 옮겨가기 전에 한동안 에살렌 연구소에서 연구 활동을 했던 젊은 철학자이자 학자였다. 윌버는 일종의 언더그라운드 웹사이트를 운영하면서 〈켄 윌버의 대화Ken Wilber Dialogues〉라는 코너를 통해 예술인, 작가, 사상가들과의 인터뷰를 소개했다. 우리는 그 내용을 다운로드해 듣곤 했는데, 굉장한 영감을 주는 컨텐츠였다.

윌버는 동양 사상과 역사에 관심을 갖기 전인 1960년대에 듀크 대학교 의예과 학생이었다. 당시 그는 심리학, 역사학, 문화, 물리학 등 다방면에 심취해 있었다. 그는 의대를 2년 다니다가 자퇴했다. 그는 "방에 홀로 앉아 5년간 면벽 수행을 하기 위해서였다"고 했다. 나는 윌버가 쓴《만물의 이론The Theory of Everything》이라는 책을 읽었다. 그는 세계에서 가장 중요한 사상, 역사, 철학의 경이로운 집대성가였다. 그는 과학, 예술, 윤리뿐 아니라 물리학, 생물학, 미학, 사회학에도 박식했다. 그는 정치학, 의학, 비지니스, 심지어 스포츠까지 두루두루 정통했다.

나는 그의 책을 읽고 나서 더 큰 그림을 보는 안목이 생겼다. 윌버가 세계 역사 속에 일어난 모든 일들의 점을 연결해 주고 방향을 제시해 줬다고 한다면, 우리는 그와 똑같은 방식을 골프 세계에 원용해 볼 수도 있지 않을까? 윌버는 누가 옳고 누가 그르다고 손가락질하는 것은 의미가 없다고 말한다. 대신 그는 역사를 통해 사람들이 이룬 위대한 것들을 바라보고, 선의 공통분모를 찾아보고, 사람들에게 도움이 될 기능적이고 실용적인 것을 창조할 수 있는 모든 최고의 아이디어를 어떻게 통합할 수 있는지를 보라고 했다.

윌버는 모든 인간 지식과 경험을 4개 면으로 된 격자판에 담은 이른바 '통합 이론Integral Theory'을 제시했다. 그 사분면(四分面=quadrant)은 개인 내면(생각·느낌·가치·동기·의식 상태), 개인 외면(신체·생물 작용·신경 반응·생체 역학), 집단 내면(가치·언어·상호 이해·관계를 포함한 '우리' 관점), 집단 외면(사회 규칙, 환경, 사람들 등 '그것' 관점)으로 구분했다. 이 사분면들은 AQAL

이라는 두문자어로 표현되는 보다 큰 그림, 보다 전체론적인 시스템의 일부다. AQAL은 '모든 상한All quadrants, 모든 상태all states, 모든 선all lines, 모든 수준all levels, 그리고 모든 유형의 경험 and all types of human experience'를 줄인 말이다.

인간이 하는 모든 것(골프 포함)은 이 사분면의 틀에서 볼 수 있다. 골프는 1인칭 경험이기 때문에 특히 흥미롭다. 다른 사람이 대신 스윙해 줄 수 없다. 다른 누가 당신을 위해 결정에 충실히 따라줄 수 없다. 중차대한 샷을 앞두고 당신이 느끼는 불안감을 다른 이가 나서서 진정시켜 주지 못한다. 자각 의식이 그토록 중요하다고 역설하는 건 이런 연유에서다. 자기 자신과 자신의 신체적·정신적·감정적 상태를 제대로 잘 이해하지 못하면 본인의 능력을 충분히 조절하고 활용할 수 없다.

린 매리엇과 나는 무엇인가에 흥미를 느끼면 그것이 어떻게 작용하는지 우선 우리의 생활과 골프 게임에 적용해 본다. 우리는 윌버가 자신의 시스템을 보다 적용하기 쉽게 설명한 또 다른 저서《통합적인 삶을 위한 수련Integral Life Practice》도 읽어 봤다. 여기에 나오는 윌버의 모델에는 그가 '선과 수준의 발전 Lines and Levels of Development'이라고 부르는 것도 포함돼 있다.

이에 따르면 모든 사람은 인지적·신체적·감정적인 것을 포함해 평생 발전할 수 있는 핵심 능력을 보유하고 있다. 다만 얼마나 많은 점을 발전시킬지에 대한 선택은 본인에게 달렸다. 인간에게는 외부 세계와 내부 세계가 있다. 무엇에선가 위대한 일을 이루려면 둘 다 잘 활용할 수 있어야 한다. 이런 사실을 골프에 적용해 본다면 건강한 신체, 기술, 장비 등 개인과 게임의 외부에 큰 노력을 기울여야 한다. 상대적으로 말해서 골퍼의 경기 기술은 상당히 잘 갖춰져 있다. 기술에 대부분의 에너지를 쏟기 때문이다.

우리 VISION54에선 그런 외부적인 기술 위에 내부적인 요소를 추가로 갖춰주려 하고 있다. 그렇게 해서 외부와 내부 양쪽 모두의 기본적 기량을 구비하게 되면 보다 뛰어나고 균형 잡힌 골퍼가 될 수 있다.

인생이 다차원적이고, 골프도 다차원적이라고 인정한다면, 신체 단련, 마음 수양, 감정적 반응 조절, 다른 사람들과의 교감, 의지력과 윤리 및 영성 생활 향상 등 많은 것에 집중할 것이다. 이 모든 것은 더 나은 인간, 더 나은 골퍼가 되게 해줄 것이다. 문제는 몸만들기와 기술 등 한두 가지에만 몰두해도 자신의 모든 잠재력을 발휘할 수 있게 되리라는 생각이다. 각자가 어느 특정 휴먼 스킬이 자신의 게임을 강화해 줄 수 있을 것인지 파악하고, 그 요소를 연습해야 한다.

내 경우엔 다차원적 계획을 세웠다. 매일 몸만들기 운동을 한다. 그리고 내 생각과 사유의 폭을 넓혀줄 분야의 책을 30분간 읽는다. 하루에 두 차례 명상을 하고, 몇 분 동안 감사하는 느낌 갖는 시간을 보낸다. 그리고 시간 여유가 있으면 산행을 하는 등 자연과 어울리는 경험을 한다. 요점인즉, 몸과 마음, 감정과 정신을 깨어 있게 할 수 있는 필수적인 습관들을 발전시켜 나가라는 얘기다.

이런 체계를 골프에 적용시킨다면, 자세와 공 위치 체크 등 기술적 연습뿐 아니라 플레이 상자 단계에서의 능력 향상을 위해 명상과 집중 훈련에도 매진하게 될 것이다. 시간만 허락한다면 더 오래 하겠지만, 만약 바쁘다면 10분, 아니 다만 5분이나 1분만이라도 그렇게 해야 한다.

계속해서 활성화된 상태로 살려둬야 한다. 그런데 일부 골퍼는 내적인 기술 연습을 시작해서 플레이가 잘된다고 느껴지고 시간이 조금만 지나면 충분히 했다고 치부해 버리고 또다시 기술적인 부분에만 치중하는 과거로 되돌아가는 실수를 범한다. 몇 가지 내적인 기술을 배웠으니까 됐다면서 거기에서 멈춰버린다.

새로운 습관을 만들고 유지하려면 유연성도 있어야 하고 규율성도 있어야 한다. 이런 기술은 기본적이고 근본적이기 때문에 중단하지 않고 계속해서 수련해야 한다.

슈퍼골퍼로 태어나기 ― 미래의 퍼포먼스 엿보기

1950년대 초까지만 해도 인간이 1,600미터를 4분 안에 뛸 수 있다고 믿는 사람은 없었다. 달리기 경주하는 사람은 1700년대 중반에서야 그런 가능성을 입에 올렸고, 1900년대 초반 들어서야 그 달성하기 힘든 장벽을 무너뜨리기 위해 시도해 보기 시작했다. 1940년대 중반 1,600미터 기록은 4분 1초 01이 된 이후 좀처럼 더 단축하지 못했다. 그러다가 1954년 5월 5일 로저 배니스터Roger Bannister라는 25세 영국 선수가 3분 59초 04를 기록하면서 그 벽을 무너뜨렸다.

배니스터는 영국의 최고 중거리 육상 선수였다. 옥스퍼드 대학교에 재학 중이던 17살 때 처음 육상을 시작해 1952년 핀란드 헬싱키 올림픽 1,500미터에서 영국 신기록을 세우며 4위에 올랐다.

그는 1953년 의대생일 때 1,600미터 경주에 처음 주목했다. 그리고는 옛 훈련 방식과 새로운 스타일을 융합해 전문적인 훈련 프로그램을 고안했다. 그는 '심한 운동에서 이산화탄소가 호흡에 미치는 자극'이라는 논문을 쓰면서 자신의 산소 소비량을 측정하는 등 1,600미터 달리기의 생리적 문제에 대해 연구했다. 그러고는 이런저런 시행착오 끝에, 뛰는 스페이스를 변경하는 것보다 트랙 한 바퀴 도는 랩 타임을 일정하게 유지하는 것이 산소를 덜 필요로 한다는 사실을 발견했다.

이후 배니스터는 스웨덴의 1,600미터 육상 선수들인 아르네 안데르센Arne Andersen과 군테르 하그Gunder Hägg의 혁신적인 훈련 방법을 조사했다. 하그는 '파틀렉fartlek'이라는 스웨덴식 훈련을 사용해 1945년에 4분 1초라는 당시 신기록을 세웠다. '파틀렉'은 높은 강도로 달리는 훈련을 하다가 중간에 페이스를 늦춰 달리거나 쉬는 시간을 끼워 넣는 방식을 말한다.

배니스터는 이 훈련법을 받아들이고, 400미터씩 1,600미터를 쪼갠 단위에 집중했다. 그는 점심시간에 10개 단위를 뛰곤 했는데, 단위마다 2분간의 쉬는 시간을 중간에 끼워 넣었다. 그렇게 5개월 훈련을 해서 매 단위 기록을 63초에서 59초로 단축하는 데 성공했다. 그가 채택한 또 다른 훈련법은 눈을 감고 뇌 속에서 4분 미만 시간으로 뛰는 것을 계속 반복해서 '보는' 것이었다. 그렇게 몸과 마음에 실제의 느낌과 감각을 계속 생성해 줘 익숙해지게 했다.

그즈음은 심리학자들이 운동선수들의 퍼포먼스 향상에 심리학을 이용할 수 있다는 이론과 연구가 막 나오기 시작할 무렵이었다. 심리학자들이 점진적 이완법, 긍정적 확언, 멘탈 연습, 그리고 마음속에 그려보는 이른바 시각화 등의 기술에 대한 실험에 착수할 때였다. 배니스터는 그중에서 시각화를 전문 분야로 선택했다.

배니스터가 기록 경신 시도 대상으로 선택한 경주는 옥스퍼드 대학교 육상팀과 영국아마추어체육회 간에 벌어진 경기였다. 그는 옥스퍼드대 팀 동료들인 크리스 캐터웨이Chris Chataway와 크리스 브래셔Chris Brasher에게 동화 〈토끼와 거북이〉의 토끼, 말하자면 자신을 위한 페이스메이커 역할을 해달라고 부탁했다.

나중에 배니스터는 이렇게 회고했다. "출발 총소리가 나는 것과 동시에 캐터웨이가 선두로 치고 나갔어요. 저는 자연스레 그의 뒤로 처졌지요. 느낌상으로는 전력을 다해 뛰는 감이었어요. 제 다리는 아무런 저항을 느끼지 않는 듯했어요. 그냥 알지 못할 힘으로 추진력을 받는 듯했어요. 그렇다 보니 너무 느리게 뛰는 것 아닌가 싶을 정도였어요. 저도 모르게 '더 빨리'라는 고함이 절로 나오더라고요."

그날 날씨 등 주변 조건은 이상적이었다. 세차게 불던 바람도 경주가 시작되면서 잠잠해졌다. 트랙을 한 바퀴 반쯤 돌았을 때 배니스터는 속도가 아주 빠르지 않다는 걱정이 계속 들었다. 그런데 관중석에 앉아 있던 코치가 "속도 늦춰, 늦춰" 하는 것 아닌가. 배니스터는 자신이 800미터 구간 표시를 1분 58초에 통과했다는 사실도 알지 못했다. 그는 "당시에 워낙 느긋해져 있었는지 마음이 몸

에서 거의 따로 떨어져 나와 있는 듯한 느낌이었어요. 전혀 무리한
다는 느낌이 들지 않으면서 그 속도로 달린다는 건 믿을 수 없는
일이었습니다"라고 훗날 회상했다.

그 순간, 이번엔 크리스 브래셔가 토끼처럼 그를 따라잡고 앞
서 나갔다. 하지만 배니스터는 이후로도 1,200미터 표시까지 아무
런 어려움 없이 내쳐 달렸다. 4분 기록이 가능함을 이미 느끼고 있
었기 때문이다. 앞서 지나쳐 간 브래셔를 순식간에 제치고 앞으로
나선 것은 골인 지점까지 300미터를 남기고서였다.

"내 일생일대의 순간이 다가왔다는 느낌이 들었습니다. 골인
지점 결승선 테이프까지 남은 몇 초가 영원처럼 느껴졌어요. 내 노
력이 이제 끝을 봤다는 생각이 드니까 그제야 갑자기 통증이 몰려
오기 시작했습니다. 누가 말도 꺼내기 전에 나는 내가 해냈다는 걸
알았습니다." 배니스터의 3분 59초 04라는 기록은 다른 선수의 신
기록 작성을 불가능할 것처럼 막아왔던 정신적·신체적 장벽을 일
시에 무너뜨린 쾌거였다.

그 이듬해에는 4명의 선수가 4분 벽을 깨뜨렸고, 그다음 해에
는 5명이 4분 안에 들어왔다. 지금은 4분 이내 기록을 가진 선수가
4,000명이 넘고, 현재 최고 기록은 모로코의 히캄 엘 게루주Hicham
El Guerrouj가 1999년에 세운 3분 43초 13까지 단축됐다.

우리가 이런 로저 배니스터의 인간 스토리를 사랑하는 이유에
는 두 가지가 있다. 첫째는 본인 스스로 그때까지 아무도 달성하지
못했던 목표를 세웠다는 점이다. 둘째는 전통적인 과거 방식에 혁신

적이고 미처 검증되지 않은 전략을 포함하는 훈련법을 개발해 냈다는 사실이다. 그는 자기 자신의 VISION3:59를 창안해 낸 것이었다.

셸 엔해거는 골퍼에게 54타 목표를 처음으로 제시했던 사람이다. 앞에서 언급했듯이 그는 1990년대 초에 스웨덴 국가대표 골프팀을 지도하던 피아 닐슨 등의 코치들과 처음 합류했다. 당시 스웨덴 대표팀의 젊은 선수들은 세계 무대에서 빛을 보지 못하는 이유에 대해 끊임없이 변명거리만 늘어놓았었다.

코치들은 우선 젊은 선수의 마음가짐부터 바꿔놓기로 결의했다. 엔해거는 대표팀 선수 대부분이 자신의 홈 코스에서는 모든 홀에서 각각 버디를 해본 경험이 있다는 사실을 알게 됐다. 그렇다면 그들이 18개 홀, 매 홀에서 모두 버디를 기록해 완벽한 라운드에 해당하는 54타를 기록하려면 어떻게 해야 할까? 54타는 1,600미터 달리기의 4분처럼 골프의 목표인 동시에 골프의 은유적 표현으로 통한다. 골프에서 54라는 숫자는 능력의 가능성을 강조하는 태도의 표시이기도 하고 열망이기도 하다.

초유동체라는 용어를 만든 셸 엔해거, 초정상이라는 개념을 제시한 마이클 머피, 초인적 작동 체계 개념을 창안한 켄 윌버에게 경의를 표하며 우리는 경기에서 54타를 치게 될 미래의 골프 플레이어를 슈퍼골퍼라고 부르고자 한다.

슈퍼골퍼는 생각 상자 단계에서의 결정에 분명히 충실한 사람이 될 것이다. 슈퍼골퍼는 라운드 도중에 좌뇌의 분석적 상태에서 우뇌의 퍼포먼스 상태로 쉽게 넘어가며 각각의 샷을 위한 깊이 있는 플레이 상자를 만들어낼 수 있을 것이다. 슈퍼골퍼는 또한 코스에서 생겨나는 내부적·외부적 가변성에 잘 적응하고, 기억 상자와 감정을 관리할 수 있다. 슈퍼골퍼는 이밖에도 몸 상태를 의지대로 조절해 DHEA 분비는 늘리고 코르티솔 생성은 제한할 수 있을 것이다.

슈퍼골퍼는 자기 대화를 관리할 줄 안다. 슈퍼골퍼는 자신의 NOT54가 나타나는 순간 곧바로 알아채고 원활하게 MY54로 전환한다. 슈퍼골퍼는 스윙 기술, 신체 상태, 장비는 물론, 근본적인 휴먼 스킬의 복잡성을 숙달한다. 슈퍼골퍼의 54타 라운드에 완벽한 조건, 완벽한 워밍업 또는 완벽한 스윙은 없다. 완벽함을 기대한다는 것은 비현실적이다. 장래에는 골퍼가 골프채를 잡는 방법을 배우는 바로 그날, 휴먼 스킬에 대해서도 배우게 될 것이다. 휴먼 스킬은 단순한 추가적 사항이나 '멘탈' 기술만을 의미하는 게 아니다. 모든 골퍼를 새로운 퍼포먼스 문턱으로 이끌어주는 근본적 기술이다.

모든 슈퍼골퍼는 각각 독특하다. 우리가 수년간 VISION54에서 함께한 플레이어 중에는 일반 대회에서 우승한 선수뿐 아니라 메이저 대회 정상에 오른 선수도 8명 있었다. 키가 큰 선수부터 작은 선수까지, 내성적인 플레이어부터 외향적인 플레이어까지, 독실한 신앙인부터 무신론자까지 다양했다.

54타를 위한 골프의 현실

$$P + T + M + E + S + S = 54$$

신체	기술	정신	감정	사교	스포츠 정신
Physical	Technical	Mental	Emotional	Social	Spirit of the Game

그런데도 그들은 각자가 슈퍼골퍼가 될 잠재력이 있었다. 다만 한 가지, 로저 배니스터가 그랬던 것처럼 올바른 재료들을 모아서 잘 버무려내야 했다. 어떤 선수에겐 그것이 멘탈 또는 감정적 수련이었을 수 있고, 다른 선수에겐 그것이 각각의 샷에 더 깊이 몰입하는 방법을 찾는 것이었을 수 있다. 또 다른 선수에겐 그것이 게임 전반에 걸친 완벽한 통제 달성이었을 수도 있다.

우리가 함께해 본 플레이어들 중에 안니카 소렌스탐은 신체적·기술적·정신적·감정적·사회적·영적인 부분 등 슈퍼골퍼가 되는 데 필요한 요소들을 실현하고 통합하는 데 가장 근접한 선수 중한 명이었다. 소렌스탐이 지금까지 공식 대회에서 59타를 기록한 20여 명(여성 골퍼로는 유일) 중 한 명이 된 것은 결코 우연이 아니었다. (짐 퓨릭은 2016년 트래블러스 챔피언십에서 58타를 기록해 59타 장벽을 무너뜨렸다.)

소렌스탐은 2001년 3월 애리조나주 피닉스에서 열린 스탠더드 레지스터 핑 토너먼트Standard Register Ping Tournament 2라운드에서 59타를 쳤다. 그녀는 "그때 느낌을 지금도 기억해요"라며 이렇게 회상한다.

"그날도 다른 날처럼 평범하게 시작했어요. 제 루틴대로 하고 있었고, 모든 게 괜찮았어요. 전반 첫 6개 홀에서 연속 버디를 했습니다. 그렇게 해본 적이 전에도 있었기 때문에 과잉 반응을 보일 건 없었지요. 7번 홀이 끝나고 나서야 기록에 대해 실감을 하기 시작했어요. 7개 홀을 마쳤는데 7언더파라는 사실을 뒤늦게 알고 나면 어떻겠어요? 저도 그래본 적이 한 번도 없었거든요. 8번 티로 갔을 때는 몸의 일부가 정말 흥분됐어요. 긴장이 몰려오기 시작해서 스스로 지켜내지 않으면 안 되겠다는 생각이 들었습니다. 머릿속은 오락가락했어요. 그래서 저 자신에게 혼잣말을 했지요. '네가 할 수 있다고 늘 생각해 왔던 게 일어났잖아. 이건 네가 마음속에 그려왔던 거잖아. 그게 실제로 일어난 거야. 두려워할 것 없어'라고요. 멘탈로 혼란스러운 산만함과 불안감을 밀어낼 수 있었습니다. '안니카야, 이 기회를 잡자. 기회가 왔어. 골프가 만만한 상대는 아니라고 하지만, 그래도 단지 게임일 뿐이야'라고 저 자신에게 말했습니다. 그런 상황에서 공을 앞에 놓고 오래 서 있거나 생각을 오래 할 수 없다는 걸 알았습니다. 당당하게, 힘차게, 자신 있게 하자고 마음먹었습니다. 겉으로 자신감을 유지할 수 있으면 속까지 그 영향이 미칠 수 있다고 생각했습니다."

소렌스탐은 8번 홀에서 여덟 번째 연속 버디를 잡아냈다. 그리고 9번 홀에선 파를 기록했다. "오히려 안도감이 들었어요. 성적에 신경 쓰느라 정신이 산만해지는 위험한 고비에 있었거든요. 저 스스로 생각했지요. '자, 다시 각각의 샷에 충실히 하는 것으로 돌아가야 한다. 모든 것을 다시 되돌리자.'"

소렌스탐은 10번 홀부터 또 다시 잇달아 버디 4개를 뽑아냈다. 13번 홀 현재 12언더파였다. 라운드가 끝난 후 결과는 6,495야드 코스에서 버디 13개, 파 5개, 퍼트 25개, 59타였다. 페어웨이는 딱 한 차례 벗어났고, 매 홀 제 타수에 온 그린을 시켰다.

로드니 이Rodney Yee는 세계에서 가장 유명한 요가 수행자 중 한 명이다. 우리는 인간 퍼포먼스와 장벽 무너뜨리기에 대한 그의 관점을 좋아한다. 그는 "저는 요가 수행자가 되기 전에는 댄서였어요"라며 이렇게 말했다.

"저는 퍼포먼스의 정점을 경험해 봤습니다. 그 정점의 순간에 제 자연적 지각과 인지력이 변화하면서 평상시에 경험하고 감지하지 못했던 무언가를 보고 느끼기 시작했어요. 완전히 다른 조화를 느꼈어요. 마치 강 물속에서 물의 흐름 또는 뭔가 다른 에너지를 이용해 수영하는 듯한 기분이었습니다. 완벽한 합일이자 융합 같은 것이었어요. 제가 온갖 노력을 다해 목표에 도달하는 것이 아니라 여러 가지 상태가 저를 목표에 이르게끔 떠밀어 주는 느낌이었습니다."

이런 에너지와 상태는 무엇일까? 과학적으로는 아직 완전히 알려진 것이 없다. 다만 다른 문화권에는 이들에 대한 다른 이론들이 있다. 로드니 이는 "요가에서는 척추의 기저에 감겨 있는 원초적 에너지를 쿤달리니(해저륜海底輪)라고 합니다"라면서 이렇게 설명했다.

"쿤달리니는 척추의 회음부에 있는 물라다라(근기)에 여신이 뱀 모양으로 잠들어 깨어나기를 기다리고 있는 모양입니다. 이것이 요가 자세나 명상, 달리기 또는 골프 플레이 등을 통해 깨어나면 몸의 중심 통로로 상승해 머리끝에 있는 차크라(중심륜)에 이르게 된다고 합니다. 어떤 요가 수행자들은 이때의 느낌을 척추를 타고 올라가는 전류 같다고 표현하기도 합니다.

문제는 우리가 이 쿤달리니를 제어할 수 있느냐는 것입니다. 쿤달리니가 깨어나기 시작할 때의 상태를 조절해 상승 흐름으로 끌어올릴 수 있느냐는 것입니다. 쿤달리니가 오르기 시작하면 시간이 더뎌지면서 지각에 변화가 생겨납니다. 이 상태에서 그린의 홀 컵은 퍼트를 절대 실패할 수 없을 만큼 엄청나게 크게 보입니다."

세계 최고 골퍼들은 스윙 기술에 극단적 노력을 기울인다. 신체 단련 피트니스에도 힘을 쓴다. 그리고 자신의 체형과 스윙 기술에 완벽하게 맞춰 골프채 피팅을 한다. 그러나 새로운 퍼포먼스 문턱을 넘어서려면 이것들만으로는 충분하지 않다.

배니스터는 1,600미터 달리기 기록 경신에 여러 차례 실패했다. 그는 종전의 전통적 요법 외에 새롭고 격이 다른 특별한 방법이 필요했다. 결국 그는 마음속에 그려보는 시각화라는 새 기술을 도입했다. 누구도 도저히 달성할 수 없었던 것을 성취하는 데 필요한 색다른 투입과 느낌에 계속 몸과 마음을 감응하게 맞춰놓고 유지했다.

스포츠에선 몸이 도구다. 그러나 단순히 물리적 몸체 또는 정신적 몸체만을 지칭하는 것이 아니다. 고도로 복잡하고 총체적인 인간을 요구한다. 로드니 이는 이런 수준의 운동 노력 준비를 칼날을 가는 것과 비슷하다고 비유한다. 애런 오버홀저는 2006년에 자신의 완벽한 칼날에 해당하는 59타를 거의 기록할 뻔했지만, 안타깝게 무산됐다. 그렇게 아쉽게 실패했기 때문에 오히려 그의 경우는 성공한 플레이어보다 더 생생하게 시사해 주는 것이 많다. 그는 이렇게 말했다.

"바이런 넬슨Byron Nelson 대회에 출전했을 때였습니다. 1라운드에서 74타를 쳤습니다. 지금은 제 아내가 된 당시 여자친구에게 전화를 했습니다. 그녀가 '오늘 어땠어요?'라고 묻더군요. 그래서 '최악이야. 대회 컷을 통과하려면 내일 59~60타를 쳐야만 가능해'라고 대답했지요. 다음 날 라운드를 시작하고 퍼트를 두어 개 했는데, 잘되는 것 같았습니다. 지금은 기억이 정확하지 않은데, 4번 홀인가 5번 홀에서 9미터 거리의 퍼트를 성공시켰어요. 공이 오르막을 넘어가 두 곳의 곡면을 타고 가더니 홀 컵 한가운데로 쏙 빨려 들어가는 겁니다. 그때 저는 '와우, 오늘 퍼트가 제대로 먹히는 날이네'라고 생각했습니다. 계속 잘됐어요. 잘 맞은 샷에 또 굿 샷이 이어지고 퍼트도 쏙쏙 들어갔습니다. 12번 홀이 됐는데, 어느새 7언더파가 돼 있는 겁니다. 3개 홀을 남겨둔 15번 홀에선 8언더파가 됐습니다. 대부분 선수들이 세컨 샷에 온 그린 할 수 있는 16번 홀로 이동하면서 생각했습니다. '나머지 3개 홀에서 연속 버디를 하거나 이글 1개와 버디 1개를 잡으면 59타 기록을 세울 수 있겠다. 충분히 가능하다'는 것이었습니다. 우선 긴장감을 떨쳐내야 했습니다. 캐디에게 '3연속 버디만 하면 59타 기록이야'라고 하면서 드라이버 대신 4번 아이언을 달라고 했습니다. 두 번째 샷을 홀컵 15센티미터 옆에 붙여 퍼트를 했습니다. 버디!

긴장되거나 불안하지 않았어요. 즐겼습니다. 그 당시까지 골프 역사상 오직 4차례 있었던 기록을 세울 수 있는 기회를 맞고 있었습니다. 17번 홀에서도 버디를 뽑아냈습니다. 제가 미 PGA 사상 다섯 번째로 59타를 친 선수가 되기 직전이었습니다. 18번 홀 티잉 그라운드에 올라서서 제 캐디에게 '18번 홀 버디만 하면 59타 기록이야'라고 미신의 주문처럼 다시 중얼거렸습니다. 이번엔 캐디가 지난 홀에서처럼 웃지 않았습니다. 캐디가 긴장해 있었습니다. 공을 받아 들고 티 박스에 올라가서 티를 꽂았습니다. 드라이버 홀은 아니어서 3번 우드를 잡았습니다. 완전히 몰두한 상태였습니다. 자각 의식도 최고조에 달해 있었습니다. 말 그대로 저는 이미 저 자신의 플레이 상자 단계에 들어가 있는 상태였지요. 그런데 갑자기 250~300야드 거리에서 가스 추진식 카트 한 대가 올라오는 소리가 들렸습니다. 그 순간 머릿속 뇌에 빨간색 경광등이 켜지면서 '공치지 마, 애런. 공치지 마. 치지 마' 하는 경고음이 들려왔어요.

제 플레이 상자 단계에서 뒷걸음질 쳐서 나왔습니다. 그리고
다시 정신을 차리고 들어갔는데, 갑자기 재미있게 즐기던 분위기
가 사라지고 없는 거예요. 긴장이 엄습했습니다. 가스 카트가 머릿
속으로 들어온 것 같고, 최고조에 달했던 자각 의식 느낌을 되살
릴 수가 없었습니다. 도무지 조금 전의 그 상태로 돌아갈 수 없었
습니다.

티 샷이 공중으로 떴습니다. 다행히 페어웨이를 벗어나지는 않
고 언덕 부분에 떨어졌지요. 세컨 샷은 3번 아이언으로 쳤는데, 제
대로 잘 맞아서 그린으로 올라갔습니다. 59타를 기록할 수 있는 홀
컵까지 거리는 4.5미터만 남겨두고 있었습니다. 그런데 그린 위로
올라서는 순간, 손이 떨리고 있었습니다. 제 퍼트 실력이면 성공시
킬 수 있는 거리이건만, 제가 정신을 추스르는 데 충분한 시간이
이 세상에 남아 있지 않은 듯한 느낌이 들었습니다. 퍼트하는 중에
제 플레이 상자에 몰입한 것은 아무것도 없었습니다. 퍼터로 공을
치는 순간 들어가지 않으리라는 것을 알았습니다."

오버홀저는 "돌이켜보면 저의 집중력을 깨뜨린 건, 그 가스 카
트만이 아니었어요"라며 말을 이었다. "성적 결과에 대한 생각을
멈추지 못했던 거지요. '와우, 내가 세계에서 다섯 번째로 59타를
치는 골퍼가 되는구나!' 하는 생각에 사로잡힌 겁니다. 골프 역사,
제가 받게 될 온갖 칭찬과 칭송에 대한 생각에 휩싸인 거지요. 거
기에서 헤어나지 못한 겁니다." 오버홀저는 그 마지막 홀에서 두
퍼트로 홀 아웃하면서 60타를 기록했다.

새로운 목표에 도달하거나 새로운 장벽을 넘어서려면, 알맞은 재료들과 칼날을 날카롭게 가는 정확한 방법을 발견해 내야 한다. 에리야 쭈타누깐이 2016년 아나 챔피언십 대회 마지막 라운드의 3개 홀에서 무너져 내린 후 우리는 그녀와 함께 극심한 압박감 속에서도 기능을 발휘할 보다 깊고 강한 플레이 상자 단계 개발에 나섰다.

그 새로운 플레이 상자는 날을 예리하게 세운 칼이었다. 쭈타누깐은 다음 3개 대회에서 연달아 우승하며 미 LPGA 역사상 첫 3개 대회 연속 우승 선수로 기록됐다. 쭈타누깐은 4개월 후, 자신의 생애 첫 메이저 대회 우승을 목표로 눈을 돌렸다. 그녀는 영국 런던 북부에서 열린 브리티시여자오픈에 출전해 1~2라운드에서 각각 65타와 69타를 쳤다. 3라운드에서는 버디 6개와 파 12개로 66타를 기록했다. 그런데 그날 저녁 쭈타누깐은 우리와 만난 자리에서 "성적과는 상관없이 저 자신의 플레이 상자에 완전하게 몰입한다는 느낌이 들지 않는다"라고 털어놓았다. 다음 날 마지막 라운드에서 메이저 대회 선두를 달린다는 중압감으로 인해 그녀가 더욱 큰 스트레스를 받으리라는 건 불을 보듯 뻔했다.

우리는 쭈타누깐과 반복해서 얘기를 나눴다. 그녀는 자신의 아드레날린을 조절하기 위해 라운드 도중에 더 길게 숨을 내뱉으며 더 깊은 호흡을 해야 한다는 사실을 잘 알고 있었다. 상체에 들어가는 힘과 긴장감을 모니터하면서 플레이 상자에서 즐거움과 행복감이라는 느낌을 더 살려주는 데 몰두해야 한다는 점도 다시 한번 상기했다.

쭈타누깐은 마지막 4라운드를 보다 분명한 게임 계획과 플레이 초점을 갖고 시작했다. 13번 홀에서 더블 보기를 범하고, 6타 차이로 앞서던 것이 1타 차로 좁혀졌을 때도 그녀는 초점을 잃지 않았다. 그리고는 급기야 17번 홀에서 다시 버디를 잡아내면서 자신의 골프 생애 첫 메이저 대회 우승이라는 일생일대의 쾌거를 이뤄냈다.

한 달 후, 그녀는 캐나디안 퍼시픽 여자오픈Canadian Pacific Women's Open에서도 정상에 올랐다. 11월에 열린 CME 그룹투어 챔피언십 CME Group Tour Championship에서는 공동 4위에 올라 2016년 올해의 선수상을 수상했다. 그해 시즌에 다섯 차례의 우승 외에도 열 차례 대회 톱10 안에 드는 성적을 거뒀다. 그뿐 아니었다. 2016년 한 해 동안 쭈타누깐은 총 469개의 버디를 잡아내 2014년 스테이시 루이스Stacy Lewis가 작성한 기록을 18개 차이로 제치고 한 시즌 중 최다 버디 기록을 경신했다. 게다가 미 LPGA 상금왕을 차지하면서 연말 보너스 상금으로 100만 달러를 추가로 받았다.

쭈타누깐을 처음 만났을 때 그녀는 세계 랭킹 64위였다. 앞서 시즌에는 공 치는 일이 두렵기까지 하다고 했었다. 우리와 함께할 무렵에 출전한 아나 챔피언십 대회에선 마지막 몇 홀에서 완전히 붕괴했던 그녀였다. 그랬던 선수가 한 시즌을 보내면서 나름의 새로운 휴먼 스킬을 숙달하고 수련해 가면서 달라졌다. 2016년 시즌은 롤렉스 여자골프 세계랭킹Rolex Women's World Golf Rankings에서 2위에 오르는 걸로 마감했다.

로드니 이는 기술과 자유 사이에는 연관성이 있다고 말한다. 둘 중 하나가 따로 나와서는 성공할 수 없다고 한다. 세계 최고의 골퍼는 달인 수준의 테크닉을 갖고 있다. 우리는 휴먼 스킬이 그 테크닉에 자유의 문을 열어줄 수 있다고 믿는다. 획기적인 퍼포먼스와 전대미문의 목표 달성은 거의 불가능한 함정일 수 있다. 이 점이 난제라는 사실도 인정한다. 우리 인간이 어떻게 뛰어난 재능과 성공에 수반되는 압박감·기대감·예찬을 뛰어넘을 수 있겠는가? "그래서 그걸 극복한 선수는 영웅"이라고 로드니 이는 말한다. "재능만 있다고 해서 누구나 골프 챔피언이나 위대한 음악가가 되는 건 아닙니다. 자신에게 닥치는 다른 모든 역경을 이겨냈기 때문에 정상에 오를 수 있는 겁니다."

요요마가 세계 제일의 첼로 연주자는 아닐 수 있습니다. 하지만 그는 엄청난 수준의 압박감 속에서도 놀라울 정도로 한결같이 비범한 실력으로 연주하는 능력을 갖추고 있습니다. 명성과 돈이라는 다른 것들을 견디거나 무시하기 위해 그의 눈은 어디를 향하고 있을까요?

요요마는 '평범함'을 소환할 수 있는 것입니다. 최대 규모의 무대에 오를 때 그는 전환할 줄 압니다. 달라이 라마가 그러는 것처럼 일반인이 되는 겁니다. '나는 그냥 첼로를 연주하는 것이다. 그저 콘서트 연주를 하는 것일 뿐'이라고 생각하는 것입니다. 세계 최고 최대 무대에 올라서서 그 중대함과 압박감을 별것 아니라고 일부러 의식적으로 평가 절하하는 겁니다."

애런 오버홀저는 비록 59타 기록에는 못 미쳤지만, 그런 진실을 이해했다. 그는 "정상의 퍼포먼스에 도달하려면 칼날 위를 걸어야 합니다"라며 이렇게 말했다. "칼날 위에서 길을 찾아갈 수 있으면 그곳에서 절정의 퍼포먼스를 발견할 수 있습니다. 거기에서 재미를 가질 수도 있습니다. 너무 연연하면 실력 발휘를 하지 못합니다. 자기 자신에게 '이 퍼트를 놓쳐도 괜찮아. 이번 4번 아이언 샷이 물에 빠져도 상관없어. 나는 지금 내가 있는 곳과 하는 것이 좋으니까'라고 말해야 합니다."

그의 말대로 이런 휴먼 스킬이야말로 더 심오한 무심함과 객관적 거리 두기를 할 수 있는 능력, 다시 말해 새로운 경지의 몰입을 가능하게 해주는 것이다. 슈퍼골퍼가 필요로 할 마지막 하나의 기술은 자신의 스토리를 관리하는 능력이다. 켄 윌버는 이렇게 말한다.

"자신과의 싸움은 자기의 잠재력을 최대한 발휘하고자 한다면 반드시 해야 하는 싸움이고 꼭 이겨야 하는 싸움입니다. 적과 어떤 경쟁도 이차적인 것입니다. 최초의 싸움은 당신 안에서 벌어집니다."

우리가 좋아하는 학생 중 한 명인 애리조나주 출신 재닛 대니얼스Janet Daniels는 VISION54의 휴먼 스킬을 이용해 핸디캡 19에서 12로 실력이 크게 향상됐다. 그녀는 VISION54 프로그램이 끝날 때 우리에게 "제 엄마는 골프는 잘 치셨는데 너무 여성스러운 데다 골프 코스에서 일부러 비공격적이 된다"라며 이런 말을 들려줬다.

"엄마에게 승부는 전혀 중요하지 않아요. 그걸 저에게도 종용하셨어요. '나서지 마라, 튀지 마라, 스타가 되지 마라, 너는 공주가 아니다'라고 말씀하시곤 했지요. 그런 메시지가 저에게 내면화된 것 같아요. 저는 절대 튀려고 나서지 않거든요. 그래서 핸디캡 19도 괜찮다고 생각했어요."

이 말을 들은 매리엇이 재닛에게 말했다. "우리 생각에는 당신 스스로 그러지 않아도 된다는 허락을 해줄 필요가 있다고 생각해요. 정말 훌륭한 플레이어가 돼도 괜찮다고 허락하세요. 그리고 당신 자신의 스토리를 다시 쓰라는 허락을 스스로 해줄 필요가 있습니다." 재닛은 55세 나이에 비로소 그렇게 하고 있다. "나 자신에게 허락했어요. 다른 사람보다 잘해도 되고, 튀어도 된다고요. 무엇이 됐든 제 자리, 제 순서라고 생각해 본 적이 한 번도 없었어요. 이제서야 그렇게 하고 있습니다."

절정의 퍼포먼스를 생각하다 보면 더할 수 없이 높다는 뜻의 'sublime=지고至高'라는 개념에 이르게 된다. 지고함sublime은 엄청난 감탄과 예찬을 일으키는 탁월함, 위엄 또는 아름다움을 일컫는다. 흥미롭게도 이 단어는 명사이면서 동사로도 쓰이는데, 동사로는 화학적 의미에서 고체가 열을 받아 곧바로 기체가 되고, 열이 식으면 다시 고체가 되는 과정을 의미한다.

이 단어는 또한 석양 바라보기, 그림 작품 감상, 음악 듣기, 절묘한 음식 맛보기 등 말로 표현할 수 없는 경험을 내비치는 뜻도 갖고 있다. 말하자면 최고의 만족과 즐거움에 다다르는 명상 상태에 이르도록 해주는 것을 말한다.

우리는 VISION54의 휴먼 스킬이 모든 플레이어에게 자신의 게임에서 지고함을 경험할 수 있는 가능성을 제공해 준다고 믿는다. 그리고 누구나 장벽을 뚫고 자신의 진정한 잠재력을 성취할 수 있다고 생각한다. 휴먼 스킬은 예전엔 전혀 가져보지 못했던 도구들을 당신에게 주게 될 것이다.

당신의 휴먼 스킬은 개척하면 할수록 계속 당신의 것으로 남게 될 것이며, 언제나 당신의 컨트롤 아래 있게 될 것이다. 스윙 테크닉과 신체 단련 피트니스에 기울이는 만큼만 휴먼 스킬 향상에 노력과 정성을 기울여보라. 당신은 분명코 미래의 슈퍼골퍼가 될 것을 장담한다.

더 나은 행복한 골퍼 되기

슈퍼골퍼라는 말은 골프와 인생에서 휴먼 스킬이 우리를 이끌어줄 수 있는 곳을 비유한 것이다. 슈퍼골퍼 못지않게 우리가 관심을 두는 것은 모든 단계와 수준에서 더 나은 더 행복한 골퍼가 되는 일이다. 우리는 인간 퍼포먼스 과학에 대해 앞으로도 계속 더 많은 것을 배우게 될 것이다.

　　장비와 과학 기술은 미래에도 진화를 거듭할 것이다. 하지만 우리가 골프라는 게임을 하는 한, 감정을 다스려가며 샷에 대한 결정을 내리고, 결정에 충실하고, 감각에 따른 몰입을 하는 것을 도와주는 휴먼 스킬은 언제까지나 절대적으로 필요할 것이다.

　　매년 우리는 여름 중 한때를 스웨덴 남서부 해안 지역인 토레코프Torekov에서 보낸다. 2016년에는 현지 골프 클럽 회원들에게 코스에서의 일일 교습 행사를 했다. 비가 오는 날씨에도 72명의 회원이 18홀에서 동시에 티 샷을 하는 샷건 방식 행사에 참여했다. 우리는 그들에게 "여러분은 오늘 성적을 내기 위해 나온 것이 아니니까 반드시 홀 아웃을 할 필요는 없다. 다만 라운드를 하면서 여러분에게 제시된 탐사 동작과 시험 실행은 꼭 해달라"라고 요청했다.

　　회원들은 요청대로 하면서 내면적·외면적 자각 의식도 시도해봤다. 일부는 곧바로 효과가 나타났고, 다른 분들은 그렇지 않았다. 우리는 휴먼 스킬 탐사를 완전히 하려면 시간과 용기를 필요로 한다고 말해줬다. 이후 며칠 동안 회원들이 클럽하우스나 숙소에 있는 우리를 찾아왔다. 어떤 분은 다른 어떤 라운드보다 4시간이 훨씬 빨리 지나갔다고 말했다. 또 다른 분들은 자신이 새롭게 느낀 감각과 처음 깨달은 사실에 스스로 놀랐다고 말하기도 했다. 한 여성 회원은 "골프 플레이의 새로운 방식을 느꼈다"라며 "난생처음 스윙 기술과 점수가 아니라 휴먼 스킬에만 초점을 맞추고 쳐봤는데, 플레이가 훨씬 잘됐다"라며 기뻐했다.

여러분도 이제 코스로 나가 휴먼 스킬을 탐사해 보시기 바란
다. 즐기면서 본인에게 효과가 있는 방법을 발견하고 발전시켜 자
신의 것으로 만들라. 그것들이 당신 최고의 골프, 그리고 최고 인생
의 열쇠가 될 것이다.

감사의 글

"내적인 것을 외적인 것으로 만들어라." 에살렌 연구소 설립자이자
《내 생애 최고의 골프》의 저자이며, 이제는 소중한 우리의 친구인
마이클 머피가 2001년 우리의 코치 세미나에 참석해 했던 말입니다.

머피는 오랫동안, 우리가 그래왔던 것처럼, 골퍼가 스윙 테크
닉만 연습해서는 자신의 최고 퍼포먼스를 결코 이룰 수 없다고 생
각해 왔습니다. 그는 또 대부분의 사람이 자신의 인간 능력 중 일
부만을 이용하고 있을 뿐이라고 여겼고, 그래서 우리가 골퍼들이
자신의 모든 인간 잠재력에 대해 깨닫고 활용할 수 있는 환경을 만
들어주도록 도전 의식을 북돋아 줬습니다. 그는 위대한 챔피언과
최절정 퍼포먼스의 내적인 기술을 외적으로 만들어보라고 독려하
면서 우리에게 가장 야심 찬 과제를 부여했습니다.

우리는 이 책을 통해 골프 플레이에 절대적으로 긴요한 '휴먼 스킬'을 외적인 것으로 발현시켰습니다. 그래서 우리의 첫번째 감사의 말과 심심한 답례는 그 누구보다도 마이클 머피에게 전하고 싶습니다.

이어서 애리조나주 스코츠데일에 있는 VISION54 팀에 진심 어린 사의謝意를 표합니다. 팀의 크리스틴 리스Kristine Reese, 티파니 예거Tiffany Yager, 자크 섯Zach Theut, 리사 엘리엇Lisa Elliott이 매일 프로그램 참여 골퍼들이 코스에서 게임을 즐기며 퍼포먼스를 향상할 수 있도록 지원해 주지 않았다면 오늘의 성과를 이뤄내기 어려웠을 것입니다.

그리고 지난 기간 우리의 VISION54 항구로 입항했던 수백 여 명의 플레이어와 54COACH 훈련 프로그램에 참여했던 골프 지도자께도 감사의 말씀을 드립니다. 모든 분이 매일 같이 우리에게 가르침과 동기를 부여해 줬고 영감을 불러일으켰습니다.

이 책은 내적인 것을 외적인 것으로 이끌어내는 데 도움을 줬던 전문 골프 저술가이자 《스포츠 일러스트레이티드》의 칼럼니스트인 존 개리티와의 대화가 시초가 됐습니다. 우리의 공동 작가인 수잔 리드는 그 대화를 함께했고 이 책도 함께 만들었습니다.

우리는 리드가 《여성 골프Golf for Women》 매거진의 에디터이던 2002년에 처음 만났었습니다. 그때 이후로 리드는 우리와 인생과 골프에 대해 수많은 교감을 해오며 VISION54 여정에 없어서는 안

될 역할을 해왔습니다. 우리는 그런 리드의 우정·유머·근면성·창의력에 형언할 수 없는 고마움을 전합니다. 그녀는 언제나 적절한 때에 적절한 질문을 해서 우리가 더 폭넓고 사려 깊은 사고를 하게끔 자극해 줬습니다.

이 책은 우리가 사이먼 & 슈스터Simon & Schuster의 아트리아 북스Atria Books를 통해 출판한 첫 작품입니다. 아트리아의 예지력 있는 주디스 커Judith Curr 발행인에게도 이번 프로젝트에 동의해 주고 우리의 소명을 이해하며 믿어준 데 대해 깊은 감사를 드립니다.

명석한 래키쉬 새티얼Rakesh Satyal 편집장은 특유의 예리함으로 우리에게서 최고의 것을 추려내 이 책으로 엮어줬고, 그가 이끄는 최고 수준의 아트리아Atria 팀 팀원인 교열 담당 스티븐 헤네시Stephen Hennessey, 홍보 담당 데이비드 브라운David Brown, 편집 보조 로안 러Loan Le, 디자이너 팀 올리버Tim Oliver가 모두 하나같이 뛰어난 재능으로 기여해 줬습니다. 또한 앞서 두 권의 책 출판을 도와줬던 우리의 오랜 에이전트 데이비드 맥커믹David McCormick에게도 감사의 뜻을 전합니다.

이 책에 명시적으로 언급되지는 않았지만 우리의 롤 모델이 되어준 친구들의 사랑에도 감사하고 싶습니다. 제2의 가족과 같습니다. 특히 애넷 톰프슨Annette Thompson, 팸 바넷Pam Barnett, 마누엘 델라 토레스Manuel de la Torres는 골프에 대한 우리의 관점을 형성하게 해줬고; 기본적인 삶의 기술도 가르쳐줬습니다. 그들이 보여준 프로페셔널리즘과 너그러움은 우리 마음에 영원히 간직할 것입니다.

피아 닐손이 어린 프로 선수로서 미 LPGA에서 모든 실력을 발휘하지 못해 느꼈던 좌절에 지금은 오히려 고마움을 느낍니다. 그때 겪었던 난제와 도전이 새로운 교습 및 연습 방법을 탐색해 내는 데 크나큰 영감이 돼주었습니다.

또한 린 매리엇이 골프 지도자 초기 시절 실력이 향상된 제자로부터 "왜 타수는 줄어들지 않나요?", "왜 플레이는 더 나빠진 건가요?"라는 질문을 받았을 때의 혼란에도 감사함을 느낍니다. 그런 혼란이 매리엇에게 새로운 패러다임에서 지도하는 방안을 탐구하는 동기가 돼주었습니다.

우리가 바쁜 일정 중에도 매년 시간을 내서 스웨덴 토레코프에서 '재충전 시간'을 가졌던 용기를 스스로 감히 높이 평가합니다. 창의적으로 고정 관념을 깬 새로운 사고를 할 수 있게 해주고, 우리의 뇌-가슴-직관이 우리에게 말해주는 것에 귀 기울일 시간을 갖게 해줬던 더없이 소중했던 시간이었습니다. 토레코프 골프 클럽은 이 책에 나온 우리의 많은 의문과 탐사를 시험해 보고 조정했던 바로 그 장소였습니다.

마지막으로 우리 두 사람은 20년에 걸친 창의적 파트너십을 이어온 서로에게 스스로 고마워하고자 합니다. 시너지란 1+1은 2보다 훨씬 더 큰 효과를 의미합니다. 우리 두 사람은 서로를 신뢰하며 골프 게임을 더 낫게 만들어보자는 공통된 비전을 믿고 이 여정을 시작했습니다.

우리가 바라는 건 골퍼들이 코스에서 실력 향상을 이뤄 골프 게임을 더 즐길 수 있게 도와주는 것입니다. 우리는 앞으로도 인간의 무한한 잠재력에 관한 탐구에 헌신하며 끊임없이 그 마음을 추구해 나갈 것입니다. 마지막으로 하늘과 땅에 계신 모든 우리 가족들의 무조건적인 사랑과 지지에 감사드립니다.

옮긴이 윤희영

—

뉴욕특파원을 지낸 현직 기자. 한국외대 동시통역대학원 韓·西·英(한국어·스페인어·영어)과를 졸업하고, 동시통역대학원·한양대·한국외대 등에서 3년간 강의를 하다가 신문사에 들어갔다. 《조선일보》 사회부·국제부·뉴욕특파원 등을 거쳐 현재는 편집국 에디터(조선닷컴 영문판 총괄)로 근무 중이다. 2010년부터 현재까지 《조선일보》에 '윤희영의 News English'를 연재하고 있다.

골프 멘탈의 정석

54타를 위한 마인드셋

1판 1쇄 인쇄 2022년 3월 2일
1판 1쇄 발행 2022년 3월 10일

지은이 피아 닐슨·린 매리엇·수전 리드
옮긴이 윤희영
펴낸이 이봉우

주간 이동은
책임편집 김지용
콘텐츠본부 고혁 송은하 김초록
디자인 이영민
마케팅본부 송영우 어찬 윤다영
관리 박현주

펴낸곳 (주)샘터사
등록 2001년 10월 15일 제1-2923호
주소 서울시 종로구 창경궁로35길 26 2층 (03076)
전화 02-763-8965(콘텐츠본부) 02-763-8966(마케팅본부)
팩스 02-3672-1873 | 이메일 book@isamtoh.com | 홈페이지 www.isamtoh.com

ISBN 978-89-464-2207-0 13690

• 값은 뒤표지에 있습니다.
• 잘못 만들어진 책은 구입처에서 교환해 드립니다.

샘터 1% 나눔실천

샘터는 모든 책 인세의 1%를 '샘물통장' 기금으로 조성하여 매년 소외된 이웃에게 기부하고 있습니다.
2021년까지 약 9,400만 원을 기부하였으며, 앞으로도 샘터는 책을 통해 1% 나눔실천을 계속할 것입니다.